中国机动车辆保险信息共享机制研究

吴晓辉　张宗韬　邢　立　著

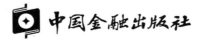

中国金融出版社

责任编辑：刘　钊　赵　婧
责任校对：刘　明
责任印制：程　颖

图书在版编目（CIP）数据

中国机动车辆保险信息共享机制研究（Zhongguo Jidong Cheliang Baoxian Xinxi Gongxiang Jizhi Yanjiu）/吴晓辉，张宗韬，邢立著．—北京：中国金融出版社，2012.11

ISBN 978 - 7 - 5049 - 6584 - 4

Ⅰ.①中…　Ⅱ.①吴…②张…③邢…　Ⅲ.①汽车保险—信息资源—资源共享—研究—中国　Ⅳ.①F842.63 - 39

中国版本图书馆 CIP 数据核字（2012）第 227257 号

出版
发行　**中国金融出版社**

社址　北京市丰台区益泽路 2 号
市场开发部　（010）63266347，63805472，63439533（传真）
网上书店　http://www.chinafph.com
　　　　　　（010）63286832，63365686（传真）
读者服务部　（010）66070833，62568380
邮编　100071
经销　新华书店
印刷　保利达印务有限公司
尺寸　169 毫米 × 239 毫米
印张　18.5
字数　308 千
版次　2012 年 11 月第 1 版
印次　2012 年 11 月第 1 次印刷
定价　38.00 元
ISBN 978 - 7 - 5049 - 6584 - 4/F. 6144
如出现印装错误本社负责调换　联系电话（010）63263947

序

改革开放以来，中国保险业在促进改革、保障经济、稳定社会、造福人民等方面发挥了重要作用，取得了举世瞩目的成就。目前，保险业已成为我国金融体系和社会保障体系的重要组成部分。

当前，中国保险业方兴未艾，面临的问题和挑战多，监管环境复杂，加快保险业科技创新和信息化建设，是实现保险业健康有序发展和有效监管的重要途径。科技创新是加快转变经济发展方式的重要支撑。从国际金融业看，信息共享是支撑金融业尤其是保险业健康发展的重要基础。由保险业成立的专业化信息公司为各保险公司提供相关技术与信息交换服务，是许多发达国家通行做法。从我国金融保险业发展来看，信息共享也是最关注的信息化建设项目之一。

在我国财产保险业务中，车险保费收入约占四分之三。车险是我国财产保险中的重要支柱险种，关系到广大人民群众的切身利益，也关系到我国保险业做大做强目标的实现。如何促进车险市场快速健康发展，全面提升保险公司经营车险的核心竞争力，直接关系着我国保险业的可持续发展。车险信息共享平台就是通过计算机网络和远程信息系统，与各地保险行业协会、各保险公司、公安交通管理及税务等部门实施车辆保险动态数据信息的互联，满足政府、保险业和公众对保险服务需求的公共信息服务性平台。因此，车险信息共享平台是我国保险业可持续发展的基础工程。

我的博士后吴晓辉以及张宗韬、邢立两位专家合著的《中国机动车辆保险信息共享机制研究》，正是紧扣时代脉搏，抓住车险实际发展的迫切需要，运用积累的理论素养和丰富的实践经验，开展分析研究形成的成果。从信息共享理论研究入手，借鉴国内外金融保险业信息共享建设的成功经验，综合运用现代经济理论、金融保险理论、计算机应用技术、财务理论和管理理论，采用交叉学科比较分析法、文献分析法、定量与定性分析相结合、横向比较与纵向比较相结合的研究方法，结合我国车险平台的现状，对平台功能进行创新性研究。基于云计算技术打造我国车险信息共享平台的混合云，打破了目前我国地区之间、各保险公司之间信息壁垒，实现了以消费者自愿为原则的有限共享，提出了通过技术手段实现保险监管及行业服务的新方法、新路径；提出了建设平台"四大功能"的战略构想，努力建设成保险业的车险业务生产中心、风险管理中心、清算支付中心和电子商务中心，加强平台信息安全建设，使新技术更好地支撑我国保险业又好又快发展。此书具有重要的理论价值和现实意义。

我相信，此书出版能够为我国保险业车险信息共享机制建设提供重要的实务参考。同时，它对于我国金融保险理论研究工作者也具有一定参考价值。

对外经济贸易大学金融学院教授、博士生导师：

二〇一二年九月

前　　言

　　信息共享是许多发达国家金融保险业发展水平领先的重要基础，也是保障我国保险业车险健康有序发展及实现有效监管的重要技术手段，因而研究我国车险信息共享机制尤为迫切。当前，全国车险信息共享平台已经上线，车险投保通过平台实时进行，实现了对保费、手续费等有效管理，对规范我国车险市场秩序、实现政府有效监管、服务社会公众等方面发挥了重要作用。

　　本书从建设我国车险信息共享平台视角出发，重点对车险平台功能进行规划和研究。采用云计算技术作为实现车险信息共享的技术理论支撑，对数据共享和服务的热点问题进行了探讨，如车险风险定价、保费预测、代位求偿、清算系统、第三方支付、保险业电子商务等。这为平台长远发展提供规划服务，为政府监管部门准确掌握车险市场信息及出台各项监管政策提供数据和技术支持，为实现服务社会公众的管理职能提供有价值的参考模式。因此，本书具有重要的理论价值和现实意义。

　　本书包括以下三部分内容：

　　第一部分是国内外车险信息共享机制和我国车险信息共享的经济技术分析。本部分内容系统梳理了国外车险信息共享发展历程，介绍我国车险信息共享建设状况，借鉴国外先进经验，结合我国的实际国情，提出了建设和完善车险信息共享平台的思路和方法。信息共享是支撑金融保险业健康发展的重要基础。从经济学角度分析了保险信息共享的必要性和合理性，从云计算角度分析了车险平台的技术可行性和可操作性，从一种面向行业应用的软件开发检查工具分析了提高软件系统的开发效率和正确性，降低软件系统开发成本的具体方法。信息共享是保险业特性和业务模式的引致需求；实现信息共享可以给参与共享的保险公司带来一定的经济利益；与分散式信息共享方式相比，集中式信息共享方式可以给保险公司带来交易费用节省和规模经济等利益。基于云计算的车险信息技术平台架构包括三个层次，即基础设施层、开发平台层和应用服务层。通过具体的工具举例，在通用测试和检查工具的基础上，从代码检查、数据结构检查、接口检查和日志检查四个方面，对系统进行进一步测试和检查。

第二部分是对我国车险信息共享平台的四大功能创新进行研究，并围绕功能提出建设车险信息共享平台的四个服务中心，这是本书的核心内容。本部分内容包括四个方面：（1）车险平台生产服务功能。为保险公司提供承保、批改、退保、理赔全流程及代位求偿等操作环节的系统支持和数据信息登记支持，以及酒驾等交通违法信息查询，实现对车辆风险分析和定价查询服务的功能。同时，提供系统运维、查询统计、电子联系单、系统配置和数据管理运行监控等服务。（2）车险平台风险管理功能。涉及业务数据的统计分析、承保和理赔环节的风险分析、基于数据挖掘技术的客户价值与风险分析、客户迁移矩阵分析，以及基于区域因子进行费率风险定价、利用灰色模型对保费进行预测等方面内容。重点研究了客户迁移矩阵在风险监控中的应用及在社会公众中保险机构影响力的应用；构建车险费率风险模型，积极探讨了我国商业车险区域费率定价；采用非寿险分类费率厘定方法中普遍使用的 GLM 模型厘定了三个有代表性地区的车险费率；采用实证研究方法，利用改进后的灰色模型对保费进行预测。（3）车险平台清算支付功能。以车险代位求偿制度为基础，为保险公司之间代垫赔偿金清算支付提供统一平台，通过借鉴国内外保险和银行业清算支付的先进经验，结合代位求偿机制的业务流程和技术特征，梳理清算支付系统的业务流程，构建清算支付模型，实现代位求偿案件的处理、账务清算、资金支付和数据库等功能，有效提高保险业资金清算支付效率，规范车险理赔操作。在实现代位求偿清算支付功能的基础上，建立我国保险业统一的第三方支付体系。（4）车险平台电子商务功能。为保险公司和消费者提供承保、理赔等方面服务，逐步建立保险业产品超市，建设电子保单登记系统，充分发挥保险业门户的桥梁与纽带作用。搭建全国各保险公司车险信息自主查询平台，客户可通过车险平台直接查询承保、理赔及保费缴纳情况。推行车险一卡通，加快全国车险联网建设，方便广大客户的投保、理赔、车辆保养和维修，提供保险增值服务。

第三部分是对我国车险信息共享平台云计算安全体系建设进行研究。安全是系统稳定运行的前提和保障。系统分析平台安全对车险业务生产和长远发展的影响，研究了适合车险平台的云安全监控模式、管控模式和服务模式。云安全主要通过采用身份认证、安全审查、数据加密、系统冗余等技术及管理手段来提高云计算业务平台的健壮性、服务连续性和用户数据的安全性。通过借鉴国际安全体系 ISO 27001 的认证标准和我国信息安全等级保护认证标准，对车险平台的安全体系进行需求分析，以推动合规发展为目标、以保护数据周期安全为基础、以风险评估和风险管理为主线、以持续发挥车险平台作用为宗旨，建设车险信息共享平台的安全体系，为车险平台长远发展打下坚实的基础。

本书属于金融学与计算机应用技术的交叉学科，主要创新之处如下：（1）研究全国车险信息共享平台，打破各地区之间、各保险公司之间车险信息壁垒；（2）提出了采用云计算技术打造我国保险业车险信息共享平台，实现了基础设施的充分利用、技术平台的统一规划；（3）通过研究全国车险信息统一共享基础上的数据应用功能，创新了共享平台的数据服务模式，提出了平台的生产功能、风险管理功能、清算支付功能和行业电子商务功能；（4）生产功能实现了对车险业务的有效管理，实现了与交管、税务等第三方机构的无缝连接；（5）风险管理功能充分利用已有数据积累，提供高端的精算服务、风险分级、区域费率定价和欺诈识别等服务；（6）清算支付功能创新了保险服务模式，通过共享资源，实现了保险业资金的统一清算、统一支付；（7）行业电子商务功能为广大人民群众提供统一的车险投保平台和理赔全流程状态查询服务，有助于提升我国保险业服务水平。

作为我国保险业车险技术支撑的系统平台，其功能定位十分重要。通过研究分析，将其定位为不仅是我国保险业自律和服务的技术平台，也是为政府监管机构、社会公众服务的综合性平台。因此，车险平台必将为提升我国保险业信息化水平、促进保险业又好又快发展作出一定的贡献。

目　　录

1   绪论

随着汽车进入千家万户，我国机动车保有量迅猛增加，机动车辆保险（以下简称车险）与人民群众的生活也更加密切相关。根据公安部交管局 2011 年统计信息，截至 2011 年底，全国机动车保有量为 2.25 亿辆，其中汽车 1.06 亿辆，全国机动车驾驶人达 2.36 亿人；2011 年全国新增机动车 1773 万辆、驾驶者 2269 万人，家庭自用车所占比重最大，约为 47%。我国机动车数量的快速增长必将带动车险业务高速发展，车险在国民经济和社会生活中占有越来越重要的地位。近年来，我国车险市场发展迅速。2011 年全国车险保费收入达到 3504.56 亿元，同比增长 16.66%。2010 年和 2011 年，车险保费收入占财产险保费收入的比重分别是 74.60% 和 73.33%。由此可见，车险是财产险的龙头险种，在财产险中占有举足轻重的地位，其经营政策和业务开展关系到广大人民群众的切身利益，其经营发展状况直接关系到我国保险业做大做强目标的实现，车险市场的健康发展直接关系到我国保险业的可持续发展。

当前我国保险业方兴未艾，面临的问题和挑战很多，信息共享是实现车险健康有序发展和有效监管的重要途径，因而研究我国保险业的信息共享机制尤为迫切。目前，机动车辆保险信息共享平台（以下简称车险信息共享平台或车险平台）已经上线，全国范围内车险的投保都通过平台实时进行，实现了对保费、手续费等的有效控制，抑制车险恶性竞争、防止欺诈等作用逐步显现，同时为下一步扩大平台的功能范围、深入应用提供了必要前提。因此，本书对目前共享平台基础上的信息共享机制、数据服务等进行研究，作为保险业技术支持的系统平台，不仅是行业自律的产物，更将其定位于为社会公众服务、为监管机构服务的综合性服务平台。

本书采用云计算技术作为实现信息共享的技术手段提升平台，同时对数据共享和服务的热点问题，如车险风险定价、车险保费测算、清算支付、行业电子商务等进行探讨，为平台发展提供规划服务，为使监管部门通过平台了解车险市场信息、把握车险行业走势，更加有针对性地出台各项政策提供支持，为平台建设成为服务社会公众的基础设施提供有价值的参考模式，最终实现为消费者服务的目标。

1.1　研究背景及意义

从国际金融业看，信息共享是支撑金融业尤其是保险业健康发展的重要基础。由保险业成立的专业化信息公司为各保险公司提供相关技术与信息交换服务，是美国等发达国家通行做法。美国保险服务公司（ISO）是一个为财产保险和灾害保险提供统计资料、精算、保费和理赔信息的机构，拥有至少70年以上业务数据的一家营利性公司。其作为美国各州保险监管当局指定的经营财产和责任险保费与理赔数据的统计代理之一，为全美1500多家财产和意外保险会员公司服务，每年采集大约25亿条保单保费和理赔损失的详细记录，其主营业务包括保险统计信息（含车险、火灾损失、洪水损失、地震损失、信用卡偷盗、员工补偿以及医疗支付方面的数据）、欺诈识别工具、精算服务、巨灾咨询、再保险咨询服务及市场研究服务等。

从我国金融业发展来看，信息共享也是最被关注的信息化建设项目之一。对中国银联来说，实现信息共享是业务开展的基础，而实现高级的信息共享是对外提供高端服务的基础。银联采用先进的信息技术，建立银行卡跨行信息交换网络系统，制定统一的业务规范和技术标准，实现高效率的银行卡跨行通用及业务的联合发展，并推广普及银联卡。也就是说，数据的交换和共享是实现银联基本业务运营的基础。随着银联业务不断深入，针对银行业务不断发展变化，银联有效利用信息共享提供进一步服务，如基于《银行卡不良信息共享运作规则》的个人信用管理，就以实现银行卡不良信息共享为手段，实现对银行卡的有效管理，保障银行业利益。

相比之下，我国保险业正处于飞速发展期，面临的问题和挑战较多，监管环境复杂，要借鉴银联宝贵经验，建设我国保险业信息共享平台。截至2011年底，除西藏外，我国各地均有车险信息共享平台。全国范围内车险投保都实时通过平台进行，实现对保费、手续费等有效控制，对抑制车险恶性竞争、防止欺诈等作用逐步显现，为下一步扩大平台功能范围、深化数据应用提供了必要的前提。

通过对国内外已有文献对信息共享的含义、实际应用和重要意义等方面的研究成果来看，学者对信息共享相关问题的研究日益深化；同时，信息共享在金融领域也有一些应用，取得了一些重要成果。由于我国保险业发展时间较短，目前研究我国保险业信息共享的成果还比较少。本书在此背景下，通过云计算模式，研究我国保险业车险信息共享平台，实现行业平台四大应用功能创新，实现监管目标，实现保险业服务于社会的目标，为制定行业信息共享平台发展规划服务。

1.2　研究思路和方法

本书结合我国车险信息共享平台的现状和面临的问题，综合运用现代经济理论、金融保险理论、计算机应用技术、财务理论和管理理论，研究车险信息共享平台功能创新。研究方法包括交叉学科比较分析法、文献分析法、定量与定性分析相结合的方法、横向比较与纵向比较相结合的方法等。

交叉学科比较分析法是指通过研究比较金融保险理论和计算机应用技术，把两个学科有机地结合起来，实现云计算在我国车险信息共享平台的有效应用。文献分析法是通过梳理国内外金融保险理论和云计算等研究文献，掌握国内外车险信息共享的研究现状和最新发展趋势。定量与定性分析相结合的方法是指借鉴国外车险信息共享理论知识与实践经验，对我国车险费率区域定价、保费预测建立数学模型，并进行实证研究。横向比较与纵向比较相结合的方法是指在分析金融保险理论和计算机科学等理论时，采用纵向比较法；在对我国车险信息共享、业务模型研究时，则采用横向比较法。

本书基于云计算技术打造我国车险信息共享平台的混合云，实现车险平台的 IaaS、PaaS、SaaS 的策略，重点对云计算平台的应用功能进行分析与评估。实施分四步：

第一步对我国车险信息共享进行经济学分析，信息共享大幅降低平台建设成本和运行费用，节约各保险公司之间的交易成本；

第二步对云计算相关技术进行研究，运用云计算建设平台的实现策略；

第三步研究云平台中的四个应用功能实现策略，包括行业的车险业务生产、风险管理、清算支付和电子商务功能，对其中一些关键内容如车险区域费率厘定、代位求偿清算等内容进行研究，这些应用功能创新就是本书研究的重点内容；

第四步对车险信息共享平台的安全性进行分析，通过云安全机制保证平台健康可持续运转。

1.3　研究内容与结论

本书主要研究内容可概括为以下三部分，其具体结构如图1－1。

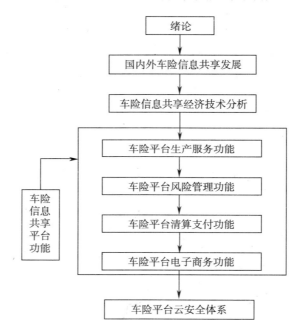

图1－1　本书基本框架

第一部分是国内外车险信息共享的研究和我国车险信息共享的经济技术分析。介绍了国外的车险信息共享情况和国内车险信息共享发展历程，借鉴国外先进经验建设和完善我国的车险信息共享平台。从经济学角度分析了保险信息共享的必要性和合理性，从云计算角度分析了车险信息共享平台的技术可行性和可操作性，从一种面向行业应用的软件开发检查工具分析了提高软件系统的开发效率和正确性、降低软件系统开发成本的具体方法。实行信息共享相对于信息分散来说，可以为其带来一定的经济利益，给保险公司带来交易费用节省和规模经济等利益。基于云计算车险信息技术平台架构包括三个层次，即基础设施层、开发平台层和应用服务层。通过具体的工具举例，在通用测试和检查工具的基础上，从代码检查、数据结构检查、接口检查和日志检查四个方面，对系统进行进一步的测试和检查。

第二部分是本书对我国车险信息共享平台功能创新进行研究，这是本书的核心内容。车险信息共享平台的应用功能创新主要分为四项功能：

1. 对生产功能进行创新，通过分析车辆风险和定价查询服务，承保、批改、退保、理赔全流程及代位求偿等环节的系统支持和数据信息，交管部门信息查询，以及提供系统运维、查询统计、电子联系单、系统配置和数据管理运行监控等服务。以厦门商业险费率改革为例，说明了平台商业车险费率形成机制。费率浮动系数设置了无赔款优待及上年赔款记录、多险种同时投保、上门投保系数、赔款金额调整系数和特殊风险系数五项，还可通过自主调节实现保费的适当调整，增大了风险定价的科学性和合理性。

2. 对风险管理功能进行创新，提供业务数据的统计分析、承保和理赔环节的风险分析、基于数据挖掘技术的客户价值与风险分析、客户迁移矩阵分析，以及基于区域因子进行费率风险定价方面等服务。重点研究了客户迁移矩阵在监管机构总体风险监控中的应用及在社会公众中保险机构影响力的应用。根据近几年车险业发展情况，对车险风险定价模型和保费充足性进行分析，并利用灰色预测模型，对未来四年的车险保费收入进行预测。将区域因素分为气候因素、车流密度因素、城乡因素、民风因素四类，积极探讨了我国商业车险区域费率改革，并根据部分省市车险市场的投保、理赔特征，对我国车险市场进行了区域化风险评估与划分，此外，采用非寿险分类费率厘定方法中普遍使用的 GLM 模型厘定了三个有代表性省市区域化的车险费率。

3. 对清算支付功能进行创新，基于车险代位求偿流程和制度，为保险公司之间代垫赔偿金清算支付提供统一平台，梳理清算支付系统的业务流程，实现代位求偿案件的处理、账务清算、资金支付和数据库等功能，建立车险行业统一清算和支付体系，从而有效提高行业资金清算支付效率。研究建设保险行业第三方支付体系，在车险代位求偿清算支付基础之上，实现销售费用、手续费、车船税等费用的支付和管控，并扩展财产险、寿险的费用支付处理。

4. 对电子商务功能进行创新，为各保险公司和广大消费者提供承保、理赔等方面服务，逐步建立行业保险超市，建设电子保单登记系统，充分发挥保险业门户的桥梁与纽带作用。搭建车险信息自主查询平台，客户可以很方便的登录网站查询承保、理赔及保费缴纳情况。研究推行车险一卡通机制，推进

"车险联网"建设，方便广大客户投保、理赔、车辆保养和维修，为承保车主提供便民增值服务。

第三部分是我国车险信息共享平台的云安全体系研究。车险信息共享平台基于云计算技术，实现保险业云平台建设。本书系统研究了最适合车险信息共享平台的云安全监控模式、云安全管控模式和云安全服务模式。云安全主要通过采用身份认证、安全审查、数据加密、系统冗余等技术及管理手段来提高云计算业务平台的健壮性、服务连续性和用户数据的安全性。

本书主要研究的平台四大应用功能，是我国车险行业的重大创新，为实现监管和最终服务消费者的目标具有重要意义：

1. 通过建设车险平台，实现全国车险数据的信息共享，有利于严格执行保险监管机构审批的条款费率，及时制定和调整相应的自律公约，正确引导车险市场行为，促使保险公司由过去单纯的价格恶性竞争，向提高服务水平和服务质量的方向转变；

2. 通过平台信息交互和数据共享，改善了以往保险公司间信息分割独立存在的状况，能够全方位地收集和掌握车险信息，形成行业数据库，实现承保和理赔信息的统一管理，从而控制和防范承保、理赔风险，有效遏制诈保、骗赔等行为；

3. 通过车险平台，监管机构和行业自律组织能够通过平台全面、准确地把握车险行业状况，进行数据多年积累、收集分析，为今后行业产品定价和风险评估提供数据支持；

4. 建设平台和发展其应用功能，实现跨行业信息共享，通过与税务部门的对接，实现税务与各保险公司实时数据交互，保险公司将代收代缴车船税，从而有效落实《车船税法》相关要求，进一步发挥保险的社会管理功能。通过与交管部门对接，及时掌握消费者出险事故信息，有效遏制欺诈行为。

通过对我国车险信息共享的经济技术分析，以及共享平台应用功能的系统研究，得出主要结论是：

1. 车险信息共享平台是集行业自律、监管要求、公众服务的综合性服务平台。车险信息共享平台以行业自律行为发起，为深入贯彻《道路交通安全法》和《交强险条例》的有关要求，实现交强险费率双挂钩制而建设，为行业内提供数据共享、保费、浮动系数统一计算等服务。通过商业车险改革，说明平台是解决车险理赔难的基础工程，其在很大程度上体现了监管要求。更重要的是，通过平台的后续功能扩展，将为消费者提供更加方便、快捷、优质的服务，为保险业发挥社会公共职能、树立良好社会形象具有深远影响。因此车险信息共享平台定位为行业自律、监管要求、公众服务的综合性平台。

2. 我国车险信息共享平台建设具有很强的规模经济性。实行信息共享可以给参与共享的保险公司带来一定的经济利益。与分散式信息共享方式相比，集中式信息共享方式可以给保险公司带来交易费用节省和规模经济等利益。我国车险信息集中平台建设的规模经济显著，建设周期大幅缩短，建设费用和运行成本大幅降低，减少设备投入和使用，可节约电力能源消耗，有利于绿色生态环保。

3. 云计算是建设我国车险信息共享平台的技术理论基础。我国车险信息共享技术的云计算平台包括三个层次：在基础设施层，通过研究虚拟化等相关技术，得出硬件资源部署策略；在开发平台层，研究建设统一的开发平台，提高应用开发的效率，同时也提高运维的水平；在服务层，研究车险业务生产云、风险管理服务云、电子商务云、清算支付云的建设内容与服务模式。

4. 功能创新始终是保证我国车险信息共享平台先进性的关键。我国车险信息共享平台的应用功能要超前规划，逐步开发完善平台应用功能，保持国内外领先水平。在满足交强险和商业险的基本功能基础上，尽快开发后期扩展功能，在集中的基础上实现车型车价库、与交管及税务数据交互、电子商务、清算支付等功能。

5. 我国车险信息共享平台有力支撑着行业可持续发展。信息技术在金融保险业广泛应用，有效防范了各种经营风险。共享平台与各家保险公司系统对接，平台的技术先进性能够推动各保险公司信息化水平的提升。同时，平台与交管、车管等第三方实现实时交互，实现了社会信息联动，提高了车险管理的智能化水平和科学化程度。

6. 依托我国车险信息共享平台功能创新构建行业四个中心。为有效发挥平台的积极作用，尽快实现平台的功能规划，我国保险业可以依托平台四项功能，建设行业车险业务生产中心、行业风险管理中心、行业清算支付中心和行业电子商务中心，最终统一成为我国保险业数据中心。

由于我国保险业信息化建设起步较晚，目前仅实现了车险行业的信息平台的基本生产功能建设，因此根据我国车险平台现状和发展趋势，将本书所研究的共享平台四大应用功能进行短期、中期和长期规划：生产功能目前已基本实现，在统计分析和平台管理功能上还有待进一步完善；风险管理功能目前实现了承保和理赔风险控制，反欺诈风险管理在个别省市实现，在车险费率改革、全方位的数据挖掘等方面还有大量工作要做，是近期和中长期规划；由于车险"代位求偿"机制的迫切建立，清算支付功能将是平台近期亟待开发和实现的功能，此功能将极大方便保险公司之间解决代位求偿案件赔付金额的清付；电子商务功能主要是为消费者提供个性化保险服务的功能，使保险业务更好地满足消费者的不同需求，更好地融入到人们生活当中。

1.4　文献综述

　　各国学者对信息共享的应用领域，以及其在金融数据管理等方面做了大量研究。信息共享应用于多个领域，比如高速公路网建设、图书馆信息资源领域、铁路信息共享领域、房地产贷款征信系统、企业供应链以及教育领域等。一些学者论述了信息共享在金融领域的必要性。如商业银行中存在着信息不对称的问题，信息不对称在金融领域的定义即金融交易的各方对有关交易的信息没有全面、充分和真实的了解，即整个交易是在不透明的前提下进行的（陈向阳，杨亦民，2002）。信息不对称是市场的缺陷之一，导致逆向选择和道德风险，而此二者正是信贷风险产生的基本原因（旺代全，1999）。根据信息经济学的研究，解决这个问题的唯一办法是信息共享（李霏，2005）。在保险业，信息共享的必要性同样重要。随着车辆保险经营主体的不断增加，如何规范车辆保险市场的竞争秩序，降低经营风险；如何依据不同客户风险信息，车辆基本信息及理赔数据信息来厘定有差别的浮动费率，规避承保风险，防范理赔中的道德风险，这将是保险公司在防范与化解经营风险中所必须面对的现实问题（何国华，肖兰，2007）。通过建立车辆保险信息共享平台，可以防止恶性竞争，促进行业合作，提高全行业核保水平，减轻理赔压力，满足新产品的开发（张建军，李昕，丁珂，2000）。总的来说，信息共享对各行各业的发展都非常的必要。

　　信息共享在金融领域应用取得了一些研究成果。在美欧各国，信用制度的建设都经历了 100 多年的历史。各国根据自己的国情形成了各自的信息共享机制。在美国，银行业的信息共享机制由相关法律体系，国家信用管理体系，信用服务中介机构组成。在欧洲，银行业信息共享体制由中央信贷登记系统，中央财务报表数据库组成（李霏，2005）。在保险领域，信息共享也得到了应用。比如基于信息共享的 TPA（Third Party Administrators）业务模式在国外已经十分成熟，尤其在健康险领域，在美国、英国、印度、南非等国家已经被充分应用，但在国内这种模式才刚刚起步。第三方管理公司与多家保险公司以及多家医院合作，实现信息共享，从而获得更大的客户基础，加之其具备一定的专业知识，从而具有更好的效益（顾昕，2009）。目前，车辆信息共享平台已经实现了基本的标准化信息的查询，并且提供驾驶员的驾驶记录、投保记录、特殊信息记录等，并可查询投保车辆的信息，单位用车管理的信息等（张建军，李昕，丁珂，2000）。

保险数据管理和信息共享标准也取得了一些研究成果。美国保险数据管理学会（Insurance Data Management Association，IDMA）是美国一个独立的非营利性专业组织。学会的宗旨是"促进保险数据管理领域的专业化水平"，达到这个目的的主要手段是教育，为提高保险统计、数据管理以及数据质量的专业化水平 IDMA 设计了一套课程，推出了所有 4 门自行设计的考试课程：保险数据收集与报告（IDMA 1），保险数据质量（IDMA 2），系统开发与项目管理（IDMA 3），数据管理、处理以及数据仓库技术（IDMA 4）。目前，国际上最权威且应用最广泛的保险信息共享标准是全球保险数据标准协会 ACORD（Association for Cooperative Operations Research and Development）发布的系列标准。ACORD 是致力于实现保险业信息共享标准的非营利性组织。一直以来，ACORD 客观、独立地支持在多样化平台间共享信息，履行自己的使命，其行业标准的市场普及率和服务的效率也越来越高。ACORD 背后有全世界超过一千家保险公司及二万五千多家代理商提供支援，使 ACORD XML 成为保险业网络服务的首要标准，并且成为和其他金融机构进行数据交换的必备标准，它包含保险行业的数据模型和基本交易。在此基础上经过扩展，可以支持所有保险数据类型和交易类型。国内也在积极开展保险数据交换标准的制定工作，先后发布了《银行保险业务财产保险数据交换规范》和《机动车保险数据交换规范》。

信息共享不仅在各行各业内得到了广泛应用，而且在一些跨行业领域也都实现了信息共享，如银行和保险的合作（孙飞，2002）。还有一些学者探讨了信息共享的应用前景。首先，随着信息技术和数据挖掘技术不断发展，数据仓库技术、网络通讯技术等关键技术会运用于信息共享平台建设中，使得信息共享平台更加高效运转，更好地进行信息处理和集成（唐中林，2005）。其次，信息共享与信息安全是密不可分的，这一主题将持续成为组织管理和企业应用关注的焦点。它不仅涉及技术领域，而且涉及组织、管理甚至法律法规等多个领域（唐中林，2005；张越，2008）。再次，信息共享系统的建设会从省域共享推广到全国共享（李慧双，2009）。最后，信息共享的绩效测量值得关注，信息共享价值大小的度量具有重要意义（唐中林，2005）。

　　从已有文献对信息共享的含义、实际应用和重要意义研究成果来看，学者对信息共享相关问题的研究日益深化，同时，信息共享在金融领域也有一些应用，取得了重要成果。由于我国保险业发展时间较短，研究行业信息共享的成果也较少。本书就是通过研究我国保险业车险信息共享平台，对其应用功能进行创新，为制定行业信息共享平台发展规划服务。

1.5　主要创新点

　　本书涉及的内容属于金融学与计算机应用技术的交叉学科，主要创新之处如下：

　　1. 本书研究的全国车险信息共享平台，打破了目前我国地区之间、保险公司之间车险信息壁垒；实现了以消费者自愿为原则的有限共享，以车辆出险次数及金额为基础来厘定费率，控制承保风险，规范保险市场；给出了通过技术手段实现保险监管及行业服务的新方法、新路径。

　　2. 提出了采用云计算技术打造我国保险业车险信息共享平台，实现了基础设施的充分利用、技术平台的统一规划，以及数据服务的对外提供。

　　3. 通过研究全国车险信息统一共享基础上的数据应用功能，创新了共享平台的数据服务模式，提出了建设生产功能、风险管理服务功能、清算支付功能和行业电子商务功能，充分利用信息资源实现了保险业的综合服务。

　　4. 生产功能实现了对车险业务的有效管理，实现了与交管、税务等第三方机构的无缝连接。

　　5. 风险管理功能充分利用已有数据积累，为保险公司提供高端精算服务、风险分级、区域费率定价和欺诈识别等服务。

　　6. 清算支付功能创新了保险服务模式，通过共享资源，实现了保险行业内的统一支付、统一清算，有效解决目前车险理赔代位求偿等业务难题。

　　7. 行业电子商务功能为广大人民群众提供统一的投保平台和保险信息查询服务，改变了保险公司分散提供服务的局面，将大大提升保险业服务水平。

　　8. 引入云安全技术，为四个核心功能开发、建设和服务提供安全保障，保护车险共享云平台与全国用户、公司和机构数据的保密性、完整性和可用性。

2 国内外车险信息共享发展

当今社会是信息社会，全社会各行各业都高度重视信息共享的发展，力争通过现代信息技术实现行业内资源整合和跨行业信息共享。目前，中国的保险业正处于飞速发展时期，面临的问题和挑战比较多，监管环境复杂，因此，保险行业的数据共享更为迫切。国外保险业的发展历史比我国长，其在数据共享方面的经验可供借鉴。国内外金融保险业的发展经验表明，建立共享服务平台可有效提升保险业的共享能力和服务能力，实现跨企业、跨行业的协同增效、规模效应和成本节约。借鉴国外保险信息化共享的先进经验，建立车险信息共享平台，通过网络向保险公司和用户提供软件应用服务，能够降低企业信息化成本，提高企业信息化水平，为用户提供一站式服务。

2.1 保险信息共享驱动因素

在信息化时代，数据是保险业的重要资产，是保险公司经营管理的基础和核心。随着保险公司信息化程度的不断增强，保险经营活动中产生了大量的数据，分别存储在各自业务系统或管理系统中，数据成为记录企业生存发展的重要载体。随着信息共享技术的快速发展以及保险业对信息化建设的依赖和要求，保险信息共享成为未来发展趋势之一。保险信息共享机制可以实现整个行业的信息共享和资源整合，同时利用数据挖掘技术，深度挖掘数据潜在价值，从而加强企业管理、提高运营效率、提升服务质量、防范化解风险，提升我国保险业的核心竞争力。

2.1.1 保险业数据管理本质论①

保险业是经营风险的特殊行业，保险是市场经济条件下风险管理的基本手段，具有经济补偿、资金融通和社会管理的重要职能。现代保险公司管理的基本资源是数据资源，其核心技能是风险定价。数据是保险公司应用大数定律和中心极限定律，厘定费率的基础，是提取未决赔款准备金、准确核算经营成果的重要依据，是衡量保险公司偿付能力充足率的唯一尺度，也是保险监督管理机构区分企业风险、采取分类监管措施的标准。因此，数据就是保险公司经营管理的基础和核心。在一定程度上讲，保险就等于数据。保险公司作为保险业的市场主体，在本质上其管理就是数据管理。

美国保险数据管理协会（Insurance Data Management Association，IDMA）研究发现，保险公司是数据密集型公司，数据是保险公司经营活动的主要产品，更是保险公司开展业务的驱动力。数据和其他有形资产一样，是保险公司的一项重要资产，公司的一切决策都来源于数据，因此数据资产像其他资产一样，需要进行管理，以达到公司利益的最大化。数据管理的重要性依赖数据管理的工作价值，数据管理的工作内容包括：在宏观上，数据管理要支持公司的整体风险管理，支持成本降低的管理活动，支持业务战略规划，能够为 IT 投资准确定位，能够为公司创造竞争优势。在微观上，数据管理工作要能够降低数据收集、存贮、分发成本；实现监控数据质量；能够在新产品、服务、程序、技术等方面提供公司级的交流渠道；提供业务流程改进的专家意见；帮助建设和维护信息管理系统以提供数据支持；和用户一起进行数据规范；参与建立行业的指标定义和数据标准等等。总之，数据是保险公司经营管理活动的结果，是保险公司和政府监管部门决策的重要依据，数据的真实性影响重大。无论是从数据的生命周期的宏观角度看，还是从数据的来源和使用的微观角度看，对于保险行业而言进行数据管理都具有重要的价值。

一、现代保险公司数据管理本质理论分析

古典管理学创始人、法国管理学家法约尔提出，管理是指计划、组织、指挥、协调和控制，明确了管理的过程和职能。诺贝尔奖获得者、美国著名管理

---

① 吴晓辉，王新文. 现代保险企业数据管理本质论探析［D］. 中国保险学会学术年会入选论文集，2010.5.

学家西蒙认为，管理就是指决策，任何组织、任何层次的管理者在实施管理时都要进行调查、制订方案、择优实施和评价的过程。美国哈佛大学教授德鲁克提出，管理是专业性的工作，管理的本质和基础是执行任务的责任。美国人理查德·诺兰认为，对于任何一个行业，信息化大体要经历初始、蔓延、控制、集成、数据管理和成熟这样几个发展阶段，各个阶段之间并非截然分开，也不能超越，这就是著名的诺兰模型。可见，企业信息化管理的高级阶段也就是数据管理阶段。

　　保险业赖以生存和发展的基础就是风险。如果没有风险的存在及规避风险的需求，保险业也就失去了存在的必要。保险公司管理过程也就是风险管理的过程，包括计划、组织、领导和控制等职能。每项职能都要求迅速做出决定，这些都是决策问题。而在保险公司经营管理过程中的任何风险管理决策，采用国际上先进的资产负债管理、风险定价技术、精算技术、巨灾风险管理等数据模型，都要依托于保险经营数据。所以，保险公司管理过程中的任何风险决策，都离不开数据管理。

　　随着信息技术高速发展，保险业信息化应用程度不断提高，整个业务流程被数据充满着。保险公司在经营活动过程中形成了形形色色的各类数据，借助这些数据，可以开展管理、提高运营效率、提高服务质量、提升盈利能力等等。同时业务经营中的问题，也及时准确地反映在了业务数据上。通过纠正数据问题，深入挖掘数据价值，可以管控业务风险，优化业务流程，实现信息交互共享，提升保险行业核心竞争力。其具体表现在：

　　（一）保险产品的数据化。风险是无形的，但风险发生的概率和程度是可以量化的。保险产品制定过程中，精算师分析大量的历史损失数据，以及企业费用与盈利的目标数据，确定保险产品的条款及费率。因此保险产品本身就是一个数据产品，保险产品的开发也是数据管理工作的结果。

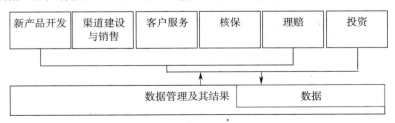

图 2-1　数据及数据管理与保险公司运营的关系

（二）销售产品的数据化。举例说明，销售之前，企业需抽取客户数据，分析客户喜好及需求，确定销售目标群体；销售之后，企业需核实数据，录入保单数据，确保真实体现实际承保情况。整个销售活动使用数据，产生数据。

（三）核保业务的数据化。核保，又称为风险选择，是依据承保标的风险数据以及历史赔付数据，对投保的保险标的或被保险人的风险程度进行评估与分类，并做出是否承保，适用何种费率或采取什么限制措施的决定，其本质就是一个数据识别与分析的管理工作。涉及的数据有损失率、出险率等等。

（四）理赔业务的数据化。保险事故发生后，保险人对被保险人所提出的索赔案件进行理赔处理。理赔中，保险人会对被保险人损失进行确认与量化。赔案发生后，从报案到结案，都会产生各种各样的描述损失金额的数据，诸如免赔额、估损金额、定损金额等等。

（五）服务流程的数据化。保险行业提供的大多数服务，依靠各种信息系统开展，信息系统会记载服务发生数量、效率、质量等等各类数据，诸如在进行理赔服务过程中，会在核心业务系统中形成立案周期、结案周期等反映理赔时效的数据。

（六）经营成果的数据化。保险公司的经营成果均以数据的形式反映，并形成于各种报表与报告之中。诸如准备金、现金流量等等。通过对这些数据的整理分析，我们可以发现问题，总结成绩，为企业未来更好的发展，提供必要的依据。

（七）绩效考核的数据化。现代保险公司借助于各种量化指标进行内部考核。这些指标来源于经营活动形成的数据以及数据管理的结果，比如保险公司会使用出险率、核保周期等指标考核核保工作质量。

因此，现代保险公司运营始于数据，终于数据，其经营过程也可以用数据表示。可以说，现代保险公司管理本质上是数据管理。

二、以信息技术为支撑的数据管理功能分析

数据管理与信息技术紧密不可分。一方面，信息技术大量运用于保险公司经营活动中，使得数据管理的工作成为可能；另一方面，数据管理起源于信息技术工作，现代信息技术提供了数据管理工作的手段与工具。

以信息技术为支撑的数据管理，它的功能就是发挥数据在企业经营管理各个领域中的作用，使数据这一重要资产带给企业更多收益。数据管理功能的发挥与企业对数据重要性的认识，是相互影响，相互促进的。

数据管理的功能发展一般进程如下：开始，数据管理是属于数据库管理项下的一种活动；随后，数据管理等同于数据库管理；再后，数据管理成为监督全部数据库的一种行为，数据库管理成为数据管理的一部分；再后，数据作用日渐发挥，数据管理成为一个独立的部分；最后，企业将数据视为企业资产，数据管理超出信息技术的范畴。在此，我们认为完整的数据管理功能应有以下部分：

（一）数据治理结构的建设。数据治理需从组织、制度、文化、执行等各层面入手，包括建立数据委员会、数据管理部门等数据管理组织，制定公司的数据战略、政策及标准，评估及预算数据管理项目，监督数据管理方案及项目的执行，宣传及推广数据管理文化等等。

（二）数据模型管理。一是发现、分析和控制保险行业中的各种数据需求；二是分析企业不同层面的业务主题（包括客户、产品、渠道、营销、内部流程、财务等），确定各主题中的业务对象及之间的本质联系，设计逻辑数据模型，提供企业级的业务视图；三是基于数据库技术，构建一个关于整个企业各类信息的完整模型，包含了数据实体和实体间的关系、属性、定义、描述和范例，即企业级逻辑数据模型；四是适时维护模型，管理模式版本。

（三）数据库管理。数据库管理是保险公司数据管理的基础工作，它包括设计和更改物理数据库；备份和恢复数据库数据，确保存储安全；校正数据库性能，提高读写数据库数据的速度等。

（四）数据安全管理。数据安全对于信息安全防护的意义至关重要，随着保险业务量的增加，数据安全隐患无处不在。数据安全管理就是要消除隐患，保证存储及使用的安全，具体包括制定和执行数据安全标准；管理用户权限与密码；管理数据存取许可进行用户认证和数据安全审计等等。

（五）元数据管理。元数据可以说明数据的出处、之间的基本关系以及使用方式等等，利用元数据，可以有效地理解、管理和集成数据，只有使用元数据驱动的平台才能实现数据管理。元数据管理具体包括元数据标准的制定和执行；元数据的存储、整合与共享；元数据储存库管理等等。

（六）数据仓库与商业智能。从大量数据之中提炼出有价值的信息，支持企业经营管理，是数据价值和数据管理工作价值的重要体现。在数据模型基础上构建企业级数据仓库，从各个操作系统的数据库中提取出有用的数据并进行清理，然后经过抽取、转换和装载，即 ETL 过程，合并到数据仓库里，在此基础上利用合适的查询和分析工具、数据挖掘工具、OLAP 工具等对其进行分析和处理，寻找那些对经营决策有价值的信息，并根据已有的信息对未来发生行为做出结果预测，为企业经营决策、市场策划提供依据。

（七）数据质量管理。不正确的数据，或者较差质量的数据不能反映真实的企业状况，这种数据的使用可导致保险公司管理决策的失败。数据质量管理意义重大，具体包括制定数据法规；审核数据；分析数据问题；清洗数据；数据质量的需求分析等等。

（八）标准化管理。标准化是实现信息处理、信息交换和数据分析的重要前提。具体工作包括数据标准制定；代码的维护；保险术语与指标的定义等等。

（九）非结构化数据管理。各类非机构化数据是企业数据管理中不能缺少的重要组成部分，具体工作包括文件管理、图像管理、内容管理、分类管理等等。

三、正确认识数据管理本质论的重要性

保险公司管理者抓住了数据管理这项核心工作，也就抓住了管理的本质，抓住了管理的"魂"。

（一）对数据管理本质论的正确认识，有利于促进保险业多学科、交叉领域理论的繁荣与发展。数据管理涉及金融学、保险学、管理学、统计学、财务会计学、人力资源管理、工程技术和信息技术等多学科，属于跨学科的交叉领域。认识到这一点，有利于确定数据管理在企业管理中的核心地位，提高保险公司数据的真实性，更好地开展数据管理工作，发挥数据在保险公司管理中的

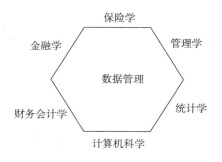

图 2 - 2　数据管理学科交叉图

作用。

（二）对数据管理本质论的正确认识，是现代保险业风险管控的基础与前提。保险行业是经营风险的特殊行业，防范和化解风险显得尤为重要和迫切。随着金融保险体制改革的不断深入，特别是保险公司股份制改革和上市的不断推进，保险公司所面临的压力越来越大，经营管理的环境发生了巨大变化，对保险公司依法规范经营，提高风险管理能力，加强盈利能力建设的要求越来越高。保险公司的各类经营管理活动对业务、财务数据高度依赖，并且在当今的信息化时代，保险公司的大部分经营行为都以业务、财务等各类数据的形式最终体现出来，因此以数据为突破口，分析数据反映的问题，检查整改数据背后的风险，是保险公司提高风险管控能力的迫切需要。

（三）对数据管理本质论的正确认识，有利于维护保险消费者利益，提高现代保险公司的核心竞争力。认识到保险业数据管理的本质，有利于发挥数据在创新服务与提升管理的作用。充分利用数据，不断推出新产品，创新服务，提高保险服务质量，能够为保险消费者提供更优质的服务，同时也有利于企业提升品牌形象；借助数据提升管理水平，加强内部控制，降低成本，有利于增强企业竞争优势，同时给予消费者性价比更高的保险服务。

（四）对数据管理本质论的正确认识，有利于促进我国保险业平稳健康发展，进一步维护国家的金融安全。保险业在快速发展的过程中出现了一些突出问题和风险，如数据不真实问题、诚信缺失问题和市场秩序不规范问题等，这些问题大都以虚假数据反映在业务、财务信息上。加强对数据管理，及时发现行业管理中存在的问题和风险隐患，对监管部门加强和改善监管、加强社会和公众对保险业的监督、进一步规范保险市场秩序具有重要意义。另一方面，保险行业建立更加科学的监管体系，借助各类数据指标透视问题，能够促进保险公司进一步加强财务管理，增收节支，提高保险业经营效益，改善财务状况，防范和化解财务风险，积极应对国际金融危机冲击，促进保险业平稳健康发展，更好地服务经济社会。

2.1.2　信息共享技术发展

过去的半个多世纪，信息技术发展经历着巨大的发展变革。信息技术走过了大型机时代、个人计算机时代和互联网时代后，迎来今天的云计算时代，整个社会也在技术发展和应用的推动下发生着日新月异的变化。信息处理越来快、信息传递越来越便捷、信息共享越来越全面，客户对服务的要求也越来越高，使得更多以信息消费为基础的服务和运营模式已经或正在建立。在这种大环境下，身处其中的保险公司也正在努力做出改变，一场保险业信息化变革正悄然兴起。

回顾历史不难看出，计算机出现后，信息技术在企业中的应用逐步深入，保险是金融体系的重要组成部分，保险公司经营的商品是一种无形商品——保险单，从信息技术角度看，它是一组信息。在保险单的整个生命周期即保险期限内，保险公司与客户之间的所有交互都是围绕这一组信息而发生的。因此，信息化对于保险公司来说，有着特殊意义。这几十年来，信息技术发展以处理、传递和消费作为核心信息应用的过程中，保险信息化也经历了从手工到自动化再到集中化的发展历程。

跨入 21 世纪后，互联信息变得越来越紧密和频繁，信息互联的相关应用也日益增多，在线交流工具的丰富、网上零售社区的开设、网络银行信息的应用等新型服务模式在深刻改变人们工作和生活方式的同时，也促使更多的信息在互联网上产生和流转。据初步统计，全球信息总量每过两年就会增长一倍，2011 年，全球被创建和被复制的数据总量为 1.8ZB 字节（数据来自 IDC 发布的数字宇宙研究报告——《从混沌中提取价值》）。这个数据量到底预示着怎样的概念，我们可以对该数据进行更加贴切的转化，如果以馆藏 1900 万册书籍和其他印刷出版物的美国国会图书馆为标准，1.8ZB 字节的信息量相当于拥有 1 亿座美国国会图书馆的书籍信息量。追本溯源，这些海量信息的创建、应用和复制均是因为需要满足各种各样的需求而产生，反映的是社会不同群体的个性特征和应用特征等。对于社会学的分析和研究而言，这些海量的数据和数据背后的社会行为，蕴涵着极为丰富的社会价值。然而，传统的信息消费模式已很难满足如此大量信息的实现，更别提从大量信息中挖掘一些有价值的信息并分析这些信息加以更广泛的应用。正是在这样的环境和背景下，云计算时代油然而生，并日益强大地发挥着它的作用。

云计算从严格意义上来说不是一种新技术，它更多地体现为一种新型的理念，是通过对现有的信息处理和信息传递技术的有机组合，目的在于建立安全、便捷的信息消费模式，推动信息消费模式的变革，促进社会发展。打个简单的比喻，以前家家户户为了用水，只能自家出钱费力打水井，解决各自家庭用水问题，而现在都统一由市政自来水公司统一供水，仅需要铺设管道，就可以解决自家用水问题。在云计算的理念下，对信息的消费和使用就好比如今使用自来水一样，方便、安全、经济且快捷。

互联网发展至今日，已经使社会的经济活动很大程度与信息消费息息相关，无论是企业为客户提供产品或服务、还是企业与企业之间的相互合作，都离不开信息交互、信息消费。对于企业而言，如何将自身的产品、服务有效地融合在安全、便捷的信息消费模式下进行销售，充分建立各企业具有时代特征的服务模式，已逐渐成为企业打造核心竞争优势的关键环节和核心竞争力。

2.1.3 保险业信息化发展

信息技术在企业中的应用，其根本目的在于变革传统的企业运营模式，不断提高企业的创造能力、经营能力、管理能力和竞争能力。近年来，随着信息技术在中国的迅猛发展，信息技术已从"单纯服务运用于业务"转变为"综合服务运用于业务和管理"的各个方面，信息化技术所带来的经济效益日益显现。作为金融三大支柱的保险业也在大力进行信息化建设、应用信息技术的过程中深受裨益。可以说，互联网信息技术的发展给保险公司信息化建设带来了新的契机。新的信息化技术的应用对保险业产生了积极的、健康的影响。微软 CEO 鲍尔默在 2010 年美国硅谷举行的华源科技协会年会上发表主题演讲时说到，信息技术领域的创新，有望成为未来几十年中全球经济增长的主要动力。未来 20 至 30 年，全球经济增长的驱动力，最有可能来自与信息技术直接或间接相关的创新。这是一个时代，一个国家，一个行业，一个企业的新变革。

保险信息化是指以计算机输入输出设备、数码、图形图像和视频影像等硬件为载体采取统一的技术标准，通过各种系统软件的应用将具备智能交换和增值服务的保险信息系统互联在一起。采用集中式的数据管理，分布式数据处理和友好的人机接口，提供数字化的保险信息、保险经营管理和保险服务的长期系统工程。

保险信息化是发展的、动态的、不断深化的，经历了从早期的注重硬件配备到现在的注重系统应用的发展过程，它以各种保险专用信息化手段的应用为主要特征，是各种保险计算机硬件系统和系统支持软件应用的总称。

在保险机构中，为了提高工作效率，围绕保险业务及保险公司经营管理现代化进程，所采用的先进电子信息设备以及相应开发的信息系统都属于保险信息化系统的范畴。保险信息化的最终目标是建立集保险业务处理、保险信息管理和保险决策于一体的保险信息系统。

随着保险业信息化发展的不断深入使保险公司和行业充分认识到，系统和数据分散建立所形成的信息孤岛现象，使得信息资源难以得到更全面和高效的利用，从而限制了保险产业的进一步发展；另一方面，网络技术日新月异的发展也可以从应用层面帮助保险公司打破信息孤岛现象，突破信息地域限制。在实现资源集中化管理、提升规模效益的同时，更好地为分布全国的业务数据提供信息服务。因此，在内、外部因素的推动下，保险信息化已逐步从自动化阶段步入集中化阶段。保险公司通过数据中心建设、数据迁移整合等相关工作逐步实现了信息资源的集中化管理，更好地应用集中数据，实现保险公司、行业的进一步发展。

保险业历来是以客户服务为中心的服务行业。2012 年初，中国保监会项俊波主席在全国保险监管工作会议上明确指出，保险公司要着力提升保险服务质量和水平。从现实经验来看，保险服务就是在符合保险法和行业规范的前提下最大程度地、高质量地满足保险客户需求。而在云计算时代的技术支持下，越来越多的企业在围绕信息消费的核心内容下，创新服务模式，为广大消费客户提供更便捷、更高效的服务。随着时代的发展变迁，保险客户对保险业服务的需求也在不断深化，同时也日趋打上云时代的烙印：便捷、快速、透明的新服务理念，即客户希望能够通过多种渠道、多种手段，随时随地根据情况提出服务需求，跟踪服务的处理进度，得到更加公平和合理的保险待遇，同时也希望这些需求能随时得到保险公司的快速响应。

自改革开放以来，中国保险业市场化进程的进一步加快，保险公司依托庞大的营销员队伍、遍布各地的网点柜面、相对集中的处理中心和与之相配套的运营服务流程，已经形成了一套较为完整和固定的服务模式。但这种服务模式更多地依赖于分散和线下资源，对于信息的产生、流转和消费相对传统，在一定程度上无法有效满足客户具有时代特征的服务需求。近年来，国内一些保险公司已经意识到这一点，并借助快速发展的移动终端、3G 移动通信和电子支付实时代扣等技术，逐步实现了移动展业，如中国人寿大力推广的"国寿 e 家"和平安人寿推出的 MIT 等。这种服务模式打破了时间和空间的限制，使得客户随时随地都可以进行投保，实时获得保险保障，受到销售人员和客户的欢迎。

移动展业和在线投保只是保险公司在信息时代下创新其服务模式而迈出的

第一步。随着信息技术的进一步发展，保险信息共享也将紧跟信息技术前进的步伐大力发展。从行业宏观层次看，保险业信息化建设取得较好成效，信息安全保障体系也基本建立。从保险公司的微观层次来看，客户生产服务信息系统平台建设不断加强，保险业务运营平台的改造和优化逐步深入，保险公司之间数据大集中的功能也在稳步推进，数据仓库的建设得到持续关注与发展。随着共享信息服务的稳步推进，保险业信息共享已经向着更深、更广的方向发展。如在深度方面，在信息共享应用的实现过程中，在保证生产服务功能顺利发展的同时，更加注重风险管理的管控；在广度方面，保险信息共享已经开始联合金融行业的相关部门一起开展保险共享服务，如清算支付中心的建设，则是本着更方便保险客户、更加快捷支付为目的的信息共享。

相对于中国保险业来说，国外保险业的起步较早，发展时间较长，有相对稳定的模式和较为成熟的机制。可以说，国外保险业的发展趋势在一定程度上体现了未来世界保险业的发展方向。近年来，美国、加拿大等发达国家的保险业在信息共享方面也有较快的发展。在国际上，加强保险业信息化建设已成为很多国家保险业发展的趋势。由于信息技术发展处于领先水平，发达国家保险业较早地建立了先进的保险信息系统和庞大的数据库。美国保险信息化系统主要由市场信息系统和监管信息系统两大系统组成。市场信息系统主要对保险公司的市场数据进行收集、转送和处理以及保险市场的监测，为保险监管提供必要信息。监管信息系统通过对财务信息的收集和分析，为保险监管机构提供有关保险机构偿付能力等方面的依据。这些共享信息都大大提高了保险业的服务水平和质量，为保险业健康发展提供基础。

2.2 国外先进经验及启示

发达国家保险业发展起步较早，积累了较为丰富的发展经验。中国保险业要学习国外保险发展的先进经验，吸取教训，结合我国自身发展情况，制定和研究适合我国保险信息化建设发展的思路，既可以少走弯路，又能促进我国保险业持续健康的发展。

2.2.1 国外保险业信息共享发展

欧洲是近代保险业的发源地，有 300 多年的历史，是世界上保险业起步最早的地区，研究和借鉴这些经济发达、保险业发展较快国家的先进经验，有利于促进中国保险业的国际化进程。研究世界保险业的发展与改革，对中国保险业改革和国际化进程有着很好的借鉴意义。另外，从国际金融业看，信息共享是支撑金融业尤其是保险业健康发展的重要基础。

由保险业成立的专业化信息公司为各保险公司提供相关技术与信息交换服务，是美国等发达国家的通行做法。美国的财产保险和意外保险有着专门的保险服务公司，为数千家保险公司提供从条款到费率方面的多种服务。较为出名和活跃的主要有：保险服务公司（Insurance Service Office Inc.，ISO）和独立统计服务公司（Independent Stastic Service Inc.，ISS）。美国保险服务公司（ISO）是一个为财产保险和灾害保险提供统计资料、精算、保费和理赔信息的机构，拥有至少70年以上业务数据的一家保险服务机构。ISO成立于1971年，是美国财产和责任险领域最主要的信息来源。作为美国各州保险监督官指定的经营财产和责任险保费与理赔数据的统计代理之一，为全美1500多家财产和意外保险会员公司服务，每年采集大约25亿条保险保费和理赔损失的详细记录，拥有至少70年以上的业务数据，员工3200多人，其中包括一支约200人的精算队伍。

ISO常常被看做保费费率厘订机构，但今天的ISO早已与从前所扮演的角色不同，如今ISO的主要任务是开发和传播对会员保险公司有帮助的信息和资料。对ISO所提供的费率，格式保单和其他产品信息资料，承保定价服务，会员保险公司可以采用，修改或不予理睬，没有约束。ISO提供的费率或损失预测，格式保单，承保手册反映行业的总体状况。需要ISO产品的公司只需给付所需的费用。大多数产品和服务是按单付费的，但研究开发成果和对独立代理人的服务费用按保险的种类向会员征收。收费按购买此类保险服务的保险公司，从此类服务所获保费收入的量来计算。ISO提供的产品主要是车险数据，其数据库包含了95%以上的行业车险保费信息，并能够为保险公司提供3~5年的车险损失及索赔信息。此外，ISO还向保险公司提供车险个体保单信息，包括被保险人的姓名地址、保单有效期、个人历史保单数据、保单保额，个体保单信息可以帮助会员公司进行更有效的核保以防止欺诈。

ISO早期是一家非营利性组织，1996年转变为一家营利性公司。其运作由董事会指导，可有三位会员入选董事会，其他董事会成员由资深的会员保险公司组成。下设有三个委员会：精算委员会、商业保险及意外保险委员会和个人类保险委员会。三个委员会之下，设有工作委员会。ISO 的委员会成员由会员和产品购买者组成。ISO 拥有三个全资子公司：ISO 商业风险服务公司（CRS）；ISO 通讯公司（ISOTEL）和 ISO 数据公司（ISODATA）。精算、统计数据报告，以及保单编写核发由母公司 ISO 来完成。ISO 的作用为保险公司和消费者都带来利益。规模经济的效益减少了保险公司的许多支出，同时带来了保险费率的下降。ISO 可靠的统计数据库和参考费率信息降低了市场进入的门槛，增加了价格竞争，减少保险公司的报价错误风险。ISO 的共同基金为 ISO 的研发提供保障，研发产品改善了保险业应用创新产品的能力，新产品简明易懂，使消费者购买保险产品时能有比较。

美国另一家重要的保险信息服务公司——独立统计服务公司（ISS）由美国财产与责任保险协会（PCI）全资成立。ISS 服务于 450 多家财产和责任险公司，覆盖了全行业一半以上的保费信息，每年获得保费统计额超过 1000 亿美元。ISS 提供数据服务和数据分析服务，数据涵盖了车险、家财险、锅炉及机器保险（Boiler & Machinery）、盗抢险（Burglary & Theft）、内陆水运险（Inland Marine）、火灾险、一般责任保险（General Liability）、职业责任保险（Professional Liability）和按揭保证保险（Mortgage Guaranty）等不同险种。具体数据包括已赚保费、已报告及预计发生损失额、已报告及预测发生索赔额、纯保费、平均损失、损失频率、赔付率等。

其他发达国家的保险业信息共享也较为先进。如英国有三大反保险欺诈数据库，即 MIAFTA（The Motor Insurers Anti – Fraud and Theft Register 汽车保险商贩欺诈和盗窃数据库），MID（The Motor Insurance Database 汽车保险数据库）和 CUE（The Claims and Underwriting Exchange 理赔和承保信息交流数据库）。MIAFTA 数据库始创于 1987 年，由英国保险协会（Association of British Insurers）负责日常运营，其信息由会员单位提供，内容包括汽车牌照、车辆识别码（VIN）、底盘号码、车主姓名和住址等。如果汽车被盗或全损，保险公司就会将被盗或全损信息输入数据库。如果该车辆的记录已经存在，保险公司可以和该汽车此前承保的保险公司联系，以便得到更多的索赔历史信息。除保险公司外，司法部门，乃至汽车经销商都使用该系统。MID 初建于 2001 年，由保险公司发起创建，日常运营由汽车保险商部负责，信息包括车辆信息、保单持有人信息、保单信息、保险人。此数据库能帮助警方迅速辨别未购买保险的驾驶人身份信息，也可以用来查找欺诈信息。CUE 于 1994 年投入使用，其信息包括过去五年中的家财、汽车、人伤的案件信息，数据库存量达四千多万条，数据库仅存储一般性信息，如索赔申请书，保险事故信息等，不包括保费等敏感性信息。CUE 有 100 家用户检索，包括 60 家保险公司，31 家其他成员和 9 个授权成员。

在日本，主要的信息共享有汽车事故信息共享系统、人身保险事故等信息共享系统、伤残查询制度、骗赔防欺诈制度。其中，汽车事故信息共享系统的背景是事故一方在与对方进行有关过失比例协商时，对方保险公司的确认需要较长时间，在无法确认向其他保险公司索赔的信息时，就不能合理防止重复索赔等不正当索赔。汽车事故信息共享系统的目的是可以通过较早确认对方投保的财产保险公司，为下一步事故处理的顺利进行以及赔款的迅速支付创造有利条件，进而提高客户服务水平。人身保险事故等信息共享系统的背景是在骗赔行为日益增多情况下，通过在事故受理阶段的信息共享，及时发现并有效防止重复索赔等不正当行为的发生。伤残查询制度的背景是计算合理的损害金额，需要对受害人已有的伤残情况进行确认。

2.2.2   对我国保险业信息共享的启示

通过对国外保险业的分析，可以看到市场经济条件下保险业对社会经济发展的作用是不可或缺的。市场经济越是发达，就越需要保险业有相适应的发展。目前，中国在完善社会主义市场经济的过程中，保险业对支持经济的持续发展、促进改革和稳定有着很大的作用空间。但现阶段中国的保险业还处在初级阶段，在信息化建设中遇到一些问题，如人力和资金投入不足，信息化程度不高，IT 治理及风险管控等方面不够完善，因此，中国的保险业应立足于国情，吸取和借鉴发达国家保险业发展的经验，尽快将保险业做大做强，为建设和谐小康社会做出应有的贡献。

从我国金融业发展信息化要求来说，信息共享是最受关注的信息化建设项目之一。中国银联建立的银行卡系统就是采用先进的信息技术，建立银行卡跨行信息交换网络，制定统一的业务规范和技术标准，实现高效率的银行卡跨行通用及业务的联合发展。也就是说，数据的交换和共享是实现银联基本业务运营的基础。相比之下，我国保险业正处于飞速发展期，信息共享是实现保险健康有序发展和有效监管的重要途径，因而研究我国保险业的信息共享机制尤为迫切。目前，我国车险信息共享平台已经上线，全国范围内车险的投保都通过平台实时进行，实现了对保费、手续费等费用的有效控制，抑制车险恶性竞争、防止欺诈等作用逐步显现。同时，也为下一步扩大平台的功能范围、深入应用奠定了基础。

目前，我国保险信息化发展呈现出五大趋势。第一，受多方面因素驱动，保险业信息技术投资将持续递增。现有的信息化水平不能满足市场发展的需要，改造核心系统和增加风险控制系统等需求日益增加；市场主体越来越多，需要进行网络搭建和核心业务系统以及后台系统建设，这些都是促进保险业信息化增长的因素。第二，业务内容的衍生和服务意识的增强使保险业对信息系统的要求日益提高。保险公司将依据各类社会群体对保险需求的不断发展而制定个性化的衍生险种，险种的增加对保险信息系统的业务支撑能力、数据处理能力、运行效率等都提出更高的要求。第三，电话销售和网络营销等在线业务办理将成为保险公司信息化应用的一大亮点。第四，电子商务模式创新将扩大保险业 IT 外包服务需求，保险业电子商务作为一种全新的经营方式和商业模式应运而生。第五，风险管理信息系统的建设要求和应用水平都将快速提升，保险业的经营风险主要源于银行利率的变动、保险产品开发和费率的制定以及其他不确定性因素。

结合国内外保险业发展趋势以及信息共享发展前景，发达国家保险业的先进经验对我国保险业的启示如下：

（一）推进保险信息平台采用公司化模式运作。借鉴美国等发达国家经验，成立专业的保险信息服务公司，为各保险公司提供精算、统计、保费计算等服务。公司化是推动集中平台建设和安全运行的最有效组织形式，有利于实现经营者责、权、利的统一，有利于集中平台的组织队伍建设，用经济手段尽快提升行业信息化水平，促进各会员公司的规范化服务。

（二）数据是保险业的重要资产和管理基础。平台汇集了全国的保险业务数据，为保险业数据仓库的建立和数据的有效挖掘奠定良好的基础。通过数据挖掘技术，可以提供保险产品分析、市场分析、客户分析、风险管理、精算、统计等服务，挖掘出潜在的、有价值的知识和规则，为企业经营决策、市场策划提供科学依据。伴随着数据的集中和整合，保险公司数据集中后的数据备份和安全、系统运营和维护管理及各种应用开发与服务将成为保险信息化建设的重点。

（三）信息技术是保险业信息共享的重要手段。发达国家的信息共享均基于先进的信息技术和互联网的快速发展。中国保险业发展处于快速上升期，保险主体越来越多，客户投保意识逐步增强，业务数据快速扩展，因此信息共享建设需要引用国际上比较先进的云计算技术和 SOA 架构，搭建起动态可伸缩的云平台架构。另外，物联网、移动通信等技术创新，将大大促进电子商务保险服务模式的创新，引发数据服务业的兴起。

（四）安全体系建设是信息共享的有力保证。保险信息共享为保险公司和客户带来方便的同时，也面临病毒感染、恶意攻击、非法获取数据等安全隐患。随着保险信息的不断集中，共享规模不断扩大，保险信息共享平台安全的重要性也与日俱增。因此，采取有效的安全措施和认证手段，建立完善的信息安全体系，是保护信息传输安全，有效防止攻击，保证保险信息共享平台稳健运营的重要保障。可以通过切实可行的安全预警，有效的技术和业务应急预案，对可预知事件、突发事件进行事前防范、事中控制、事后及时响应和处理，防范和化解风险，确保平台安全运行。

（五）标准化建设是保险业信息共享的基础。保险业的信息化水平和效率，很大程度上依赖于信息建设过程中的标准化程度。无论是保险业内部信息共享，还是跨行业信息交互，均需要对产品规格、业务规则、服务规范等信息按照一定标准进行处理，都需要对信息指标的设置、信息的编码、采集、加工、存贮等一系列过程进行规范。保险标准化既能够促进保险行业内外的信息交换，也是实现我国保险业信息化的内在要求；既有助于提升保险监管的效率，也有助于保障保险业安全稳定运行。同时，保险标准化也是经济全球化下我国保险业发展的必然选择。

（六）车险平台扩展为保险业平台是保险信息共享的必然趋势。目前，我国车险共享平台已基本建成，基础生产管理功能已实现。从目前车险平台的功能和发挥的作用来看，实现了法律、制度的要求，规范了车险市场，使车险业由过去单纯的价格战、客户之争逐步向提高服务质量转变，有利于提升保险业的社会形象，同时由于共享信息的存在，有效遏制了客户欺诈、骗保、骗赔的行为。因此车险平台的建设具有典型的成功经验，此外由于其功能的扩展，使平台不再是简单的生产系统，其集风险管理、清算支付、电子商务等功能于一身，对非车险乃至整个保险业具有实际的借鉴和扩展意义。因此可以在目前车险平台规划设计和功能完善的基础上，直接建设财产险、寿险等其他保险业务平台，使信息共享扩展至整个保险行业，进一步加快我国保险业的信息化建设。

2.3　我国车险平台发展

近年来，中国保险业快速发展，信息技术应用程度大幅提高，车险信息共享平台就是在此背景下建立的。我国车险信息共享平台的建立不仅标志着信息共享在保险业的运用，更表明我国保险业正在逐步打破各地区、各保险公司之间的信息孤岛，实现行业内及跨行业信息交互共享，为进一步规范市场提供服务。

2.3.1　车险平台建设背景

2002 年国家信息化领导小组出台了《关于我国电子政务建设的指导意见》，将 12 金工程、人口、法人单位、自然资源和空间地理、宏观经济等国家基础数据库的建设作为"十五"期间电子政务的主要工作任务。并且提出电子外网平台的建设要求，以解决各部门网络的互联互通，实现跨部门的电子应用系统数据交换、资源共享的目标。长期以来，政府部门条块分割，信息资源跨部门共享困难，信息孤岛现象严重，信息资源建设与共享进展缓慢。在这个基础上，保险业也跟随国家信息建设大潮，挖掘保险业内信息孤岛、闭塞问题，积极探讨保险业信息共享的需求，尽力完善和保证保险业在信息互联互通情况下的快速、稳定发展。

根据国务院 2006 年 3 月颁布的《机动车交通事故责任强制保险条例》第八条规定：被保险机动车没有发生道路交通安全违法行为和道路交通事故的，保险公司应当在下一年度降低其保险费率。在此后的年度内，被保险机动车仍然没有发生道路交通安全违法行为和道路交通事故的，保险公司应当继续降低其保险费率，直至最低标准。被保险机动车发生道路交通安全违法行为或者道路交通事故的，保险公司应当在下一年度提高其保险费率。多次发生道路交通安全违法行为、道路交通事故，或者发生重大道路交通事故的，保险公司应当加大提高其保险费率的幅度。在道路交通事故中被保险人没有过错的，不提高其保险费率。降低或者提高保险费率的标准，由保监会同国务院公安部门制定，保监会同公安部制定了《机动车交通事故责任强制保险费率浮动暂行办法》，从 2007 年 7 月 1 日起，要求在全国范围内统一实行交强险费率与道路交通事故挂钩浮动机制。

为贯彻落实《中华人民共和国道路交通安全法》和《机动车交通事故责任强制保险条例》，有效落实《机动车交通事故责任强制保险费率浮动暂行办法》，为财产险业发展特别是车险业务提供数据平台和信息技术支持，中国保险业深入贯彻落实科学发展观，按照"转方式、调结构、防风险、促发展"的总体要求，积极开展全国车险信息共享平台建设，为促进行业科学健康发展、切实规范车险市场发挥了重要作用。

2.3.2　车险平台建设状况

《机动车交通事故责任强制保险条例》为保险业建立车险信息共享机制奠定了法律基础、提出了法律要求。该条例要求多个部门逐步建立"信息共享机制"，建立交强险费率与道路交通违法行为和交通事故的联动机制，发挥费率杠杆作用，促进道路交通安全管理。从 2006 年开始，信息共享已开始初步构建，信息共享平台建设按照"四统一分"即：统一标准、统一软件、统一接口、统一业务流程和分省建设的原则，稳步推进浙江、江苏、山东、四川、辽宁等省区的信息共享建设工作，协调和保障部分地区公众理赔查询系统、酒驾交强险费率浮动、严重交通违法费率浮动的实现工作，为保险业开启信息共享迈出了第一步，也首次将省内信息以相对集中的形式统一进行查询、管理，为信息共享机制的后续发展树立了模板。

为加快推进车险平台的建设和推广，中国保险业于 2010 年初召开了行业车险信息平台项目专题会议，正式启动建设行业车险信息集中平台，并成立集中平台管委会，统一组织规划，分两期建设行业车险信息集中平台。按照"物理集中、逻辑分散、运维外包"的原则，经过紧张有序的部署和实施，到 2010 年 8 月中旬，集中平台完成吉林、山西、黑龙江等省市的一期上线工作。在确保一期安全稳定运行的前提下，集中平台开展了二期建设。截至 2011 年底，集中平台已完成厦门、广东、云南等省市的二期建设和上线工作。至此，全国车险平台基本建成，车险平台的建设取得阶段性重要成果。

从功能方面来说，我国车险信息共享平台经历了从功能单一到多元化的逐步发展。在平台建设初期，信息共享只有交强险功能。根据保险业需要，平台功能不断扩展，增加了商业车险、查询统计、车船税代收代缴、手续费管理、酒驾及交通违法费率浮动、公众理赔查询、车型车价库、理赔全流程下的代位求偿等功能，并开始探讨财产险、健康险等信息共享需求。

车险平台的运行机制是各保险公司通过固定的传输模式向行业信息共享平台输送日常业务中产生的投承保信息和理赔信息。投保信息包括保单相关信息和批单相关信息。理赔信息则包括理赔全流程及代位求偿相关信息。车险平台对各保险公司传输来的保单和理赔信息进行业务处理。

另外，车险平台与公安交通管理部门实现互联互通，由公安交通管理部门向车险平台传输车辆基本信息、车辆违章和出险事故等信息，平台通过这些数据更公平合理的为保险客户服务。除公安交通管理部门外，车险平台为保证保险市场计费的公平公正，与车型车价库对接，获取市场上车辆价格、汽车零配件价格、汽车维修服务定额和标准等动态信息，并根据市场的变化及时进行调整，使车险服务更加准确和规范。

综上所述，车险信息共享平台建设具有深远的现实意义。

一、有助于规范车险市场竞争秩序，降低经营风险

机动车辆保险是我国财产保险中最主要的险种，同时车险业务也是各财产保险公司业务发展的重点。个别保险营销员为了争夺市场份额，可能会采取放松承保条件，扩大保险责任及高额返还、高手续费、高折扣和降低费率等方式抢夺业务，加大了这些保险公司的成本费用，增加了承保风险，在一定程度上影响了车险市场的发展。

车险平台建立后，可及时获取各保险公司费率、手续费、赔付率、赔案结案周期等指标数据，并获知有无违规违法以及恶性竞争行为，并及时制定和调整相应政策，引导各保险公司规范市场行为，提高服务水平，为车险市场营造健康良好的竞争环境。

二、有助于提高保险业信息化水平

在车险平台建立之前，行业间信息传递主要是通过电子邮件或电话等方式，数据传送效率及准确性较低。车险平台采用云计算、电子商务等先进技术，通过对现有的信息处理和信息通信技术的有机组合，优化了平台业务处理速度，提升了系统稳定性及安全性能。而且，车险平台为行业提供权威的数据查询、数据统计、数据挖掘和趋势分析等服务，有利于及时发现车险业务处理过程中的问题，有利于投保人正确选择保险产品，也有利于保险公司降低交易成本和经营风险；同时为保险监管机构的监管工作提供了数据依据。

三、有助于防范承保风险

保险公司在车险业务中可根据车辆上一年度交通违章行为的严重程度、违章累积的次数、保险赔款累积金额和理赔的次数等信息数据为因子作为费率浮动的风险调整系数，制定并实行有差别的承保浮动费率。但在车险平台建立前，机动车辆的承保过程中，因缺乏被保险车辆的交通违章记录、理赔和驾驶员的有关信息资料，尤其是现在各保险公司之间的承保和理赔网络信息系统是分割独立的，没法实现彼此间信息连通和共享，因此，难以实现车险的差别浮动费率，从而无法有效控制承保风险。

建立了车险平台后，以上承保问题就迎刃而解。因为机动车辆无论由谁驾驶，其车辆上一年度所发生的交通违章、违法行为以及保险事故理赔记录都存储在车险平台中。车险平台根据记录的信息，依据所投保车辆的类型、使用性质和保险合同的约定，自动生成下一年度费率上浮的比例和应缴纳的保险费。这样，保险公司可以通过车险平台中的有关信息资料，对保险费率进行调整或改变承保条件等措施，对承保风险进行控制，进而防范承保风险。

四、有助于提升理赔服务水平

个别保险公司在设置理赔程序时，过多地考虑自身的业务规范和系统流转方便，而在方便客户、简化手续、缩短理赔周期等方面缺乏充分的考虑，理赔的时效性不能充分保证。另外，理赔涉及的利益面广，专业性强，理算环节多等，这就要求理赔业务公开、透明，从而保证理赔业务的公正公平性。

保险公司通过车险平台实现理赔案件相关信息的交互及代位求偿案件锁定、互审、清算等一系列业务操作，实现行业数据的共享。在一定程度上有效防止投保人或被保险人利用保险公司之间信息不对称而产生的骗赔行为，有助于防范车险中的道德风险。同时，根据理赔各环节的时效点对各保险公司进行理赔时效点考核，促进了整个行业理赔服务水平的提升。

2.4 保险业标准化体系建设与发展

保险标准化建设是保险业又好又快发展的必然要求，是保险信息共享的基础和前提。建设保险业标准化体系，可以促进行业发展、实现规范经营、提高管理水平、降低交互成本。

2.4.1   标准化创建过程

保险业是一个经济意义重大且相互依赖性很强的行业。标准对于保险业已经变得非常重要，因为标准使业务伙伴之间能够用一种共同的语言协调工作，因此，标准也就成为被广泛使用并且影响行业发展方向的一部分。

2005 年 9 月，在全国金融标准化技术委员会第二届保险分技术委员会成立大会上，中国保监会李克穆副主席强调，保险标准是国家利益在保险领域的体现，也是国家实施保险产业政策和实施技术的重要手段，要加快保险业标准化建设，制定出符合我国国情、能够在国际上被认可的保险标准，迅速跟上世界保险业发展步伐并在竞争中争取主动。成立保标委，全面推进保险标准化工作，是保险业贯彻党中央、国务院关于标准化工作的重要指示，落实国家标准化法的重要举措。按照"政府推动、市场指导、企业为主、分类指导、国际接轨"的方针，领导、组织、协调保险标准化工作，在保险市场改革创新发展和政府主导标准化工作之间寻求平衡，逐步建立一个适合中国保险业发展需要的、灵活高效的保险标准化管理体制。随着保险体制改革步伐的加快和保险市场对外开放的不断深入，我国保险业要提高市场效率，增强信息透明度，在国际竞争中取得优势地位，就迫切需要建立一整套具有国际水平的保险技术、产品、业务、管理和服务标准，这也是提升保险公司综合化工作，以保险标准化带动保险产业信息化，以保险产业信息化促进保险产业的现代化。对保险业标准化工作提出几点具体要求：一是要统一思想、提高认识。要从我国保险业发展的实际出发，紧紧围绕抓发展、防风险、做大做强保险业这一中心任务，有计划、有步骤地开展保险标准化工作；二是保险标准化工作要总体规划，突出重点，稳步推进。本着"急用先行"的原则，把能尽快立项、尽快出成果的项目先确定、先启动，尽快着手制定保险业一系列基础标准、数据接口标准，为保险业信息共享以及对外信息披露提供标准接口；三是要加强保险标准化工作的管理和协调。保标委应在"统一归口、统一管理、统一报批"的原则指导下，加快保险标准管理体制和标准化工作运行机制建设，定期对标准制定、执行情况进行检查，并予以通报。各保险公司要积极承担和参与保险标准的制定和修订工作，并在人力和物力方面对标准化工作给予支持；四是确保标准的质量和确保标准计划的严肃性。保险标准化工作要严格按照管理程序，认真分析论证需求，制定科学合理的工作计划、确保标准研发工作顺利进行。标准发布后，保标委和各保险公司要加大贯标和检查力度，确保保险标准执行的严肃性；五是保险标准化工作既要借鉴国际经验，又要勇于锐意创新。要依托国内保险市场，努力追踪国际标准、国外发达国家和发达地区的先进标准，积极参与全球标准制定，同时积极制定与推广拥有自主知识产权的保险标准；六是加大保险标准化工作的宣传力度，加强标准化人才培养和国际交流。要通过举办各种培训班等形式，大力普及保险标准化知识，不断提高标准化工作人员的理论实践水平，了解和掌握保险国际标准的动向，使保险标准化工作在促进我国保险与国际接轨方面发挥更大的作用。

2007 年 12 月，中国保险业标准化技术委员会在京召开了保险标准项目评审会议，按照规程分别对《保险标准化工作指南》、《保险术语（新增与调整部分）》、《保险基础数据元目录》、《保险行业机构代码编码规范》、《保险业务代码集》、《再保险数据交换规范》、《银行保险业务财产保险数据交换规范》七项标准进行了严格评审，并投票获得通过。在这七项标准中，《保险标准化工作指南》不仅规定了保险业标准化工作的目标、原则、方法、组织机构和运作规程，同时也对保险标准编制的程序和保险标准编写的原则、方法提出了基本要求，从而保证了标准制定、贯彻实施有章可循，是制定标准的标准。《保险基础数据元目录》、《保险业务代码集》和《保险行业机构代码编码规范》作为我国保险业标准体系框架中"基础类标准"的重要组成部分，是信息化项目建设的基础标准，是制定行业监管标准、统计标准、行业内及行业间信息交换标准等其他标准的重要基石。同时，为理顺标准体系、确保各标准间的相互协调，对《保险术语》进行了维护，制定了《保险术语（新增与调整部分）》。七项新标准的推出，初步形成了一套符合国内保险业发展需要的数据标准体系，这将有利于加速推进保险业信息化建设。

国际上，保险标准化工作已经开展多年，有很多先进经验和成熟标准值得我国保险业学习和借鉴，目前最权威且应用最广泛的是全球保险数据标准协会ACORD 发布的标准。ACORD 成立于 1970 年，是旨在向保险业提供标准和规范的非营利性协会。目前 ACORD 已建立了三类独立的标准：寿险标准、财产险和意外险/保证保险标准、再保险标准。每类标准都包括标准数据模型、数据结构表、标准交易模型三个方面。随着世界更多保险公司和技术服务提供商的加盟，ACORD XML 已成为保险数据和交易的语言。目前主要的保险新项目都将会运用 ACORD XML 标准。ACORD 作为保险行业的数据标准的制定者，始终密切关注着中国保险市场的发展。中国保险标准委员会在论坛上对保险标准化工作提出了具体工作部署，其中提出的保险业标准化工作的指导思想、基本原则和总体目标为：促进行业发展、满足监管需要、实现规范经营、提高管理水平、降低交互成本，争取在 2015 年使我国保险业的标准化水平达到国际先进水平，全面实现与国际接轨。全面推进保险业标准化工作进程，全面促进我国保险业又好又快地发展。随着保险资金投资比例的提高，来自投资市场的风险正在逐渐加大。要利用现代化的手段有针对性地控制来自投资市场的风险，而在此形势下开展保险标准化工作意义尤显重大。信息化已经成为保险业持续、健康、快速发展的重要保证，同时成为衡量一个公司、一个行业核心竞争力的重要标志。标准的建立不仅有利于提升保险业的核心竞争力，也有利于提升全行业信息化水平，同时更有利于推动保险业创新发展、深化保险体制改革、加强和改善保险监管。

2.4.2　信息共享标准化建设

　　标准是一种信息共享的通讯词汇及电子格式，为多种不同的当事人所采用，因而增进整个行业的效率，为了适应车险保险标准化发展的需求，贯彻党中央、国务院关于标准化工作的重要指示和国家标准化精神，落实保标委七项标准精神，车险信息共享建设初期就以《ACORD 标准》、《中华人民共和国标准化法》、《金融行业标准管理办法》、《中华人民共和国保险法》、《机动车保险数据交换规范》为主要依据，参考国内外车辆保险数据交换标准编制和实施的成功经验，并按国内车辆保险业务活动的市场状况和业务基本特点、技术现状和未来发展需要制定了接口标准、信息采集标准、术语定义标准、数据格式标准。保险信息化标准化建设可以让公司与各银行、代理人、经纪人及其他在保险业、再保险业、有关的财政服务行业等数据伙伴，进行电子业务交易；可以挖掘出对车险行业增长有帮助的潜在规则，帮助车险行业在业务流程、业务产品定义上，节约时间，同时，可以推动车险行业建立新的业务流程，形成新的核心应用和数据标准，可以更方便地兼容其他行业或者企业的信息标准进行通信协作，进而加快我国车险行业信息化建设。

本章小结：本章以保险业数据管理本质论为理论基础，从信息共享技术的发展入手，阐述了信息共享技术对保险业的影响。此外，通过对国外信息共享技术的发展和发达国家保险业发展的分析，总结了国外先进经验对我国车险信息共享平台建设的启示。通过梳理我国车险平台建设背景和发展现状，阐释建设和推广车险平台的重要意义，并阐述保险业标准化体系的建设与发展。

3　车险信息共享经济技术分析

保险属于经济范畴，保险经营的基础是风险大量原则，只有满足了一定的经营规模，才能合理地分散风险，实现经营目标。因此，从统计学和规模经济学的角度对保险信息共享进行分析，显得尤为重要。另外，云计算技术的发展，为车险信息共享平台的建设提供了技术支撑，为保险企业及社会公众提供了动态的、可伸缩的、基于互联网的服务交互模式。

3.1　保险信息共享的经济学分析

一般来说，现代企业的成功建立在对现有客户和潜在客户特征的深刻了解上。对于保险公司来说，尤其如此。对客户了解越深入，保险公司越能够扩大其业务规模，开发和推广新的保险产品，拓宽业务范围，提高其生存和发展壮大的能力。

与一般企业不同的是，现代保险公司的业务模式以统计学理论为基础，客户样本的数量对其统计模型的精确性，进而对其业务模式的成功，具有至关重要的影响。单个保险公司不可能占有整个保险市场，每个保险公司均由于某个方面或者某几个方面的优势而在某个细分市场上占据较大份额，因此，单个保险公司自身拥有的数据量总是不可能有效涵盖其业务的所有方面，这就产生了保险信息共享的需求。

从经济学的角度分析保险信息共享的必要性和合理性。对保险信息共享进行经济分析，尤其是对此进行经济效益方面的对比，首先需要确立对比的基准。

一方面，我们将保险信息共享与分割的情形相比较，分析保险信息共享在整体上相对于不共享的利益。另一方面，我们可以将几种可能出现的保险信息共享方式进行比较，分析哪种共享方式对于保险公司和行业来说是最优的。在总体上而言，保险信息共享方式可以分为分散共享方式和集中共享方式两种。

分散共享方式是指保险公司相互之间交换数据，但不设立一个相对独立的数据交换中心，这导致其数据交换需要经常进行磋商和谈判。集中共享方式是指保险公司联合设立一个相对独立的数据交换平台，各保险公司分别向这一数据交换平台提供数据，并从后者处获取合并之后的数据集以及其他数据服务。本书将分别从交易费用和规模经济等方面，对上述两种信息共享方式进行比较分析。

3.1.1　保险信息共享与分割的比较分析

保险行业已经认识到，实行信息共享相对于信息分散来说，可以为其带来一定的经济利益。为了正规化起见，在此作一个简单的模型分析。

假设保险市场上存在两个同质企业，它们各占一半市场份额，并在争取其他潜在客户和开发新产品，为了更好地提供服务和开发新产品，它们需要获取客户等方面的相关信息。

基于对客户群体的接触程度不同，它们获取不同数据的成本是不同的。假设对于任一企业来说，自行获取自有客户相关数据的单位成本为 C1，自行获取其他客户的相关数据的单位成本为 C2，很显然，C1 < C2。

如果任一企业自有客户相关数据对于该企业数据分析目的来说是不完整的，并且对其决策可能具有重大影响，那么该企业就需要获取部分非自有客户的相关数据，并在自行获取（亦即信息分割）的情况下支付单位成本 C2。

在上述两个企业通过某种方式实行信息共享的情况下，实现上述目的只需要支付单位成本 C1 以及共享成本 C3。

由于共享成本主要是磋商和沟通成本，基本上可以视为固定成本，在共享数量较大的情况下，单位共享成本可以预期忽略不计，因此相对于信息分割而言，每个保险公司在每个共享单位上可以得到 C2 − C1（>0）的经济利益。

3.1.2　保险信息共享方式交易费用分析

这里基于交易费用对分散的和集中的保险信息共享方式进行比较。

一、假设

为了集中分析保险信息共享方式对交易费用的影响，进行如下假设：

1. 分散的和集中的保险信息共享方式之间不存在技术上的差别。作出这一假设是为了排除后面分析的规模经济效应。

2. 在两种信息共享方式下，数据产出相同。作出这一假设是为了排除后面分析的产出规模效应。

3. 分散共享的企业群体与集中共享的企业群体相同。

4. 这里不考虑集中信息共享方式的确立成本和运营成本，对称地也不考虑分散共享方式下每次数据交换的磋商谈判成本。这也可以看作是假设两种共享方式的制度成本相等。

二、模型

设实行信息共享的保险公司共有 n 个，假设就信息共享而言，这些企业是同质的。在分散共享方式下，每一个保险公司都可以分别与其他 $n-1$ 个企业进行数据交换。每次数据交换均需要支付一定的交易费用（记为 C）。

计算可得，实现共享群体内的完全数据交换需要进行 $n(n-1)$ 次数据交换，这会产生 $n(n-1) \times C$ 单位的交易费用，因此每个保险公司需要承担的交易费用为：$n(n-1) \times C/n$。

在集中共享方式下，每一个保险公司都需要向一个共同的信息共享平台提供数据，并从后者取得合并后的数据。因此每个企业需要进行两次数据交换操作。同样假设每次数据交换均需要支付 C 单位的交易费用。因此每个保险公司需要承担的交易费用为 2C。

简单计算可知，只要 $n>3$，或者说只要有包括 4 家或以上保险公司参加信息共享，那么与分散式信息共享方式相比，集中式信息共享方式总是可以实现交易费用的节省。

除了以上所揭示的交易费用节省途径之外，参与共享的企业所执行的简单重复的操作可以交由信息共享平台一次性完成，这显然也可以节省一定的交易费用。

3.1.3　保险信息共享规模经济效应分析

除了重复职能之外，集中式信息共享还可以将各保险公司各自执行的类似职能（如数据处理和分析）集中起来，交由信息共享平台统一完成。在工作总量不变的条件下，与分散式信息共享方式下各企业的相应工作量相比，信息共享平台要完成的工作量要大得多。因此，可以享受规模经济效益。

具体而言，假设分散式信息共享方式下单个企业的工作量为 q，对应的平均成本函数为 C1（q）。记集中式信息共享方式下的平均成本函数为 C2（q）。

可以预见的是，对于任一 q 而言，C2（q）≤ C1（q）。在存在规模经济和专业化效应的情况下，C2（q）< C1（q），如图 3 - 1 所示，每一保险公司可以通过集中共享方式实现 C1（q）- C2（q）单位由规模经济带来的利益。

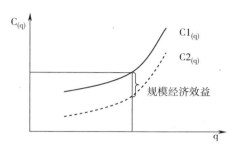

图 3 - 1　保险信息共享规模经济效应图

3.1.4　分析结论

以上考察了保险业数据需求特征，分析保险公司通过信息共享可以实现利益，并比较了分散式和集中式信息共享对保险公司的经济效应。通过研究，得出以下结论：保险业的特性和业务模式引致对保险信息共享的需求；实行信息共享可以给参与共享的保险公司带来一定的经济利益；与分散式信息共享方式相比，集中式信息共享方式可以给保险公司带来交易费用节省和规模经济等利益。

3.2　基于云计算的车险平台建设

由于车险信息共享平台支撑全国车险业务，具有业务量大、业务扩展迅速、数据交换频繁等特点，因此对当前车险平台的实时性、高可用性、可扩展等方面提出了较高的要求。基于云计算技术建设动态可伸缩的体系架构，可以很方便地实现保险主体的增加和业务功能的扩展，更能适应新形势下新业务特点的要求，达到对保险企业及最终用户的监管与服务的双重目标，促进保险业的健康可持续发展。

3.2.1　车险平台体系架构

一、云计算技术

云计算是一种能够将动态伸缩的虚拟化资源通过互联网以服务的方式提供给用户的计算模式，具有超大规模、虚拟化、高可靠性、通用性、可扩展、按需服务等特点。

云计算的基本原理是通过使计算分布在大量的分布式计算机上，而非本地计算机或远程服务器中，这使得企业能将资源切换到需要的应用上，根据需求访问计算机和存储系统。

现有云计算主要有三类服务模式：

1. 基础设施即服务（IaaS Infrastructure as A Service）：提供的服务是对所有设施的利用，包括处理、存储、网络和其他基本的计算资源，用户能够部署和运行任意软件，包括操作系统和应用程序。

2. 平台即服务（PaaS Platform as A Service）：将整个开发环境作为一个服务而提供，包括中间件、数据库、平台等。

3. 软件即服务（SaaS Software as A Service）：提供的服务是运行在云计算基础设施上的应用程序，用户可以在各种设备上通过客户端界面访问。

二、平台体系架构

由于车险业务平台的实时性、可扩展方面要求高，对服务的交付灵活性也有一定的要求，而云计算中虚拟化、资源调度和多租户可扩展等技术为其提供了很好的解决策略。因此本书采用云计算技术进行平台的建设。在基础设施层，通过虚拟化等相关技术，得出硬件资源部署策略；在开发平台层，研究建设统一的开发平台，提高应用开发的效率，同时也提高运维的水平；在服务层，采用灵活的服务交付模式。

车险信息共享平台的云架构如图 3 - 2 所示。

如图 3 - 2 所示，整个平台的体系架构分为三层：基础设施层，平台层和应用层。基础设施层通过网络为车险平台提供 IT 基础设施服务，包括数据存储和网络资源、负载均衡、网络加速等服务。平台层通过网络向车险信息共享平台的开发团队提供可供定制，可开发的平台服务，包括中间件、可复用的组件以及在应用开发过程中用到的一系列工具。服务层通过网络向保险公司和用户提供软件应用服务。

图 3 – 2 车险信息共享平台体系架构

3.2.2 检查工具的体系结构

通过分析行业应用软件的个性化检查要求，以及现有工具的一些相关功能和不足，本书设计研发了一种面向行业应用的软件开发检查工具，该工具包括以下四个检查功能：

1. 代码检查：是指在常规问题检查的基础之上，基于行业应用软件的领域特点，结合样本程序，对目标代码进行进一步的个性规则检查。

2. 数据结构检查：包括对同一个应用系统的不同部署之间、业务数据与数据结构及其规则之间、历史数据与新系统的数据结构之间的一致性检查。

3. 接口检查：是指在多个系统或同一系统的不同部署之间通过接口进行交互的情况下，针对众多接口功能和性能的批量检查。

4. 日志检查：是针对日志文件、日志相关的配置文件的存在与内容正确性的检查。

一、检查工具体系结构图

图 3 – 3 是针对以上四个部分的功能模块给出的检查工具的体系结构图。图中分别列出了现有的工具的情况，以及本检查工具提供的检查功能的模块。

对此体系结构图的相关说明如下：

1. 现有的一些检查工具，对于行业应用的以上四个特性的检查，都存在一定的工具缺失，因此本检查工具相关功能的提出、实现和应用，具有一定的现实意义。

2. 本检查工具主要由 CodeChecker、DBStructChecker、DBDataChecker、In-

	现有的工具	本工具的模块
代码规范与功能正确性的检查	PMD、FindBugs等	CodeChecker
数据结构的一致性检查	无	DBStructChecker DBDataChecker
接口的功能、性能的批量检查	无	InterfaceChecker
系统日志的正确性检查	无	LogChecker

图3-3　工具的体系结构图

terfaceChecker 和 LogChecker 五个功能模块组成，每一个模块都遵循公共的接口约定，便于工具的扩展和修改。

3. 针对代码规范与功能正确性的检查方面，我们在现有的代码自动化检查工具 PMD 基础上进行样本程序检查相关的扩展，开发出了基于样本程序和规则库的代码自动化检查工具 CodeChecker，通过 PMD、FindBugs 和 Code-Checker 的结合使用，共同提高代码的规范性和代码功能的正确性。

二、体系结构中的重点功能

（一）针对特定领域的编程规范和代码质量的检查

PMD 和 FindBugs 等第三方代码自动化检查工具，能够对目标代码整体进行常规问题的检查，但是在基于样本程序的行业应用软件系统中，随着样本程序的普遍使用，样本程序在使用过程中出现的代码问题越来越多，这些问题也需要通过代码自动化检查工具来进行检查。

对于开发人员来说，样本程序的主要使用方式为"抄"，在抄的过程中，结合个性化的功能需求进行个性化的修改以符合新的功能要求，这就是样本程序的"相似性复用"。但是在样本程序的相似性复用过程中，有可能会因为开发人员对领域知识的不熟悉、对样本程序使用规则的不了解以及编程水平的参差不齐等原因，引起样本程序的使用错误。因此，针对样本程序的使用，存在以下两个方面的内容需要进行检查：

1. 样本程序特征点的完整性

特征点是能够标识样本程序的结构特征的关键功能步骤代码，比如流程控制语句、特殊的公共组件调用代码、特殊的业务功能调用代码、样本程序结构标识注释等。

一般地，特征点是样本程序的结构特征的标识方式，反映了样本程序的执行流程的组件调用过程，在样本程序的相似性复用过程中，特征点在衍生程序中也必须存在，才能保证衍生程序功能的正确性。特征点的完整性检查，是现有的第三方工具无法做到的。

2. 样本程序的常见问题

除了样本程序特征点的缺失引起错误之外，其他在样本程序复用过程中引起的代码问题，我们就把它称为样本程序的常见问题。常见问题是在样本程序的局部代码范围内才会产生的问题，例如在某一段样本程序内，某一个变量必须声明为类变量。

由于现有的第三方工具主要针对目标程序进行整体的规则检查，无法支持针对样本程序的局部规则检查，因此本工具给出了针对样本程序相关内容的检查工具 CodeChecker。该功能首先结合样本程序库和样本程序的识别辅助，从目标程序中识别出衍生程序；接着利用基础检查规则，检查目标代码中的常规问题；最后，利用样本程序相关的个性化检查规则，检查目标程序中的衍生程序的正确性。

该功能的检查流程如图 3－4 所示：

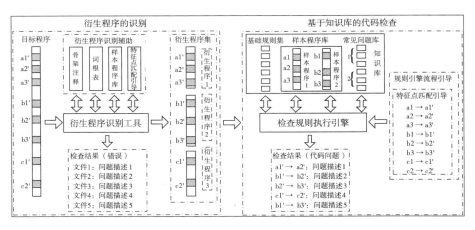

图 3－4   代码检查流程图

由图 3－4 可以看出，整个检查过程主要分为衍生程序的识别与基于知识库的代码检查两部分内容。该检查流程主要由以下几个部分组成：

（1）目标程序，即需要进行代码检查的源程序，其代码中包含了依据样本程序进行"相似性复用"生成的衍生程序，需要对衍生程序进行识别。

（2）衍生程序识别辅助，用于辅助在目标程序中识别出衍生程序的识别过程，由骨架注释、词根表、样本程序库、特征点匹配引导等内容组成。其中，骨架注释是一种特殊的用于标识样本程序结构特征的代码注释，用于辅助衍生程序的简单快速识别；词根表是行业应用软件中用以表述领域术语的词码表，用于在功能单元名称相似性判断是提供判断依据；样本程序库是知识库的组成部分，为识别过程提供目标和依据；特征点匹配引导是规则引擎流程引导中关于特征点的修改前后映射关系的部分，在以特征点为识别依据的识别方法中需要用到。

（3）衍生程序识别工具，它扫描待检查的目标程序，并借助于衍生程序识别辅助的信息，通过一定的衍生程序识别策略，识别出目标程序中存在的所有衍生程序。

（4）衍生程序集是衍生程序识别工具的识别结果，每一个衍生程序中包含了对应的样本程序的相关信息，衍生程序集是样本程序个性代码问题检查的目标和前提。

（5）知识库，是所有可检查问题的程序和规则集合，由样本程序和检查规则组成，检查规则可以分为基础检查规则、特征点检查规则与常见问题检查规则。

（6）规则检查执行引擎，负责检查规则的解析执行与代码问题的检查汇总。它是以目标程序、衍生程序、知识库等内容作为输入，以代码中存在的问题作为输出。

（7）规则引擎流程引导。规则检查执行引擎是所有文件的公共执行流程，如果将此流程看成是一种脚本，那么规则引擎流程引导则是这一脚本的执行流程的控制条件集合。它主要用于引导规则检查执行引擎的执行过程，让工具的使用者能够个性化的定制每一个目标程序的检查流程，特征点匹配引导是规则引擎流程引导的重要内容之一。

（二）针对数据结构与业务数据记录的检查

针对数据结构与业务数据记录，存在以下两个方面的问题或要求：

1. 一般地，同一行业应用软件系统通常会在不同地域、不同级别的公司或部门进行部署，例如：在总公司、多个分公司进行部署，而每一个部署可能拥有单独的数据库进行业务数据存储，由于隶属于同一软件系统，这些数据库结构必须保持高度的一致性，否则将会影响系统的正常交互，并增加维护的难度。

2. 业务数据迁移是系统进行升级和维护时经常要进行的操作。在数据迁移时，先从原系统的历史数据库中将历史业务数据取出，通过一定的转换规则，将业务数据对应到新系统的数据结构，最终转入新系统的数据库中。一般这个过程都是通过存储过程，或者数据迁移的程序来完成的。在这个过程中，如果转入的数据不符合新数据结构的规则，那么整个迁移的过程可能就会受到严重阻碍。为了减少迁移过程中遇到的阻碍，有必要对原系统中的业务数据进行数据迁移的预检查和预处理。

因此，针对数据结构与业务数据记录的检查，主要分为以下三个方面：

1. 对于同一个应用系统的不同部署之间，数据库的结构必须保持一致；

2. 业务数据与数据结构、数据结构对应的规则之间必须保持一致；

3. 原系统的历史数据必须与新系统的数据结构、数据结构的规则保持一致。

目前尚没有相关的工具能够做到这些方面的检查，因此本工具给出了这些检查的相关功能及其工具 DBStructChecker 和 DBDataChecker。

DBStructChecker 用于检查数据结构之间的一致性，DBDataChecker 用于检查业务数据与数据结构及其规则之间的一致性。

DBStructChecker 首先建立一个基准数据库，通过对基准数据库中的数据结构特征的获取，来检查目标数据库中数据结构特征的一致性，比如：通过对数据表、数据表字段、索引、主外键关联［10］等内容的一致性检查，即可对比出待检查的数据库结构与标准库结构之间的差异。

DBStructChecker 的主要处理流程如图 3 – 5 所示。

数据表名称、数据表字段、索引、主外键关联等信息，都能够从数据库的系统表中进行获取，例如 sysindexs 表存储的索引信息、syscolumns 表存储数据表的列字段、sysforeignkeys 表存储数据表的外部关键字。

DBDataChecker 是对业务数据的检查模块，功能包括对数据库中的现有数据的检查以及对数据迁移之前的历史数据的检查和预处理。其中，对现有数据的检查主要是用来找出系统库中的不符合业务规则的数据；对历史数据的检查和预处理，主要是为了顺利地完成数据迁移的过程。

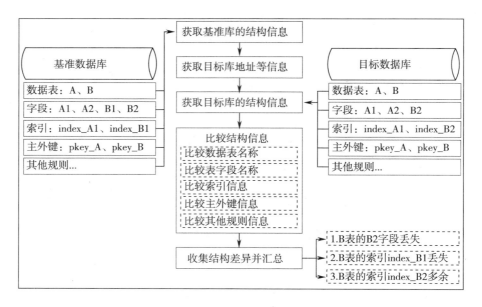

图 3-5　数据结构检查流程图

业务数据的合法性检查，需要针对数据表结构制定业务数据检查规则。通过制定一个数据表的所有字段的取值检查规则矩阵，并针对业务数据进行规则检查，来实现业务数据的合法性检查。其具体的处理流程如图 3-6 所示：

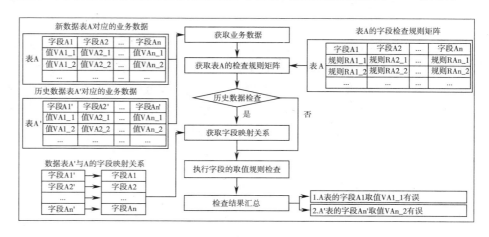

图 3-6　业务数据检查流程图

在执行历史数据检查之前，必须配置历史数据表与目标数据表之间的字段映射关系，需要注意的是，一个历史数据表的多个字段，在新数据库中有可能对应不同的数据表，图 3－6 给出的是一种相对简单的情况。

业务数据的存储方式可以多种多样，数据库、包含字段分隔符的文本书件、Excel 文件等，都可以作为业务数据的存储方式。

通过数据结构检查功能 DBStructChecker 和业务数据检查功能 DBData-Checker，针对数据结构和业务数据进行检查，可以更好地保证数据结构的一致性，以及业务数据与数据库表结构之间的一致性。

（三）针对接口的功能、性能的批量检查与报表

通常，一个企业的业务支撑需要若干个应用系统，少则几个，多则几十个。这些系统提供了复杂的接口功能，并且每一个系统可能存在众多的系统部署，此时需要测试的功能接口的数量将会以较快的速度增长。而每一个接口的可用性和高效性，是测试人员在进行与接口相关的功能测试之前，必须要验证的一些信息。目前这些信息的获取，主要通过人工方式来进行，工作量比较大，容易出错，工作的重复性较高，并且不能保证测试结果的实时性。因此需要有相应的工具，来支持接口的可用性、效率等信息的快速、自动收集。

针对这一需求，本工具给出了针对接口的功能和性能的批量测试工具 InterfaceChecker，该工具通过读取目标接口的配置信息，获取对应的请求报文，通过程序自动向目标接口发送模拟报文，接收目标接口返回的结果，并记录整个测试处理的时间。最后通过对测试结果和处理时间的报表，直观地给出当前各个接口的可用性和效率的情况。

在工具执行接口检测之前，需要对工具进行如下内容的配置：

1. 目标主机的信息，包括主机名称、主机地址、用户名、密码等；

2. 待测试的接口信息，包括接口名称、接口描述等；

3. 测试用的模拟报文，针对每一个接口都需要请求报文，一般报文以XML［12］文件的方式编写。

针对接口的功能和性能的检查流程如图 3－7 所示。

针对该流程图的相关说明如下：

1. 在执行接口的批量测试时，需要针对每一个服务器，对每一个接口，都构造对应的访问链接地址，并且针对该地址发送接口对应的请求报文。

2. 接口与报文之间是一一对应的，每一个待测试的接口都需要一个请求的报文，并在测试结束后对返回的报文进行解析，以便获知接口的可用性。

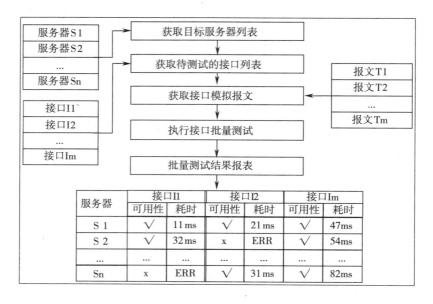

图 3 – 7　接口批量检查流程图

3. 对于性能方面，在每一个接口的测试过程中，计算报文发送与结果接收之间的时间差，即可获取接口的访问时间。

（四）针对系统日志的正确性检查

系统的日志是系统运行过程的轨迹记录，是系统维护的重要参考。因此日志文件及其内容的正确性，对于系统维护至关重要。针对日志文件是否存在、存放位置是否正确、日志的级别设置、日志信息的格式、日志文件的存储形式、日志信息的内容完整性等方面的检查，能够提高日志文件及其内容的正确性，为维护过程提供保证。

针对以上要求，本工具给出了日志的正确性检查工具 LogChecker，该工具主要检查行业应用软件开发过程中使用的日志记录工具的相关配置，以及生成的日志结果文件内容的正确性。

以 J2EE［13］的 Web 应用为例，最常用的日志记录工具是第三方工具 log4j［14］，而且一般配置 log4j 的方式都是编写 log4j. properties 文件，并将文件放置在源代码的根目录下。针对 log4j 的日志文件检查可以分为以下几个方面：

1. 针对 log4j 的配置文件 log4j. properties 的检查，包括：配置文件

log4j. properties 在源代码根目录下是否存在；配置文件中的日志项配置是否正确性，比如日志级别必须为 INFO，日志输出的目的地必须为 DailyRolling-FileAppender（每天产生一个日志文件）等；日志的输出方式必须为 PatternLayout，且必须正确地设置输出的格式。

2. 针对日志文件存放路径的检查，包括：是否在 log4j. properties 文件中设置了日志的存放路径；是否在 JVM ［15］参数中正确无误地配置了日志的存放路径。

3. 针对日志 log 文件及其内容的检查，包括：打印出的日志信息的完整性；通过日志文件的最后修改时间与当前时间差来确定日志文件的有效性。

通过以上几个方面的检查，可以保证日志的配置、存放目录、日志文件等方面的正确性，从而为系统维护的过程提供参考。

3.2.3 车险平台服务架构

车险平台利用了 SaaS 的软件布局模型，将车险业务生产云、数据精算云、行业电子商务云、清算支付云通过网络方式部署，保险企业和用户通过互联网接入，保险公司可选择租赁使用整个平台中的若干服务云，并按使用数量

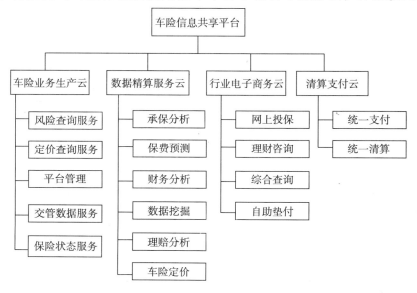

图 3 - 8 车险信息共享平台应用

计费。

1. 车险业务生产云。主要提供风险和定价查询服务、保险数据服务、交管数据服务和平台管理等服务。风险和定价查询功能向保险公司和用户提供了投保查询服务，并支持保险公司通过接口查询车辆的相关风险信息和所投保险别的定价；保险数据服务向保险公司和用户提供了对车辆保险过程中的承保、批改、退保和理赔等业务状态的信息查询服务；交管数据服务向保险公司和用户提供了对交通管理部门所保存的车辆、驾驶员的基本信息和交通违法记录信息进行查询的服务；平台管理服务面向保险公司，实现系统在运营维护中需要的权限用户管理、系统配置和数据管理运行监控等服务。

2. 数据精算服务云。提供统计分析、承保分析、理赔分析、财务分析、数据挖掘、车险定价、保费预测等服务。如统计分析功能通过对业务数据的分析，向保险公司提供预警超赔、假赔、骗赔案件发生的服务；承保分析功能向保险公司提供了对承保业务环节风险分析的服务；财务分析功能向保险公司提供了对财务环节风险分析的服务；数据挖掘技术的运用为保险公司提供了客户风险分析、客户价值分析等服务；车险定价模块向保险公司提供了基于区域因子对费率影响分析的定价服务，使车险费率的定价更科学、更适合中国的国情。

3. 行业电子商务云。封装了网上投保、理财咨询、综合查询、自助垫付等服务。可通过电话、电子邮件、短消息、电子传真、Web 等方式，为客户提供"随心保"、"随时保"、"随意保"、"随地保"和"无限保"；综合查询以车辆信息为主链，综合汇总保险业的车险、公安交警部门、地税部门、交通运输部门、卫生部门，以及政府信息办等相关系统中与车辆相关的数据信息，通过整合信息资源，集中信息数据，为保险公司、公众、监管机构提供综合查询等信息服务。

4. 清算支付云。实现了统一支付和统一清算，在投保时，为保户提供支付平台，在理赔时，为保险公司垫付赔款以提升服务质量。清算支付将支持代位求偿，支持保险公司之间的清算。

3.2.4　车险平台特点

一、基础设施虚拟化

基础设施层的核心技术是虚拟化。虚拟化是指通过向资源用户屏蔽基础设施资源的物理性质和边界的方式将 IT 资源合并。共享平台就是利用虚拟化技术整合 IT 基础资源，通过虚拟平台将物理服务器虚拟成多个隔离的虚拟机，在不同的虚拟机中运行不同的系统，实现多套业务系统集中基础物理平台，从而提高资源的利用率。

基础设施虚拟化的技术架构如图 3 - 9 所示：

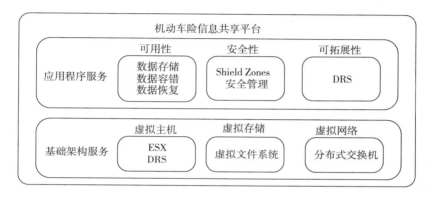

图 3 - 9   基础设置虚拟化的技术架构

整个车险信息共享平台的基础设施层的技术架构分成两大部分，即基础架构服务和应用程序服务。其中基础架构服务是车险信息共享平台抽象、聚合和分配硬件及其他基础架构资源的服务集。应用程序服务为车险信息共享平台的虚拟机提供主机迁移、存储迁移、高可用性和安全等应用服务。

在基础架构服务中，虚拟主机中应用了 ESX 和 DRS 技术，其中 ESX 是在物理服务器上运行的虚拟化层，它将 CPU、内存、存储器等资源虚拟化为多个虚拟机，DRS 为虚拟机收集硬件资源，动态分配和平衡计算容量。在虚拟存储中应用了虚拟文件系统，主要是高性能集群文件系统。在虚拟网络中主要应用了分布式交换机，通过该交换机，实现了跨多个 ESX 主机，显著减少了网络维护活动、提高了网络容量，确保虚拟机在跨多个主机进行迁移时，网络配置能够保持一致。

二、通用组件和工具集

随着机动车辆保险信息共享相关业务的不断丰富和发展，整个信息化包含的应用将越来越多，供应商也会越来越多。在这种情况下，迫切需要对技术支撑平台进行统一规划。利用云计算技术，本书建设了一个面向应用的、共享的、规范的统一技术平台，这样所有的应用都可以基于这个平台，实现组件和工具的复用。

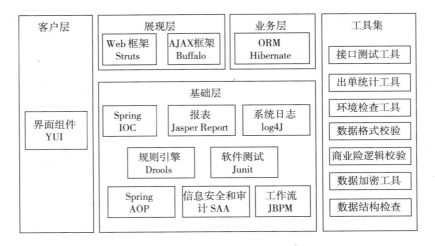

图 3－10　支撑平台的技术组件构架图

如图 3－10 所示，支撑平台主要包括通用组件和工具集。其中通用组件有开源、第三方以及自主研发三个来源。工具集是自主研发的在应用开发和测试过程中需要应用到的一些工具。

组件层为实现软件开发复用提供了前提，包括界面组件 YUI、展现层组件 Struts 和 Buffalo、业务层组件 Hibernate 以及一系列基础层组件。

工具集主要包括接口测试工具、出单统计工具、环境检查工具、数据格式校验工具、商业险逻辑校验工具、数据加密工具、数据结构检查工具。其中：

1. 接口测试工具用于提供向服务器发送请求并保存每日发送和接收报文的服务；

2. 出单统计工具提供了统计每周出单情况的服务并生成对应的统计报告；

3. 环境检查工具提供对正式环境中功能和性能检测的服务，并将检测结果生成统计报告；

4. 数据格式校验工具提供对某省下的所有保险公司提交的数据格式进行校验的服务，并将校验结果生成相应统计报告；

5. 商业险逻辑校验工具提供对某省下的所有保险公司提交的数据逻辑进行校验的服务，并将校验结果生成相应统计报告；

6. 数据加密工具为需要传输的数据提供加密解密的服务；

7. 数据结构检查工具提供对某省下的所有保险公司提交的数据结构进行

校验的服务，并将校验结果生成相应统计报告。

三、数据扩展技术

云计算平台要支持多租户，而每个租户对数据的扩展要求是不一样的，因此对数据扩展比一般的应用提出了更高的要求。以往在应对数据扩展时采用的简单的扩展表、扩展字段的实现方式并不适用，所以在多租户模式下对数据进行扩展时，需要在系统中单独建立多租户管理表、字段配置表以及数据业务扩展表，通过三表的有效结合降低因不同租户间不同扩展需求造成的资源浪费以及业务表结构的破坏。当进行不同租户间不同需求字段扩展时，在扩展数据表中将业务数据表的横向扩展列转化为纵向的数据集，将每一条原始数据记录的每一个扩展字段，都保存成一条扩展数据行。将数据表中的数据记录与配置数据表中的配置记录关联，构成扩展数据记录。

四、功能配置和可度量

对传统的应用模式来说，应用的功能会根据用户的实际需求进行裁剪，并根据用户所选择的模块数量收取 license 费用。对云计算平台来说，要在一套应用中实现不同用户的不同需求，并能够进行度量。因此，平台对功能进行了分解，细化为三级，并采用表格存储客户的订阅信息，按订阅信息进行功能的开放，对应不同的应用界面并进行使用量的度量。

五、可伸缩技术

随着平台的不断深化，应用平台的租户（保险公司和第三方）会不断增加，应用系统的直接用户数会呈几何级的速度不断增长，对数据库容量的要求不断增加，对运行性能也提出了很高的要求。平台建立了可伸缩的体系架构，即随着用户数的增加，不必对系统架构进行调整。采用 F5 或其他软件方式实现应用服务器层的负载均衡，实现水平扩展；采用垂直切分、读/写分离、水平切分等方法实现数据库的可伸缩性。

3.3 行业应用软件开发检查工具

保险行业的应用软件大部分采用定制化开发的方式，不可避免会遇到管理、工程化、行业知识、个人能力等一系列问题，从而决定了行业应用软件开发的复杂性。如何提高软件开发的效率、保证软件产品的正确性，是行业应用软件开发过程中不可避免的问题。在行业应用软件的开发过程中，自动化检查和测试工具，能够起到很好的辅助作用，它不仅能够提高软件系统的正确性，而且能够通过一定程度的代替人工进行快速检查，降低软件系统的开发成本。

3.3.1　现有工具分析

目前存在大量的自动化检查和测试工具，例如在代码自动化检查方面，PMD 和 FindBugs 能够根据配置的规则，检查出大量的代码问题；在软件的自动化测试方面，LoadRunner 和 WinRunner 等工具提供了非常强大的测试支持。虽然这些工具解决了大部分常见的测试和检查问题，但是对于以下四个方面没有很好的支持，而以下是本检查工具主要关注的四个方面：

1. 样本程序的使用情况检查：在行业应用软件开发的过程中，样本程序起着非常重要的作用，但是现有的代码自动化检查工具，只能对目标代码进行全局的常规问题检查，无法针对样本程序的个性化特点，进行有针对性的个性规则检查。

2. 数据结构与业务数据正确性检查：对于行业应用软件来说，存储业务数据的数据结构以及业务数据本身，是一个行业应用软件系统的基础，是最重要的管理对象，因此同一应用的不同部署之间的数据结构一致性、业务数据与数据结构及其业务规则的吻合程度等方面，也需要通过工具进行检查和验证。

3. 系统接口的可用性和效率的批量检查：行业应用软件系统比较复杂，系统之间通过接口进行交互是经常发生的，在大型的行业应用软件系统中，这种交互更为复杂。但是对于接口是否正常运行，接口是否出现性能瓶颈等问题，大部分系统还是采用"测试过程发现问题再进行补救"的方式，因此通过工具对接口进行功能正确性和高效性的检查，对系统接口进行整体的把握，也是非常有必要的。

4. 日志文件的正确性检查：日志文件是软件维护的"黑匣子"，在维护过程中承担着重要的角色，日志文件的存在和日志内容的正确性，对软件维护过程至关重要。对于日志文件相关内容的检查，也是非常必要的。

针对四个方面的检查，在行业应用软件系统的开发过程中是经常会出现的，但是目前没有很好的工具来进行支持。

3.3.2 应用效果分析

一、应用背景

为实现对全国车险业务的有效管控，车险信息共享平台在保监会和保险行业协会的管理下成功建设，该平台与各财产保险公司、公安交通管理部门、税务局等单位实现了实时的数据互联，有力地保证了车险业务的合规开展和科学实施。

本检查工具在车险信息共享平台项目进行了初步的应用，应用效果非常好。

二、应用效果分析

本检查工具的应用效果主要从以下几个方面来分析：

（一）提高了代码的规范性和代码质量

在 PMD、FindBugs 等第三方工具与样本程序检查工具 CodeChecker 的共同作用下，不仅找出了代码中存在的一些常规的问题，而且针对于系统开发过程中用到的样本程序的检查，进一步检查出了样本程序使用过程的代码问题。

抽取一个比较典型的样本程序进行代码自动化检查，一共检查出 83 个代码问题，其中 50 个基础问题，20 个特征点的问题，以及 13 个常见问题，可以看出，CodeChecker 检查的样本程序个性问题的数量比例为：

样本程序检查问题占比 ＝（特征点问题数 ＋ 常见问题数）／ 总问题数

$$= （20 + 13）／ 83 = 39.76\%$$

由此可见，CodeChecker 在常规问题检查的基础上，进一步检查了样本程序相似性复用产生的个性代码问题，此结论在整体的检查结果中也得到了比较好的验证。

（二）数据结构检查工具 DBStructChecker 保证了数据结构之间的一致性，而业务数据检查工具 DBDataChecker 找出了现有系统数据库中的不合法数据，并为数据迁移的数据提供了预处理的方式，减少了数据迁移执行过程的错误几率。

DBStructChecker 的部分运行结果如图 3 – 11 所示。

```
[INFO 2010-09-268 14:08:30 ] 开始获取正式库中表CAUPDATELOGSUB中所有的列
[INFO 2010-09-268 14:08:30 ] 开始获取正式库中表CAUPDATELOGSUB上的索引
[INFO 2010-09-268 14:08:30 ] 开始获取标准库中表CAUPDATELOGSUB中所有的列
[INFO 2010-09-268 14:08:30 ] 开始获取标准库中表CAUPDATELOGSUB上的索引
[INFO 2010-09-268 14:08:30 ] 开始比较两个库中表CAUPDATELOGSUB中的列信息
[INFO 2010-09-268 14:08:30 ] 正式库该表列个数为：6
[INFO 2010-09-268 14:08:30 ] 标准库该表列个数为：6
[INFO 2010-09-268 14:08:30 ] 开始逐个比较两个库中表的列的信息
[INFO 2010-09-268 14:08:30 ] 该表列:COLUMNNAME 在两个库中信息相同
[INFO 2010-09-268 14:08:30 ] 该表列:FLAG 在两个库中信息相同
[INFO 2010-09-268 14:08:30 ] 该表列:MAINID 在两个库中信息相同
[INFO 2010-09-268 14:08:30 ] 该表列:NEWVALUE 在两个库中信息相同
[INFO 2010-09-268 14:08:30 ] 该表列:OLDVALUE 在两个库中信息相同
[INFO 2010-09-268 14:08:30 ] 该表列:SUBID 在两个库中信息相同
[INFO 2010-09-268 14:08:30 ] 两个库中表CAUPDATELOGSUB中的列信息比较完毕
[INFO 2010-09-268 14:08:30 ] 开始比较两个库中表CAUPDATELOGSUB上的索引信息
[INFO 2010-09-268 14:08:30 ] 正式库该表上索引个数为：1
[INFO 2010-09-268 14:08:30 ] 标准库该表上索引个数为：1
```

图 3 – 11　数据结构检查结果截图

DBDataChecker 的部分运行结果如图 3 – 12 所示：

共耗时：11秒

【GPICcbmain20100402.txt】总行数：13875正确行数：13408正确率：96.6342%

【GPICcbcar20100402.txt】总行数：13875正确行数：13875正确率：100.0000%

【GPICcbcarowner20100402.txt】总行数：13875正确行数：13875正确率：100.0000%

【GPICcbinsured20100402.txt】总行数：13875正确行数：13875正确率：100.0000%

【GPICtoubaoren20100402.txt】总行数：13875正确行数：13875正确率：100.0000%

图 3 – 12　业务数据检查结果截图

（三）接口检查工具 InterfaceChecker 对接口的功能和性能进行批量的测试，并最后生成报表供项目管理者和测试人员进行参考。这不仅减少了重复性的人工操作，而且提高了测试的正确性和实时性。

目前车险信息共享平台系统中共有 24 个接口需要测试，而且现有 37 个应用部署的接口需要测试，因此一共有 888 个接口需要测试，如果通过人工的方式进行测试，假设平均每一个接口的报文整理（假设接口测试对应报文已经确定）、测试执行、结果整理、耗时统计、填写报表等工作需要 1 分钟来进行，则一共需要 888 分钟（合 14 小时）才能测试完所有的接口。

现在利用工具对接口进行测试并最终生成报表，耗时小于 5 分钟，效率提升非常明显。

（四）日志检查工具 LogChecker 通过检查日志文件、日志配置文件、JVM 参数中对日志文件存放路径的配置等方面，保证了日志内容配置的正确性和有效性，保证了维护工作中日志内容的正确和可靠。

本章小结： 本章从经济学角度分析了保险信息共享的必要性和合理性，从云计算角度分析了车险信息共享平台的技术可行性和可操作性。实行信息共享相对于信息分散来说，可以为其带来一定的经济利益，给保险公司带来交易费用节省和规模经济等利益。基于云计算的车险信息共享技术平台架构包括三个层次，即基础设施层，开发平台层和服务层。面向行业应用的软件开发检查工具，在通用测试和检查工具的基础上，从代码检查、数据结构检查、接口检查和日志检查四个方面，对系统进行进一步的测试和检查。通过具体应用实例，证明了该工具能有效地提高软件系统的开发效率和正确性，降低软件系统的开发成本。

4 车险平台生产服务功能

车险信息共享平台以保险行业网络基础设施为依托，以行业车险信息为核心，利用云计算、SOA 等现代科学技术建立一个面向保险行业和社会公众的开放式的信息共享平台，促进保险业车险信息共享和资源整合，实现行业内车险信息充分共享和跨行业信息交互。

4.1 行业内数据共享交互

信息技术的发展不仅给数据和信息的互联互通带来了可能，也为行业更加健康持续发展提供了平台。信息时代的最关键的资源就是信息资源的获取和通过信息分析得到的价值。保险行业在信息时代对信息共享也有了更深层次的需求。本章主要从保险行业内部的数据共享和保险行业与保险相关行业数据共享两方面对保险数据共享进行分析；以及对保险行业内部信息共享平台辅助功能、管理功能进行深入探讨，并对车险费率的形成机制进行初步研究。

4.1.1 车险承保信息共享

保险行业内部，各家保险公司为了防止自己客户资源的流失，保证自身的保险业务量，对客户信息、理赔信息严格保密，久而久之造成了严重的信息孤岛现象，投保时，保险公司对转保客户的保险风险无法进行准确的评估和判断，对于高风险客户无法给予防范和惩罚。这种信息闭塞不仅给保险公司带来损失，也给行业健康发展造成阻碍。行业内信息交互，主要从承保、理赔数据交互，信息共享方面延伸至保险公司之间的数据交互，以及通信处理的相关情况，充分体现信息互联互通，行业内部信息共享的优势。

一、我国车险承保现状及问题

近两年来车险市场的火热使得不少保险企业纷纷投资车险行业，而这股投资热潮便引起一些保险公司为争夺车险市场，开始了一轮又一轮的价格大战。

各大产险公司应对竞争对手最普遍的方式主要有两种，降低价格和增加保障内容，而对于服务渠道的拓展和投保者切身利益的关注等关系保险业健康持续发展的根本性问题则遭到了忽视。在车险运作过程中，骗保、乱收中介费、虚挂应收、虚假退费、撕单埋单、阴阳保单等现象时有发生。

表面上看，保险业作为金融行业的四大支柱之一正在蓬勃发展，实则作为国内财产险市场龙头险种的车险，同时也是亏损大户，其中交强险亏损更甚。根据保监会发布的交强险业务情况公告显示，自 2006 年开办交强险以来，连续五年出现承保亏损，且亏损呈现出逐渐放大的趋势。2006～2008 年交强险承保亏损 37.4 亿元，2009 年承保亏损 53 亿元，2010 年承保亏损 97 亿元，2011 年承保亏损扩大到 112 亿元，创下历年交强险亏损额新高。截至 2011 年，整个行业累计经营亏损高达 173 亿元，如图 4－1 所示。

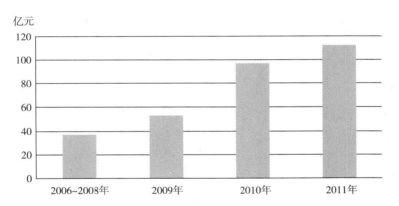

数据来源：保监会网站。

图 4－1 交强险承保亏损情况

从保险业的标的汽车市场情况来看，2009 年开始，汽车企业受到国家政策和消费导向的影响，陆续进行兼并重组，从广汽收购长丰开始，到北汽福汽的重组意向报道。兼并重组对兼并企业的发展往往都有很大的益处，这些企业不论从自身的结构调整，还是从行业持续发展以及政府政策支持方面都会得到很大帮助。然而对于汽车保险而言，兼并重组将带来被兼并企业的服务体系的并入和缩减，使得这些企业原有车型的零配件价格和维修价格上涨，为保险公司带来了增大赔付成本的风险，同时也混乱了车型车价市场。

除交强险亏损和相关行业对保险业的冲击外，现阶段在保险行业内部还存在以下几种情况，这些情况也在不同程度上影响了保险业的健康持续发展：

（一）信息不对称，各保险公司间信息不公开

据某保险公司车险业务理赔相关人员反映，任何公司都不愿意让上年在本保险公司的客户在下一年流失到其他保险公司去，这种严格的保护客户信息共享的行规使一些转保客户的风险无法及时知晓。一般情况下，相对于各保险公司自身开发的客户，由其他保险公司转投的客户赔付率一般较高。因为一般转保客户多为在之前公司投保期间事故频发，为避免第二年保费提高而进行转保。而由于业务竞争使保险公司之间信息封闭，机动车车主的理赔及其他相关信息无法共享，信息的不对称和各公司对自己客户信息的高度保密性，导致这部分人群的投保记录不清晰，高风险未被评估，会给新保险公司带来更大的保险风险。

从承保保费方面来看，一方面，商业车险费率浮动机制没有完全建立，一定程度上限制了保险价格杠杆在道路交通管理方面作用的发挥；另一方面，为了吸引保险客户，业务员利用商业车险条款费率报价不够统一的现状，对保费进行非理性的乱打折、滥用浮动因子等违规行为，严重扰乱了车险市场秩序。

（二）以传统销售渠道为主，对中介渠道依赖明显

根据保监会数据显示，截至 2011 年底，全国共有保险专业中介机构 2554 家，保险兼职代理机构 19 万家，保险营销人员近 330 万人。2011 年，全国保险公司通过专业中介机构实现保费收入 909 亿元，全国保险专业中介机构实现业务收入 150 亿元，同比增长 26%。

有些保险公司间的激烈竞争导致汽车保险代理人大量涌现，这种现象一方面促进了汽车保险业务的销售，另一方面也出现了众多代理问题，尤其体现在价格混乱方面。在一些情况下，个别保险公司为了争取更多投保客户，对中介代理机构给予高回扣与高佣金，这一现象不仅加剧了保险公司间的恶性竞争，而且在一定程度上损害了消费者权利，将保险公司可以让利给客户的部分转移给了中介等代理机构。在这种环境下，汽车保险甚至一度出现全面亏损状态，如何规范汽车保险市场，尤其规范中介代理机构手续费也成为急需解决的问题。

（三）风险管理基础数据缺失

车险业是扩大公司品牌、占有市场最简单快速的险种。快速发展的内在动力使车险业务快速膨胀，但由于各保险公司信息保密的限制，风险管理基础数据尚未被建立，导致保险公司为了快速提高市场占有率，在一定条件下放宽了

核保要求。数据的缺失导致风险管理的漏洞，导致保险公司承保了较多高风险客户或垃圾业务；由于业务发展的日常事务性压力，以及单独保险公司信息孤岛无法实现的高风险数据管理或收集，导致在实际承保业务中无法更准确甄别客户，进行更为有效的风险管理。

当行业内部问题逐渐暴露，为了尽力避免行业内恶性竞争，保证良好的行业规范和公平的竞争环境，维护车险行业的健康持续发展，车险信息共享平台应运而生，并逐渐发挥其在保险行业的重要作用。为了规范承保业务，降低保险公司风险，车险信息共享平台在投保、承保各环节，增加了相关的管控和信息共享服务，并且在不影响保险公司正常业务流程的情况下，增加了与车型车架库的查询、交管信息查询、手续费跟单管控等功能，加大在投保时的风险管控，保证保险公司和保险消费者的利益，规范市场秩序，维护保险业形象。

二、车险承保信息共享研究

建设车险承保信息共享平台，针对交强险和商业车险信息承保分别提供标准服务接口，定义统一的输入、输出格式。各保险公司调用接口服务，按照行业设定的数据标准，通过网络专线，将承保信息实时、安全地上传到平台数据库，实现行业内车险承保数据的集中管理和信息共享，如图4-2所示。

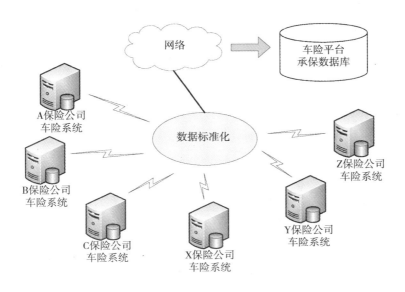

图4-2　车险承保信息共享示意图

由于交强险和商业险制度、流程、业务规则和系统管控等方面存在差异，车险信息共享平台针对交强险和商业险分别建设数据库并提供接口服务。

（一）交强险承保信息共享

车险平台交强险承保接口服务主要包括：投保查询、投保查询校验、投保预确认、投保确认和投保注销等环节。以下是交强险投保整体流程。

1. 保险公司可以通过平台提供的投保查询接口向平台进行投保询价，平台通过车辆信息的查询，结合标的车辆上年的出险、违法信息等情况，根据规则计算出该标的车辆的风险调整系数和应缴保费并返回给保险公司的业务系统。保险公司业务人员可根据平台返回的保费计算结果向客户进行确认。

2. 当客户对询价的保费无异议，确认需要投保后，保险公司在核心业务系统出单，并提交核保系统，由核保人员对投保单内容进行审核。核保完毕后，通过平台提供的投保确认接口与平台进行信息交互，实现投保单预确认。预确认的目的在于完全保证信息的一致性，确保客户最终缴费的顺利进行。

3. 根据相关法律规定，平台核心系统在保证出单的顺利进行后，实现"见费出单"管控，当公司的核保通过后，保险公司对平台计算的保费、车船税进行费用收取操作，客户缴费后，保险公司应及时与平台进行信息交互，完成投保单信息的最终确认。平台对其中需由平台校验和管控的信息进行系统校验，校验通过后，平台保存保单信息，同时保险公司生成相应保单并打印交给客户，从而保证客户手中的保单、保险公司内部记录保单与平台存储的保单信息一致。

从客户询价开始至客户最终交齐保费并得到交强险保单和交强险标志为止，该车辆的投承保业务操作全部完成。交强险承保服务不仅能完全满足客户从投保询价至获取保单的需求，而且统一计算全国的交强险保费，并根据上年出险情况和酒驾违法情况返回费率浮动系数，解决了各保险公司对投保客户上年信息缺失，无法规避转保高风险客户的问题。另外，交强险承保系统还与税源系统、手续费系统、车型车价等第三方数据进行交互，为客户提供便利的同时，实现对承保风险的有效管控，如图 4-3 所示。

（二）商业车险承保信息共享

车险平台商业险承保接口服务同交强险类似，主要包括：投保查询、投保查询校验、投保预确认、投保确认和投保注销环节。通过这些接口服务，保险公司与车险平台进行业务数据交互，将商业险承保信息实时上传到车险平台。

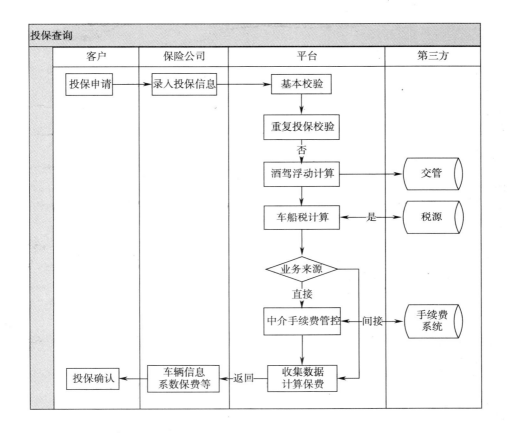

图4-3 交强险投保查询示意图

平台通过投保查询接口，根据投保车辆上一年的理赔出险情况计算出本年投保的无赔款优待系数，根据上一年客户是否在本公司承保计算出本年投保的客户忠诚度浮动系数，通过对两个系数进行系统管控，净化商业险承保环境，防止保险公司随意打折，保证客户每一次出险均可参与浮动，每一次优惠也有据可依。

另外，车险平台与手续费系统进行数据交互，准确计算出手续费支付比例与金额，可以通过银行转账的方式，避免虚假手续费的产生，实现对手续费的实时监控。车险平台还可以与车型车价库对接，实现新车购置价统一报价，避免不足额投保，有效遏制保险公司随意大幅度降低新车购置价，从而能够减少恶性竞争，提高保费充足性，维护正常的商业车险市场秩序，保证消费者的合法权益。

三、车险承保信息共享的作用和意义

近几年来，车险信息共享平台的广泛使用解决了数据缺乏的问题，目前多个省份都建立了车险信息共享平台，实现了车辆保险动态数据信息在公安交通管理部门、保险监管机构、协会及各省级保险公司之间的共享，有些省份还实现了交通违法行为信息的共享。相关信息的共享对于车险费率的市场化及整个车险市场的发展有着举足轻重的作用和深远的意义。

（一）车险信息的共享有助于保险公司识别被保险人的风险程度，有效地缓解逆向选择

如果没有信息共享，一方面，部分保险公司缺乏充足的信息厘定费率；另一方面，一些车主由于过去理赔次数较多导致费率增加，往往会改投其他公司以获得较低的费率，保险公司却无法识别，这样既不利于激励车主谨慎驾驶，还会增加保险公司的承保风险。

（二）根据历史理赔情况与交通违法情况进行费率浮动，可以有效地解决风险分类带来的统计歧视问题

在面临逆向选择时，保险公司有时会对不同类别的被保险人采用不同的费率来缓解逆向选择。例如：如果统计结果显示女性比男性发生事故的可能性更大，就会对女性收取更高的费率，这样就会带来性别歧视的争议。虽然对于初次投保的车主来说，无法对其风险程度进行判断，但随着参保时间的增加，保险公司依据车主的相关历史数据，就能对其风险程度进行判断，针对不同风险程度的消费者采有差异化费率机制，并且可以每年进行相应浮动。科学的费率浮动机制有效解决了歧视问题，体现公平原则。

（三）车险信息的共享有利于创造良好的市场竞争环境

如果信息不共享，对于比较谨慎的车主，只有一直在同一家公司投保才能享受相应的优惠，如果换投另外一家保险公司，就无法享受这种优惠。在车险信息共享的条件下，即便换投另外一家公司，该公司通过调用其历史理赔数据，该车主也能享受同样的优惠。这种费率的透明和统一有利于促进保险公司在服务质量等方面进行有效竞争，为车险市场营造健康的竞争环境。

四、车险示范条款机制

车险平台在过去的几年里已经作出了较为突出的贡献，但任何事物的发展都是由简单到复杂，由不成熟到成熟。中国保险业的发展也正经历着日新月异、翻天覆地的变化。车险信息共享平台也将跟随中国保险业的脚步继续完善和发展，在未来的车险承保业务中，将融入更多对投保客户便利的服务和功能。

车险费率改革正式启动之后，相关配套措施也将陆续出台。2011 年 10 月底，中国保险行业协会发布了《机动车辆保险示范条款（征求意见稿）》，广泛征求社会各界意见。根据征求意见稿，示范条款对调整车损险的承保和理赔方式等几个主要方面进行了修订，减轻了消费者与保险公司沟通索赔之累。

作为保险公司商业车险条款的行业范本，《条款》在对原有商业车险条款进行全面梳理的基础上，针对商业车险中广受关注的热点问题，进行了修订和完善，具体体现在以下三个方面：

（一）调整了车辆损失险的承保和理赔方式，明确规定车损险的保额按投保时被保险机动车的实际价值确定。如果被保险机动车发生全损，保险公司按保额进行赔偿，发生部分损失，则按实际修复费用在保额内计算赔偿。而在现行操作中，车损险的保额是按新车购置价、车辆实际价值、协商价值 3 种方式之一确定，保险价值按投保当地出险时的新车购置价确定，而保额是在投保时确定，在车辆市场价格波动的情况下，两者的差距会造成超额投保或不足额投保的现象。

（二）对"代位求偿"进行了明确规定，由第三方对被保险机动车的损害而造成保险事故的，保险公司可以在保额内先行赔付被保险人，然后代位行使被保险人对第三方请求赔偿的权利。消费者在发生车辆损失保险事故后，除可以沿用过去的索赔方式外，还可直接向自身投保的保险公司进行索赔，从而免去了和第三方之间的沟通索赔之累。

（三）扩大了保险责任，同时减少免赔事项，删除了原有条款中存在争议的"驾驶证失效或审验未合格"等责任免除，免去了原有商业车险条款中的部分绝对免赔率。此外，对消费者最关心的保险责任、责任免除和赔偿处理等内容进行了针对性完善。

示范条款发布后，还需要进行商业车险参考纯损失率的测算以及行业车险信息共享平台的改造，这将进一步拓展平台服务功能。

4.1.2　车险理赔信息共享

一、车险理赔现状及问题

理赔是保险服务的重要环节，它经营的好坏直接关系到整个保险公司的经营质量和未来发展，因此车险"理赔难"问题也日益成为社会关注的焦点，其中车主们反映最多的就是索赔时间长、流程烦琐、投保容易理赔难等主要问题。保监会公布的 2012 年第一季度保险投诉情况显示，在财产险投诉案件中，车险投诉高达 80.87%，而"理赔难"案件占到了整个车险合同纠纷的八成以上。导致车险理赔投诉案件居高不下的具体原因分析如下：

（一）业务人员的销售技能和诚信意识有待加强。保险市场上很多公司对理赔服务认识不足，一味地为了取得业务规模，不断降低费率，利用应收等一系列的非法手段去争取市场，当客户理赔时频繁出现该赔不赔、赔慢赔少等问题，造成被保险人对于理赔服务感受较差。承保、理赔是决定保险服务质量的两个相互关联、密不可分的环节，业务人员在承揽业务时，也担负着向客户客观、正确介绍公司产品的责任。但业务人员或局限于专业素质、或过于追求个人利益，仍然倾向于描述、甚至是夸大保险保障的一面，对于责任免除和被保险人义务等内容很少或者干脆不提及。当客户出险时，往往由于部分责任免除或被保险人未尽到及时告知义务，导致损失无法全部赔付，甚至被保险公司拒赔，致使客户与保险公司发生理赔争执。以前承揽业务的营销员为了不得罪客户，总是含糊其辞、推三阻四，个别业务人员和一些个人代理人甚至怂恿客户去找关系，暗示或者明示客户找到关系后可以通融赔付，加大了客户对保险行业的不信任。

（二）保险公司的内部业务流程需要改进。各家保险公司在设置理赔程序时，过多地考虑自身的业务规范和程序流转方便，而在方便客户、简化手续、缩短理赔周期等方面缺乏充分的考虑，使得客户不能得到快捷高效的服务，还往往因为烦琐的手续和理赔时间的拖延与保险公司产生矛盾。理赔的时效性不能充分保证，主要体现在以下三方面：一是客户出险后一些保险公司的查勘人员不能在规定时间（城区一般为 30 分钟）或约定时间到达现场；二是客户等待拆检、定损的时间过长；三是保险公司内部的手续流转较慢。这些都会导致理赔周期延长，影响客户的车辆修复和正常运营。

（三）保险理赔业务有失公正。汽车保险的定损理赔工作不同于其他社会的生产项目,其涉及的利益面广,专业性强,理算环节多等,这就要求理赔业务公开、透明。目前汽车修理行业管理混乱,配件价格和工时费没有统一的标准,而且各保险公司的定损标准也千差万别,同一事故车在不同的修理厂或不同的保险公司,修复报价都不一致,造成理赔定核损不合理,引发赔款争议。

(四)信息的不对称也严重影响着车险理赔服务。理赔环节主要有三个方面的信息不对称成因,分别为保险公司自身、出险人、监管部门。从保险公司角度出发,在保险事故发生时,保险公司查勘现场的及时性、准确性及查勘人员的查勘技能、查勘经验和责任心等因素都会影响查勘理赔信息准确度。从出险人角度出发,出险客户在查勘人员到达现场前,人为加重损失程度,粉饰出险现场等行为,也会加大查勘难度。出险客户贿赂查勘员,夸大损失范围,提高赔款金额,也会严重影响理赔真实性。同时,由于查勘技术手段有限,对一些险种事故如车辆盗抢险、火灾责任险等,单纯依靠保险公司自身力量不能开展深入准确查勘,取证难度加大,造成保险行业骗保、多赔、滥赔等现象的屡屡发生。从监管部门角度出发,监管机构和保险机构之间信息不对称,导致在理赔指标选取、预测区间长短和结论有效性等方面存在偏差。

(五)道德因素导致的车险理赔诈骗。不法分子为了获取不当得利,可谓绞尽脑汁,骗赔手法层出不穷,严重影响了保险业的健康持续发展。主要存在的车险理赔诈骗分以下几类:一是伪造事故现场诈赔,对于此类案件,不法分子多以老旧稀有车型作为获取不当利益的工具,将车辆足额投保后故意制造事故,骗取保险公司的高额赔偿。也有的不法分子为获取额外利益,将配件以旧换新后制造虚假事故。修理厂在此类案件中往往起着"急先锋"的作用。二是重复骗赔,不法分子利用保险公司内部及保险公司间信息的不畅通,重复投保、重复索赔;或标的车驾驶员在多方事故中无责,标的车车主已从三者方得到赔偿,然后又虚报车辆发生单方事故等。三是倒签单骗赔,即不法分子在车辆出险后再投保、报案,骗取保险赔偿金。此类案件在理赔过程中较为常见,主要表现为出险时间离保单起期较近,而且车辆碰撞痕迹陈旧。四是伪造理赔单证骗赔,不法分子为了获取不当得利,在假单证的制作上也是不择手段,费尽心机。假单证的种类五花八门,而且造假的技术手段已越来越高。总体而言,假单证的种类不外乎驾驶证、行驶证、事故证明、维修发票和各种医疗单证等。

以上诸多问题不仅损害了投保人和被保险人的合法利益,破坏了行业的信誉和形象，也严重制约了行业可持续发展，在群众心中留下也挥之不去的阴影。为进一步提高保险业车险理赔整体服务水平，方便被保险人索赔，切实维护消费者利益，扭转保险理赔在群众心目中的不良影响，保监会将理赔改革作为"十二五"工作重点。2011 年 3 月 30 日保监会发布《2011 年财产保险监督工作要点》提出将推动车险平台建设，推进平台全国互联，建立数据质量检测机制，建立商业车险投保时事故告知机制，逐步实现理赔全流程管控。2011年 4 月下发《机动车辆损失险代位求偿索赔指引》提出被保险人可依据《保险法》第六十五条的规定选择代位求偿索赔方式。

二、车险理赔信息共享研究

车险理赔信息共享平台包括理赔全流程服务和代位求偿服务两部分。理赔全流程及代位求偿服务支持保险公司系统将正常理赔案件及代位求偿案件业务数据上传平台，完成保险公司与平台的数据交互。

（一）理赔全流程及代位求偿相关定义

理赔全流程，指从客户报案到保险公司结案并支付赔款给客户的全部流程，包括报案、立案、查勘、定核损、单证收集、理算核赔、结案、赔款支付、案件注销、重开赔案、风险预警理赔信息查询、风险预警承保信息查询、开始追偿确认，代位追回款确认在内的理赔全流程服务。

代位求偿权，又称代位追偿权，是指保险公司按照保险合同的规定，对被保险人所遭受的损失进行赔偿后，依法取得向财产损失负有责任的第三者进行追偿的权利。也即保险公司取代投保人的权利，向造成财产损失的第三者要求赔偿。代位求偿只适用于财产保险合同，而不适用于人身保险合同。

此外，代位求偿业务涉及的概念还有：

● 追偿方保险公司：指在代位求偿案件中有请求赔偿权利的保险公司。

● 责任对方保险公司：指在事故中对追偿方负有赔偿责任的当事人的投保公司。

● 锁定：指由追偿方保险公司发起用于确认追偿方保险公司与责任对方保险公司关系的动作，主要通过"锁定确认"服务完成。

● 清算码：在代位双方锁定关系建立成功后，平台生成的用于确定事故双方案件及责任关联的唯一码（在代位求偿案件中，两个有效的报案号首次锁定成功时，生成清算码，清算码作为重要码将唯一不变）。

● 互审：指追偿方与责任对方通过平台对清付金额进行确认。互审状态包括争议、通过、放弃追偿、待责任对方审核、待追偿方审核。

● 三证：交通事故责任认定书、简易事故处理书、其他认定事故责任的证明。

（二）理赔全流程功能

车险理赔全流程成服务建设，与承保类似，即针对交强险和商业车险理赔信息分别提供标准服务接口，定义统一的输入、输出格式。各保险公司调用接口服务，按照行业设定的数据标准，通过网络专线，将理赔全流程信息实时、安全地上传到平台数据库，实现行业内车险理赔数据的集中管理和信息共享。

理赔全流程模块提供了报案、立案、查勘、定核损、单证收集、理算、结案、赔款支付、重开赔案、案件注销等接口服务，其接口设计与保险公司核心系统相吻合，并且为兼容各家保险公司系统功能做了细微调整，例如将定损、核损合并为定核损接口。各保险公司通过这些接口服务将理赔全流程信息及时上传到平台。

理赔全流程提供风险预警保单信息查询功能，支持保险公司用车辆信息、出险时间查询符合条件的保单信息，保险公司可视自己的业务需要在任何环节使用。例如：代位求偿案件中，保险公司可参考平台返回的保单险种类型、商业三者限额、是否承保商业三者不计免赔等信息对案件进行处理。

理赔全流程提供风险预警理赔信息查询功能，支持保险公司用车辆信息、出险时间查询出险时间前后30天内符合要求的案件信息，保险公司可以视自己的业务需要在任何环节使用此功能。例如：保险公司在报案前使用此接口可避免不法分子利用代位求偿机制进行重复报案、获取双倍赔款，不法分子若先在责任对方承保公司报案并要求赔偿，然后在自己的承保公司报案并要求按代位求偿案件处理，保险公司使用此服务若查询到同一案件已在其他保险公司进行了报案，可视具体情况拒绝报案和理赔。

理赔全流程针对代位求偿案件，提供开始追偿确认、代位追回款确认接口。追偿方保险公司在完成自身案件的理算或结案，并且将赔款支付给被保险人后，可以使用此接口对责任对方发起追偿。对于单个清算码下追偿金额高于一定额度的理赔案件，开始追偿确认后，平台将清算码及追偿金额推进互审，待责任对方结案并且互审通过之后，该清算码将被自动推进清算。代位追回款确认支持追偿方保险公司线下收到责任对方的清付金额后到平台进行登记。

在上传平台的顺序上，报案、结案、重开赔案必须实时上传平台以支持代位求偿业务的正常进行。单证收集、理算核赔、结案必须按顺序上传，同时保险公司上传单证前需要将单证收集对应的报案信息、立案信息、查勘信息、定核损信息都上传平台。立案、查勘、定核损无顺序要求，可按各公司业务顺序操作并上传。

（三）代位求偿功能

为将代位求偿的实施落实到技术上，推动行业理赔服务的改革，协助监管对理赔工作进行检测和评估，在车险理赔信息共享平台基础上，拓展车险代位求偿服务，实现保险公司之间代位案件信息共享，促进代位案件处理和清算，提升理赔服务水平，维护消费者权益。代位求偿服务包括三大功能模块：代位案件共享功能、代位案件互审功能、代位案件清算功能。

1. 代位案件共享功能

共享模块专门用于代位求偿案件的处理，包括锁定查询、锁定确认、锁定取消、被代位查询、清算码查询、代位案件理赔信息查询、代位案件承保信息查询等服务，支持保险公司间建立追偿/清付关系。代位案件事故双方保险公司需将代位案件信息上传平台，实现代位案件、被代位案件信息和承保信息的收集与共享。当追偿方保险公司上传了符合锁定要求的相关案件信息至平台后，即可通过锁定确认服务建立和责任对方的追偿、清付关系。锁定确认成功后，平台会生成清算码用于确定事故双方案件及责任关联，并且后面进行的理算、结案、赔款支付、互审、清算等一系列操作都需要在清算码下进行。锁定关系成功建立的主要条件有：保险公司上传的报案号对应案件是代位案件且有三证之一；锁定到责任对方报案时，标的车和三者车必须互为三者；追偿方出险时间在责任对方保险期限内；报案必须是责任对方保单项下的出险日期前后10 天范围内的有效报案。

代位案件理赔信息查询、代位案件承保信息查询支持代位案件中追偿方保险公司、责任对方保险公司利用清算码互相查询对方案件理赔、承保信息。理赔信息包括基本信息、代位信息、报案信息、立案信息、查勘信息、定核损信息、单证收集信息、理算核赔信息、结案信息、重开赔案、代位追回款确认信息。承保信息主要包括对方车辆信息、商业三者限额、是否不计免赔等。

2. 代位案件互审功能

互审功能包括互审查询、互审确认服务。由于代位求偿案件涉及事故双方保险公司的案件处理和业务流转，但双方保险公司都是依据自身的条款进行赔款计算，难免存在对追偿方定核损有异议或追偿金额与清付金额不一致的情况。该系统支持事故双方通过平台对追偿方定核损结果、责任对方清付金额提出审核意见，也可提交争议小组裁决。互审子系统为事故双方提供了一个通过平台线上"交流"的途径，以便事故双方对最终的追偿、清付金额达成一致，同时，互审通过后推进清算模块，等待责任对方进行清算支付操作。

事故双方可通过互审查询服务查询到本方作为追偿方或责任对方的所有相关清算码及其追偿金额、清付金额和其他互审情况，以便及时做出相应的互审确认操作，事故双方通过互审确认服务对属于待审核范围内的互审信息进行审核意见确认的操作。

互审状态包含"待追偿方审核"、"待责任对方审核"、"互审通过"、"争议"、"放弃追偿"。

3. 代位案件清算功能

为规范保险公司代位求偿内部操作，降低保险公司财务风险，控制理赔结算成本，客观反映费率浮动水平，提供代位案件清算功能。该功能为代位双方（追偿方保险公司、责任对方保险公司）提供了一个账单支付和清算确认的平台。代位双方可根据清算码状态批量查询跟本方相关的清算码及其相关信息，同时，也支持责任对方保险公司对线下已完成支付的清算码进行清算支付确认操作，至此，责任对方完成了此清算码在平台需要处理的全部操作。追偿方需要对"已支付"状态的清算码进行代位追回款登记才能完成作为清算码的追偿方在平台的全部处理，平台提供清算查询、清算支付确认两个接口完成平台核心系统与清算子系统的交互。待清算支付系统实现后将取代目前核心系统中的清算查询、清算支付功能。根据平台功能和服务的不断完善和发展，代位案件清算功能将合并到清算支付平台中。

（四）理赔全流程及代位求偿业务流转

代位求偿涉及的业务流转较多、灵活性较强，需要几个模块配合完成，各模块间关系及业务流转过程如图4-4所示。

从图4-4可以看出，平台理赔全流程及代位求偿总共分为四大功能模块。理赔全流程功能与保险公司系统功能基本吻合，保险公司在自身的核心系统录入案件信息后及时上传平台。若满足代位求偿条件，被保险人只能在报案、立案、查勘、定核损、单证收集环节提出按代位求偿案件处理。

对于代位案件，追偿方保险公司在理赔过程中，根据信息收集情况，若满

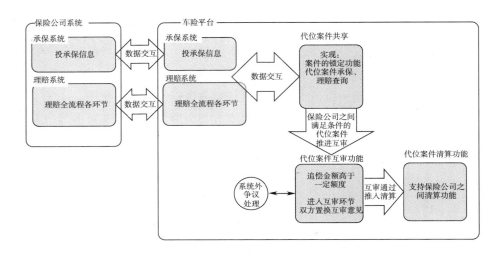

图 4 - 4　理赔业务及代位求偿流程图

足锁定条件，即可进行锁定相关操作。从理赔业务的实际情况看，即当案件处理到查勘之后的环节，追偿方保险公司已经上传本车信息、三者车信息、代位信息、三证之一及代位索赔申请书到平台，同时满足锁定确认的其他验证条件后，即可成功锁定确认。锁定确认后，追偿方、责任对方保险公司应该继续进行理赔全流程中未完结的环节操作，在理算、结案时记录每个清算码项下的赔款金额。

理赔全流程与互审模块的流转关系由开始追偿确认操作触发，追偿方保险公司在满足以下条件时可成功发起追偿确认：完成理算并向被保险人支付了清算码项下的赔款金额，或者完成全案结案、并且支付了清算码项下的赔款金额或支付了全部赔款金额，追偿方保险公司可通过开始追偿确认接口将清算码、追偿金额、清付金额等信息推进互审模块或者直接推进清算模块。

追偿方保险公司成功开始追偿确认后，对于追偿金额大于等于规定额度的，清算码会被自动推进互审模块，责任对方保险公司可针对保险责任、定损金额、残值金额等进行全面审核，以双方最终确认的金额作为结算依据，互审通过后，清算码会被推进清算模块；追偿金额小于规定额度的，责任对方保险公司根据本公司条款进行理算，不再对定损金额进行审核，清算码不用经过互审环节，将被直接推入清算模块。后续处理在清算支付平台中进行。

三、理赔信息共享的作用及意义

（一）实现行业间数据共享

理赔全流程及代位求偿所有信息上传平台，车辆信息、保单信息、事故责任、出险情况、理算信息等车险数据实现了行业间信息的共享，为打击骗赔、提高监管水平、提升理赔服务等打下了坚实的基础。

（二）规范市场竞争秩序

保险监管机构和保险行业协会可通过该平台及时获取各保险公司费率、手续费、赔付率、赔案结案周期等指标数据，并获知有无违规违法行为以及恶性竞争行为。同时，还可实时掌握各保险公司偿付能力是否充足，计提未决赔款准备金是否合法、合规，有无以虚构未决赔款准备金来虚拟增减利润的情况，从而保险监管机构可以及时制定和调整相应的监管政策和方法，以引导各保险公司的市场行为，促使各保险公司由过去的高返还、高手续费、高折扣、低费率的恶性竞争向提高服务水平的方向转变，为车险市场营造健康良好的竞争环境，规范保险市场的竞争秩序。

（三）理赔信息公众透明化

平台将会充分利用行业理赔数据，开发并开放查询功能给被保险人。被保险人登录平台网站进行理赔信息查询，输入车牌号和发动机号，即可查询到保险车辆出险次数及每次事故理赔情况的有关信息，包括出险时间、出险地点、事故责任、赔偿金额、承保公司及客服电话。对赔案信息有疑议，被保险人可到保险行业协会进行咨询，对不良修理厂或公司内部人等制造假赔案行为起到一定的过滤和震慑作用。

（四）监管理赔时效考核

在理赔全流程中，平台会记录每个业务环节相应的理赔时点。包括：报案时间、立案时间、车辆损失查勘调度开始时间、车辆损失查勘结束时间、车辆损失定损开始时间、车辆损失核损完成时间、理算核赔通过时间、结案时间、赔偿支付时间等。针对客户投诉较多的出险后一些保险公司的查勘人员不能在规定时间到达现场或是报案后客户等待拆检、定损的时间过长等问题，监管可通过平台数据，计算现场查勘时效（第一张查勘照片传输到系统的时间——接到客户报案的系统时间）、定损时效（案件定损完成时间——案件首个定损任务发起时间）等理赔时效点。理赔时效点的考核将大大有利于推动全行业理赔服务质量，一定程度上缩短理赔周期，提高客户对于理赔服务的整体感受。

（五）监管理赔质量测评

在行业车险理赔数据的基础上，通过车险信息共享平台数据可测算各公司平均结案周期、平均结案金额、平均估损金额、结案率等，量化保险公司车险理赔服务水平，推动行业提高车险理赔服务质量，也在一定程度上解决了监管机构与保险公司间信息不对称问题，避免了保险公司弄虚作假、虚报经营情况的行为，为监管部门对保险机构经营过程中的风险实现动态跟踪分析提供数据支持。

（六）提供风险查询，预防道德骗赔

对于普通车险理赔案件，平台提供风险预警理赔信息查询、风险预警保单信息查询两个服务。支持保险公司通过出险时间、车辆信息进行查询，风险预警理赔信息查询会返回出险时间30天内，查询车辆作为承保标的车、三者车的非本司的交强险案件和商业险案件；风险预警保单信息查询会返回出险时间在保险期限内的非本司的交强险、商业险保单信息。保险公司利用平台返回的风险信息，可对是否同一损失多次报案、多次索赔、倒签单等道德因素引起的问题进行分析，并作为理赔受理的参考依据。

（七）影像系统提供理赔单证证明

后期将建设的影像系统用于支持代位求偿机制中需要保险公司之间共享的代位案件相关影像资料，该系统也将实现影像资料的加密、压缩、存储、传输、权限管理等功能。除支持理赔核心系统的影像上传外还为全国联网系统和清算系统提供服务接口。影像系统的建设完善，一定程度上解决了行业信息不透明的问题，加大了公众监督的作用。

4.1.3　保险公司之间数据交互

保险数据采集功能主要对车辆保险过程中的承保、批改、退保和理赔等各业务环节的数据进行收集，主要包括三个功能。各功能如下：

一、承保数据交互

承保数据交互功能提供单笔的数据上载接口使保险公司在处理承保业务时与车险信息共享平台进行交互，将承保信息保存到平台，同时平台将返回投保车辆的历史理赔信息和违法信息。该功能平台提供投保查询、投保询价校验、投保确认、投保注销接口功能。

投保查询。保险公司送投保车辆信息、驾驶员信息到平台系统，平台系统根据信息进行强制责任保险的保费试算，并返回保险公司试算结果信息。对于新车、外地车，平台将记录车辆信息和驾驶员信息。

投保询价校验。保险公司投送投保询价号、校验码、问题答案到平台系统，平台根据公司投送信息判断校验码、问题答案是否正确，若正确则继续进行强制责任保险的保费试算，并返回保险公司试算结果信息。

投保确认。客户在确认投保时，保险公司向平台发送确认投保请求，平台处理投保确认请求。若保险公司没有送投保确认码，则平台生成投保确认码返回给保险公司。

投保注销。客户提出投保注销申请后，保险公司向平台发送投保注销请求，平台进行投保注销校验，若满足注销规则，则返回保险公司注销成功。

二、批改/退保数据交互

批改/退保数据交互功能提供单笔的数据上载接口使保险公司在处理批改业务时与车险信息共享平台进行交互，将批改信息保存到平台。该功能平台提供批改/退保查询、批改/退保确认、批改/退保注销接口功能。说明如下：

批改/退保查询。保险公司将投保确认码和保单批改信息送至平台系统，平台系统根据批改信息重新计算保费，并返回给保险公司试算结果信息，对于新车、外地车，平台将更新车辆信息或驾驶员信息中发生变更的信息。

批改/退保确认。保险公司向平台发送批改确认请求，平台生成批改确认码返回给保险公司。

批改/退保注销。保险公司向平台发送批改或退保注销请求，平台进行批改/退保注销校验，若满足注销规则，则返回保险公司注销成功。

三、理赔案件信息交互

在承保车辆出险后，保险公司在报案、立案、查勘、定核损、单证收集、理算核赔、结案、赔款支付等环节，均向平台发送请求进行各环节对应业务在平台的登记。平台分别提供接口，记录赔案状态、估损和未决赔款金额以及实赔金额的变化。在理赔金额发生变化时，平台将根据当前车辆信息和车辆事故违章记录和新的理赔金额，重新计算该车辆在承保时应当收取的保费，并将计算结果保存在车辆保费预处理表中，供保险公司在询价时直接查询。上述接口中还将返回该车辆当前在其他保险人处的理赔情况和该车辆的历史违章和理赔记录，以供保险人参照。

此外，理赔全流程下的代位求偿，平台提供锁定查询、锁定确认、锁定取消、开始追偿确认、互审查询、互审确认、清算支付确认，供保险公司间进行追偿与清付关系的确认、对于核损价格异议的审核和信息交换、对清算金额进行支付和确认。

除以上业务功能外，保险公司还可根据需要使用风险预警保单信息查询、风险预警理赔信息查询、被代位查询、清算码查询、代位案件保单信息查询、代位案件理赔信息查询、清算查询这类查询类接口，平台根据保险公司查询条件进行数据检索并返回查询结果。

四、跨地区信息交互共享

无论是集中平台还是分省平台，各省之间的数据和应用都相对独立，保险公司与平台的数据交互仅在省内进行。即某省保险公司只能与其所在省的平台进行数据交互，也只能查询和使用其所在省的保险数据，无法实现省间数据和应用的共享或互访。

根据理赔全流程下代位求偿操作实务和结算的要求，平台需要建设全国联网系统，实现省间代位求偿处理功能，从信息技术角度更实质更全面地推动代位求偿制度的实施，切实支持和满足保险公司代位求偿相关的业务需求。同时，跨省联网的建设也实现投承保时全行业全国数据联网，无论客户在何处投保，均能公平体现费率浮动、重复投保等奖优罚劣与规则控制，实现费率高低和风险状况的精确匹配，更好地体现了车险费率的公平性。另外，目前平台提供酒驾浮动判断（和交管数据对接）、提供车船税计算（和税务数据对接），提供了手续费管控（和保监局中介数据对接）等，未来还会与更多的第三方进行互联。互联过程中往往存在第三方各方提供的接口服务在技术实现上的语言不同、协议不同、传输方式不同等问题，跨省联网的建设为今后平台与第三方数据交互奠定了基础和便利。

跨省联网功能分析如下：

（一）跨省联网数据传送

如图 4 - 5 所示，跨省联网建设实现了不同地区、不同保险公司之间的互联互通。跨省联网实现了省间数据共享，解决各省信息孤岛问题。

根据图 4 - 5 得出，跨省联网服务数据交互通过客户端接口和服务端接口实现，其工作原理如下：

1. 由 A 省保险公司向该地的交强险或商业车险平台发出相关的业务请求；

2. A 省平台根据保险公司发送的业务数据进行判断，若为跨省业务，则调用客户端接口服务，发送跨省请求至企业服务总线，并等待响应结果；

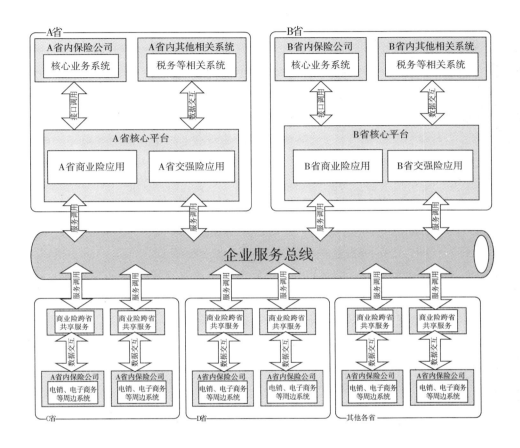

图 4 - 5　跨省联网示意图

3. 企业服务总线根据 A 省请求数据确定要访问的地区（加入为 B 省），调用服务端接口，向目的地区 B 省平台转发请求；

4. 当 B 省平台接收到请求后，在本地平台数据库中进行数据查找或业务处理，并将结果返回至企业服务总线；

5. 企业服务总线接收到 B 省返回结果并处理后，统一返回至 A 省平台；

6. 由 A 省平台根据返回结果进行业务逻辑处理，并且将最终处理结果返回至原始请求的保险公司。

（二）跨省联网功能

跨省共享服务核心业务模块，包括跨省风险信息查询服务和跨省代位求偿服务两大部分。跨省风险信息查询服务提供跨省承保信息查询、跨省理赔信息查询、跨省违法信息查询、跨省代收车船税信息查询等功能。跨省代位求偿服务提供跨省代位案件信息同步、跨省案件信息获取、跨省锁定查询、跨省代位案件结案信息同步、跨省风险预警保单信息查询、跨省风险预警理赔信息查询、跨省清付信息获取、跨省开始追偿确认同步、跨省锁定确认信息获取、锁定确认信息同步、跨省代位案件承保信息查询、跨省代位案件理赔信息查询、跨省互审确认同步、跨省清算查询等功能。通过商业险平台和交强险平台的本省接口内部调用实现跨省数据交互。

除核心业务模块外，跨省联网功能还包括：配置管理、日志管理、异常管理。

配置管理即对跨省业务相关参数、变量及规则的配置管理。例如：各省车辆匹配规则的配置、同一查询接口各省可能返回数据最大条数不一样等配置管理。

日志管理，提供跨省业务从请求到返回的全流程日志跟踪，辅助错误处理。日志管理分为跨省业务客户端日志管理和跨省业务服务端日志管理。

异常管理，以全流程日志为依据，提供跨省业务异常时的处理机制，降低异常业务对跨省联网的影响。

4.1.4　通信处理

通信处理功能主要负责平台与保险公司核心业务系统、交管部门信息系统等外部系统的通信。系统通过通信处理功能对风险和定价查询、数据采集等核心逻辑屏蔽通信细节，使系统能够适应更为广泛的通信方式，并在能够迅速应对通信方式的变更。

通信处理功能包括通信适配、请求转发的功能。其功能如下：

一、通信适配功能

通信适配功能主要用于处理保险人和交管部门等不同的外部系统与平台的通信问题。由于不同的外部系统可能使用不同的通信协议和消息格式，这些通过不同通信协议和格式发送过来的消息包含相同的逻辑请求，通信适配功能首先通过各种协议接收到上述消息，并根据预先设定的消息格式对消息进行解包，通过读取消息的首部信息，确定该消息所请求的逻辑处理。此后，通信适配功能将不同格式的消息统一转换成为数据并向系统通用的数据实体对象赋值，系统将使用上述数据实体对象进行逻辑处理。同样，在处理完成后，通信适配功能将需要返回的信息按照不同的消息格式和通信协议进行组装，并将其发回给相应的保险人或交管部门的外部系统。通过通信适配功能，平台支持与外部系统通过 Soap、Http 和 Tuxedo 通信协议与平台通信。

二、请求转发功能

请求转发功能用于在全国集中处理模式的保险公司通过全国统一入口接入平台的情况。请求转发功能独立部署到入口的信息共享服务网关上，在接收到保险公司交易请求和地域信息后，根据地域信息查找相应的路由信息，使用同步调用方式将保险公司的请求发送给相应省份的信息共享平台节点。待该节点处理完毕请求返回结果后，将交易结果发送给交易请求者。

4.2 跨行业数据共享交互

面对中国保险业的全面开放、保险业国际关联度的逐步加强和金融业一体化进程的加快，中国保险业与其他行业的交叉渗透越来越多。建立车险信息共享平台，以此为媒介实现保险机构与交管、税务等相关部门的信息共享与交互，方便车主缴纳车船税，提高驾驶员安全出行意识，有效发挥机动车辆保险的交通管理职能。车险信息共享平台实现车船税代征代缴、交强险费率与交通违章处罚关联浮动、商业车险费率与道路交通事故关联浮动等多项功能。

4.2.1 车船税平台建设

车船税在我国已经征收多年。新中国成立后，1951 年原政务院就颁布了《车船使用牌照税暂行条例》，在全国范围内征收车船使用牌照税。1986 年国务院颁布了《中华人民共和国车船使用税暂行条例》，开征车船使用税，但对外商投资企业、外国企业及外籍个人仍征收车船使用牌照税。2006 年 12 月，国务院制定了《中华人民共和国车船税暂行条例》（以下简称《暂行条例》），对包括外资企业和外籍个人在内的各类纳税人统一征收车船税。2011 年 2 月 25 日第十一届全国人民代表大会常务委员会第十九次会议通过了新的《中华人民共和国车船税法》以及最新的《车船税税目税额表》，《中华人民共和国车船税法实施条例》也已经 2011 年 11 月 23 日国务院第 182 次常务会议通过。新的税法和新的条例都在 2012 年 1 月 1 日开始执行。

一、车船税税改内容

自 2007 年 1 月 1 日起，车船税开始交由经营交强险业务的保险公司代收代缴，有效地降低了机动车涉及面广、流动性强、纳税人多等原因而引起的征管难度较大的困难，并且纳税人直接到税务机关缴纳税款又存在道路不熟悉、停车困难、花费时间长等种种不便的问题。通过车险信息共享平台对车船税代收代缴情况进行管控，可以有效降低车船税征收难度，堵塞税收征管漏洞，进一步提升代征代缴工作的效率和征收率。

新《中华人民共和国车船税法》是为了适应形势变化的要求，以科学发展观为指导，对暂行条例进行了改革并增加了税收级次的法律依据，以引导车辆、船舶的生产和消费，体现国家在促进节能减排、保护环境等方面的政策导向。加大对新型能源、环保能源车辆的补贴，使之减税甚至免税的政策。为全面贯彻落实《中华人民共和国车船税法》及其实施条例，进一步提升车船税征收扣缴工作的质量和效率，在税源监控平台上开发车船税管理系统，通过车险信息共享平台实现车船税的联网征收。在中国保监会和国家税务总局共同推动下，集中车险平台于2012年3月9日，完成全国首家车船税管理系统山西试点上线工作。至此，通过车险信息共享平台，山西交强险代征代缴车船税业务实现了保险公司与地税部门的直接对接，保险公司代征代缴算税模式转换成税源系统统一算税模式，减少了大量的争议发生。

二、车船税平台建设情况

在集中车船税平台开发前，宁波、北京等地分别开发了车船税平台，实现了保险公司与税源的对接。由于开发没有统一，这四个地方车船税的实现模式存在很大差异，分别以省（市）为单位，推出了自己的车船税代征代缴方式。这在一定程度上造成了建设的重复，而且也会导致标准的不统一，不利于数据信息的行业共享，进而无法更有效地查找问题名单。

集中车船税平台是在交强险平台基础之上，独立出的一个特殊功能子系统。车船税平台（下图中的税务数据交互子系统）接收保险公司上传的车船税信息，并把车船税相关数据传送到地税的税源系统（下图中的地税征管系统），从而实现保险公司的车船税数据和税源系统的交互。车船税平台的业务功能基于交强险平台业务处理功能上进行设计和开发，车船税平台包含车船税查询功能、车船税确认功能、车船税变更查询功能、车船税变更确认功能和车船税税款计算功能，进而实现了保险公司对车船税的代征代缴工作，并通过申报日期上传、车船税对比、纳税信息查询和问题名单下载模块完善了其他车船税相关业务的处理工作。数据传输过程如图4-6所示。

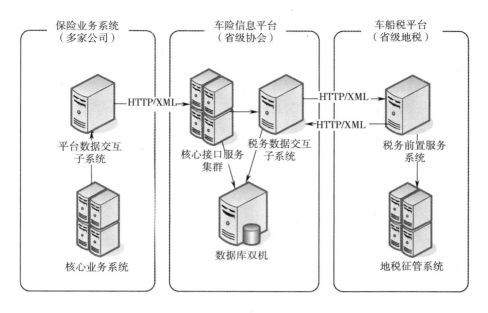

说明：图中箭头代表服务的调用关系，箭头指向服务或数据的提供者。

图 4 - 6 车船税平台数据传输示意图

集中车船税平台是在宁波、北京等地车船税平台成功运营的基础上进行继承和发展的。集中车船税平台面向的是全国各个省份，与全国各个省份的保险公司和各地税源系统进行对接。其复杂程度要比宁波、北京等地高得多，主要区别有：

（一）集中车船税平台系统架构沿用宁波和上海两地车船税系统架构，但是集中车船税平台并非是独立系统，而是作为交强险平台的子系统。交强险平台与保险公司进行数据交互，将涉及车船税的信息提交给车船税平台；车船税平台与税源系统进行交互，由税源系统将车船税税额计算出来并通过车船税平台返回给交强险平台，最后由交强险平台将车船税信息返回给保险公司。

集中车船税平台作为交强险平台的子系统，其原因是全国交强险平台已经上线运行两年，很好地实现了与保险公司关于机动车交通事故责任强制保险的业务功能，性能稳定，效率较高，并且车船税与机动车交通事故责任强制保险业务均涉及机动车强制收取费用，关联性较高。因此集中车船税平台在交强险平台中拓展，有利于维护整个车船税系统性能的稳定性和效率的高效性。

（二）集中车船税平台采取了应急机制，有效地防止了由于各个平台宕机而产生的不稳定性。其具体机制如下：

首先，集中车船税平台宕机或者保险公司连接集中平台网络延时时，保险公司可以启用自行算税程序。自行算税的车船税信息可以通过 sql 脚本导入交强险数据库进行保存。

其次，当税源应用系统宕机或集中车船税平台连接税源系统网络延时时，集中车船税平台可以进行算税，并将车船税数据传给保险公司使用。

最后，集中车船税平台可以通过其车船税补传接口，将由于宕机和网络延时造成的由保险公司算税和集中车船税平台算税的车船税数据补传给税源系统接收并保存，从而保证数据的完整性。

三、车船税平台建设意义

集中车船税平台借鉴、综合并拓展了宁波、北京等地车船税平台的模式和业务需求。集中车船税平台面向全国各地的保险机构，为全国各地保险机构提供车船税征收的数据，同时为全国各地保险公司提供了车船税查询、车船税确认、车船税变更查询、车船税变更确认、车船税对账服务、申报日期上传服务、车船税纳税信息查询等服务，很好地解决了各地保险公司在征收车船税方面的业务需求。总之，集中车船税平台统一了全国各地保险公司车船税服务的接口，在车船税代征代缴及集中管理方面具有重要意义：

（一）统一管理全国车船税数据。集中车船税平台的数据库汇集了从税务部门征管系统、车船管理部门、保险部门（或保险协会）及其他相关部门获得的有关车船税的税源信息、征管信息和减免税信息，是代收代缴管理、委托代征管理模块的运行基础。

集中车船税平台与全国各地保险公司交互，因此全国车辆的车船税信息通过集中车船税平台交由全国税源车船税业务系统管理，能够很方便地实现全国联网，跨省查询车辆车船税缴纳情况，从而有效地防止车船税漏税现象。

（二）迅速响应车船税政策的改革。随着中国经济的飞速发展，车辆的迅猛增加，车船税改革也不断地进行。未来车船税的税目和税率会发生变化，而且各地的车船税税目和税率也会不同。集中车船税平台与全国保险公司对接，因此只要在集中车船税平台上修改车船税的税目和税率，并且根据不同地区配置不同的车船税税目和税率，就能快速响应未来车船税政策的改革。

（三）方便拓展车船税新业务。由于集中车船税平台与全国保险公司对接，未来各保险公司可能会在已有功能的基础之上提出新的业务需求。如果新的业务需求合理并且能有效地解决未来车船税将出现的问题，则集中车船税平台需要进行功能拓展或业务拓展。集中车船税平台采用 Web service 框架，能很方便地拓展新的业务，满足未来的需求。

（四）对我国节能环保起到积极影响。统一管理车船税，使得新税目更加快速、彻底的贯彻执行，推动环保节能政策的实施。如：六座以下客车，核定载客数小于等于九人，且排气量在四升以上的，在原 2007 年的税目表中规定年单位税额为 360 元人民币，而在 2012 年最新的税目表中规定年单位税额为 4500 元人民币，以此配合国家对大排量汽车的管控需求，从而间接起到了鼓励人们选购环保节能车辆的积极性。

（五）方便投保（纳税）人，提高办公效率。车船税平台的建立有效堵漏的同时，也有利于扩充车船税的跨省查询。在实际情况中存在车的登记地与车实际所在地不一致的情况，车船税的缴纳与交强险的投保可能不在一个省（市），进而无法自动判断投保（纳税）人是否已经缴税。随着信息化的进一步建设，将来可以实现跨省查询缴税信息，在承保时直接体现投保人的完税情况。基于这样的数据信息平台，投保人就无需因投保时不能及时提供完税证明，从而在两个省（市）都要缴税，然后再到其中一个地税退税，为投保（纳税）人带来了极大的便利。

四、集中车船税平台展望

在信息化高速发展的时代，中国保险行业也会逐步加强信息化的建设和管理，以应对瞬息万变的信息化时代。车险信息共享平台稳步发展的同时，也带动了基于平台的配套系统的建设和发展，包括数据中心、费用管理、清算平台等一系列辅助而又必要的信息系统，这些系统的建设形成了一个相对完善的信息化网络，进而实现保险机构与税务征管系统车船税信息的同步、共享，更加有效地减少偷漏车船税发生的可能性。

4.2.2　与交管系统交互

我国机动车保有量的快速增长直接导致交通事故数量的快速增加，如何利用车险的经济杠杆作用，减少道路交通违法事故发生，提高车主安全驾驶意识，成为急需解决的一个问题。实现交强险费率与交通违法行为挂钩，如果车辆驾驶员发生无证驾驶、酒后驾驶、闯红灯、超速、肇事逃逸等交通违法行为，则直接上浮车险费率；如果车主长期以来遵守交通法规，则相应进行费率下浮。通过这种"奖优罚劣"机制，减少交通事故发生，促进驾驶人安全驾驶，提高全社会交通安全法律意识，创造一个和谐、健康和安全的交通环境。

一、交管交互的背景

2006 年 7 月 1 日实施的《机动车交通事故责任强制保险条例》第二章第八条明确规定，车辆保费与道路交通安全违法行为和道路交通事故直接挂钩。被保险机动车没有发生道路交通安全违法行为和道路交通事故的，保险公司应当在下一年度降低其保险费率。被保险机动车发生道路交通安全违法行为或者道路交通事故的，保险公司应当在下一年度提高其保险费率。

2010 年，为进一步加大对酒后驾驶违法行为的惩处力度，促进机动车驾驶人增强交通安全意识和法制意识，公安部与中国保险监督管理委员会联合发文《关于实行酒后驾驶与机动车交强险费率联系浮动制度的通知》（公通字［2010］8 号），明确说明：根据《机动车交通事故责任强制保险条例》有关规定，决定自 2010 年 3 月 1 日起，逐步实行酒后驾驶违法行为与机动车交通事故责任强制保险费率联动制度。

例如酒后驾驶，需要在充分测算和论证的基础上，在公安部和保监会确定的交强险费率浮动幅度内，明确饮酒后驾驶、醉酒后驾驶违法行为上浮费率的标准。其中，饮酒后驾驶违法行为一次上浮的交强险费率控制在 10% 至 15% 之间，醉酒后驾驶违法行为一次上浮的交强险费率控制在 20% 至 30% 之间，累计上浮的费率不得超过 60%，确定费率标准情况应当报公安部、保监会备案。各保险公司必须严格执行交强险费率方案、交强险费率浮动办法，不得擅自加收或减收交强险保费。

《机动车交通事故责任强制保险条例》第九条规定："保监会、国务院公安部门、国务院农业主管部门以及其他有关部门应当逐步建立有关机动车交通事故责任强制保险、道路交通安全违法行为和道路交通事故的信息共享机制。"与道路交通事故挂钩依据的主要信息来源是保险公司的交强险理赔数据，与安全违法行为挂钩依据的主要信息来源是各省市地区交管部门，车险信息共享平台与交管数据交互势在必行。

二、与交管交互的数据内容

为了贯彻落实《关于实行酒后驾驶与机动车交强险费率联系浮动制度的通知》（公通字［2010］8 号）文件内容，车险信息共享平台制定与交管数据交互方案，通过数据交互，从交管部门获取与安全违法行为挂钩的保费费率浮动依据。车险平台与交管交互的功能主要包括车辆记录批量获取和保费预处理、驾驶员记录批量获取、车辆记录脱机数据采集、承保记录批量查询、理赔记录批量查询。各功能如下：

（一）车辆记录批量获取

车辆记录批量获取功能是指平台在业务相对空闲的时段，向交管部门信息系统出数据申请，批量获取制定时段内的机动车辆基本信息和事故违章记录更新的功能。平台定期向交管部门信息系统提供的接口发送时间区间和数据请求，并从交管部门信息系统按约定数据格式接收数据，对接收数据进行完整性校验后，存进平台车辆基本信息和事故违法记录表。

（二）车辆记录脱机数据采集

平台建立初期，在交管部门现存的所有车辆记录数据量较大。通过网络采集压力较大的情况下，由交管部门按约定格式提供数据文件，平台对文件中的数据进行批量读取、校验和保存，并在保存车辆数据时，根据当前的车辆基本信息、事故违章记录和车辆理赔记录进行车辆承保保费的预先计算，并将上述计算结果保存在平台的车辆保费预处理表中。

（三）承保记录批量查询

根据交管部门提出的查询请求和时间段，平台对该时间段内发生的承保、批改和退保业务进行查询，按约定格式返回该时段内发生过承保、批改或退保业务的保单最新情况。

（四）理赔记录批量查询

根据交管部门提出的查询请求和时间段，平台对该时间段内的发生的理赔业务进行查询，按约定格式返回该时段内发生过变更的理赔业务的最新情况。

三、数据交互方式

（一）平台获取交管数据方式

平台获取交管数据的方式分为两种：对接前的交管数据获取、对接后的交管数据获取。

对接前：交管系统一次性将所有交管车辆信息、违法信息、事故信息，按照约定的格式提取出来并形成文本书件，发送给平台。

对接后：交管系统定时向平台发送新增的和修改过的车辆信息、违法信息、事故信息，从而保证平台的车辆信息为最新。

（二）交管获取平台数据方式

交管获取平台数据的方式分为两种：对接前的平台数据获取、对接后的平台数据获取。

对接前：平台系统一次性将所有保单信息、结案信息，按照约定的格式提取出来并形成文本书件，发送给交管。

对接后：平台系统定时向交管发送新增的和修改过的保单信息、结案信息，从而保证交管的保单信息、结案信息为最新。

（三）车险平台和交管系统无缝对接

随着信息共享技术在车险平台及交管系统的深入应用，系统无缝对接和数据实时传输将是未来发展趋势。

4.3　车险平台辅助功能

为了建立平台的基础数据，各省市上线前均需要导入批量历史数据。在数据导入过程中，由于各种原因会导致一些基础数据不够准确，进而导致浮动系数计算不准确等问题，同时也为了满足地区差异化导致的个性化需求及各省市的监管部门数据统计要求，平台辅助系统应运而生。相对于核心系统来说，辅助系统对平台数据的准确性和业务的公平性起到了极大的补充修正作用。车险平台辅助功能主要通过以下子系统实现：数据维护子系统、查询统计子系统、电子联系单子系统、公共服务子系统、运维管理子系统，这五个子系统既密切联系又功能分明。

4.3.1　数据维护子系统

数据维护子系统是项目分部负责人进行操作的系统，目的在于协助各保险公司解决基础数据中车辆信息不准确等问题，保证平台与保险公司核心系统数据的一致性，同时也保证了平台进行费率浮动计算、保费计算时数据的有效性、准确性。

在数据维护子系统中，项目分部有权查看和修改辖内保险公司的相关数据。实际操作流程为，项目分部在操作时首先应接到保险公司上报的错误数据，同时核实相关信息，确认符合数据错误情况，且属于修改范围，则对不准确的业务数据进行修改操作。修改后的数据将被平台认为是被保险人的真实数据，平台将根据数据进行费率浮动或计算保费等相关平台操作。

数据维护子系统主要涉及商业险数据维护、交强险数据维护、代位求偿三大模块。每个模块中按照业务流程分为不同的菜单，涵盖了所有业务流程中涉及的环节以及平台校验的数据。

4.3.2 查询统计子系统

查询统计功能负责分角色、分权限提供 Web 界面，对保险数据和交管数据进行查询，比如投承保数据的查询、交警车辆信息、违章信息的查询等。车险信息共享平台也提供了统计报表的功能，比如投承保统计、批改统计、理赔统计、车辆综合统计等功能。平台主要包含数据查询和统计报表两个功能。各功能如下：

一、数据查询

数据查询功能按用户划分为保险数据查询和交管数据查询两部分，各部分包含以下查询功能：

（一）保险数据查询

对保险公司查询功能，由于平台无法获知和跟踪保险公司内部机构的归属关系和关系变化，因此平台对数据查询只能根据不同的保险公司和省份区分用户查询范围。对车辆记录，各保险公司均可查询，但屏蔽其中可能用于展业的敏感信息，各保险公司省分支机构仅能够查询该保险公司本地的保险记录。保险公司的数据查询信息如表 4-1 所示。

表 4-1　　　　　　　　　　保险公司数据查询表

名称	条件	功能说明
承保数据查询	按保单号、投保查询码、投保确认码、承保机构、询价用户等作为查询条件	查询本公司与平台交互的承保数据，可关联查询承保车辆信息、保单基本信息、保险险别信息、保险关系人信息等
批改数据查询	按保单号、批改查询码、批改确认码、承保机构、批单号和业务状态等作为查询条件	查询本公司承保车辆与平台交互的批改信息。可关联查询批单信息、车辆信息、保险险别信息、保险关系人信息等
理赔数据查询	按保单号、理赔编码、投保确认码、承保机构、出险车辆号牌号码、车辆种类、案件状态等作为查询条件	查询本公司与平台交互的理赔信息。可关联查询报案信息、立案信息、结案信息、损失赔偿情况、结案追加情况、第三者车辆情况等
批量上传数据查询	按预约信息码、预约信息类型、公司名称、处理结果、上传时间等作为查询条件	查询本公司保险标志批量上传的结果情况，可关联查看未处理成功的错误信息

（二）交管数据查询

平台还提供交管数据的查询功能。如表 4 - 2 所示，可以查询交管的车辆信息和交管的违法信息。

表 4 - 2　　　　　　　　　　　交管数据查询表

名称	条件	功能说明
交管车辆信息查询	以车辆号牌、车牌种类、车辆标识代码、使用性质、车辆发动机号、车架号、VIN 码等作为查询条件	查询交警系统中该车辆的详细信息
交管违法信息查询	以车辆号牌、车牌种类、违章时间范围、决定书编号等作为查询条件	查询车辆的所有违法信息情况

二、统计报表

统计报表同样按使用用户进行划分，包括保险公司业务报表、行业分析报表和业务综合报表。行业统计报表如表 4 - 3 所示。

表 4 - 3　　　　　　　　　　　行业分析报表

报表	条件	功能说明
投承保统计	日期	统计各公司投保查询、投保确认、投保注销、直接承保的交易情况，并对交易金额进行了汇总统计
批改统计	日期	统计各公司批改查询、批改确认、批改注销、直接批改的交易情况，并对批改金额进行了汇总统计
理赔统计	日期	统计各公司报案、立案、结案、结案追加、案件注销的交易情况，并对赔款金额进行了汇总统计
投承保车辆综合统计	日期、保险机构	各公司按车辆种类代码统计保费金额在各车辆种类的分布情况

4.3.3　电子联系单子系统

电子联系单子系统主要是面向各省市项目分部、保险公司的系统，保险公司可以通过此系统向各省市项目分部提交业务中出现的数据问题。是保险公司与各省市项目分部之间的桥梁，通过电子联系单子系统，保险公司可以及时地将业务前端出现的问题提交给项目分部平台负责人，保证错误数据或者问题数据及时得到修改。

电子联系单子系统中根据权限配置，对于保险公司而言，区分了保险公司制单人和审核人，充分保证提交到项目分部的电子联系单的正确性、规范性，同时也减少了项目分部在处理电子联系单时的反复性和工作量。对于项目分部而言，电子联系单区分为项目分部审批人和处理人，增加了对保险业务数据的修改管控，避免错误修改，电子联系单子系统主要涉及保险公司制单人、保险公司审核人、项目分部审批人、项目分部处理人四大模块。

4.3.4 公共服务子系统

公共服务子系统是项目部有权进行操作的系统。此系统是项目部为了给各省市使用其他辅助系统的用户配置相应权限，各省市项目分部、保险公司根据配置的权限可以进入相应的系统中进行数据的查询或者修改，同时，也为各省市个性化参数提供可配置操作。公共服务子系统主要涉及人员权限、参数配置两大功能。

4.3.5 运维管理子系统

运维管理子系统是项目部和项目分部处理平台问题的一个协同办公平台。该系统由项目分部根据电子联系单内容提出任务，然后项目部负责人进行任务确认，然后分配给项目部分析人员进行处理，或者编制脚本，之后将处理结果返回给项目分部。整个任务是一个完成的工作流，从工作流的历史可以看到该任务处理的每个节点的信息。运维管理子系统主要涉及密码修改、问题创建、问题编辑、查看问题、关闭问题五大功能。

4.4 车险平台管理功能

平台管理功能提供系统在运营维护中需要的权限和用户管理、系统配置和数据管理、系统监控等功能。其功能架构如图 4-7 所示。

一、权限和用户管理

权限和用户管理功能提供给管理员对系统操作员和系统外部请求用户的身份、口令和权限管理。对系统操作员，系统支持分任务、级别和数据特征进行权限控制。对请求系统服务的外部的保险机构，系统支持分任务和数据特征进

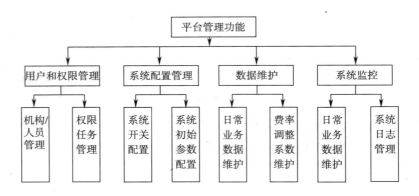

图 4 - 7　平台管理功能架构图

行权限控制。

二、系统配置管理

考虑到系统在不同地区不同管理方式下的适用，系统在业务处理过程中可能发生变化的部分设立了专门的配置项。在部署后，由系统管理员通过配置上述配置项来精确地控制系统的运营策略。此外，系统的费率和业务代码也通过数据方式在代码库中存储。

三、数据管理

数据管理功能提供在由于各种原因系统数据出险错误和问题时，系统管理员手工调整数据的界面。对上述调整，系统将记录调整日志，并增加历史数据的管理功能。

四、系统监控

系统监控功能包含系统日志管理和运行状况监控。管理员可以通过本功能查看、备份和清理系统日志记录，也通过界面掌握某一时间段内系统处理的交易数量、成功率、处理时间等指标，监控平台的运营状况以便进行配置和资源的调整。

4.5　车险费率形成机制

以厦门商业车险费率改革试点为例，说明共享平台车险费率形成机制。2011 年 4 月 1 日，厦门市正式实施机动车商业车险费率改革。本次费率改革是为充分抓住国务院批准厦门"发挥扩大金融改革试点，建立两岸区域性金融服务中心，先行试验一些金融领域重大改革措施"的有利时机，贯彻落实中国保监会与厦门市人民政府签署的《关于建设厦门保险改革发展试验区合作备忘录》的重要举措。本次费改的费率浮动方案于 2010 年 11 月 5 日公开向社会征求意见，并于 2011 年 1 月 5 日获中国保监会批复同意《关于在厦门市推行区域性机动车商业保险费率浮动方案的请示》。

一、本次费率浮动方案的主要内容

（一）在费率浮动系数设置上，将原来十几个系数大大简化，仅包括"无赔款优待及上年赔款记录"、"多险种同时投保"、"上门投保系数"、"赔款金额调整系数"以及"特殊风险"五项，此外可通过自主调节实现保费的适当调整。

表 4 - 4　　　　　　　　厦门商业车险费率改革前后系数对比表

	费改前		费改后
1	无赔优调整系数	1	无赔款优待及上年赔款记录
2	客户忠诚度调整系数	2	多险种同时投保
3	特殊车型风险系数	3	上门投保系数
4	多险种同时投保系数	4	赔款金额调整系数
5	平均年行驶里程调整系数	5	特殊风险
6	违法调整系数		
7	约定行驶区调整系数		
8	指定驾驶人调整系数		
9	驾驶人性别调整系数		
10	驾驶人年龄调整系数		
11	驾驶人驾龄调整系数		
12	承保数量调整系数		
13	经验及预期赔付率系数		
14	管理水平系数		
15	绝对免赔额		

（二）在费率浮动分档上，将"无赔款优待及上年赔款记录"细分为 15 种对应系数，从 0.3 到 3 倍进行浮动。

- 连续 5 年及以上没有发生赔款，享受 0.3 倍费率
- 连续 4 年没有发生赔款，享受 0.4 倍费率

- 连续 3 年没有发生赔款，享受 0.5 倍费率
- 连续 2 年没有发生赔款，享受 0.6 倍费率
- 上年没有发生赔款，享受 0.7 倍费率
- 上年发生 1 次赔款，享受 1 倍费率
- 上年发生 2 次赔款，享受 1.05 倍费率
- 上年发生 3 次赔款，享受 1.1 倍费率
- 上年发生 4 次赔款，享受 1.2 倍费率
- 上年发生 5 次赔款，享受 1.5 倍费率
- 上年发生 6 次赔款，享受 2 倍费率
- 上年发生 7 次赔款，享受 2.5 倍费率
- 上年发生 8 次及以上赔款，享受 3 倍费率
- 本年承保新购置车辆，享受 1 倍费率
- 本年首次投保，享受 1 倍费率

根据费率浮动方案规定，上年及多年没有赔款记录将逐级下浮费率。上年度未发生理赔下浮至 7 折，连续 2 年未发生理赔下浮至 6 折，连续 5 年没有赔款保费最低可下浮至基本费率的 3 折，优惠力度较大；方案实施首年，"无赔款优待系数"根据自车辆投保之日起上溯三年期间所有有效商业车险保单在厦门车险信息共享平台的赔款次数进行计算。方案实施第二年开始，"无赔款优待系数"计算逐年增加至上溯五年，更进一步扩大了费率浮动范围，实现费率高低和风险状况的精确匹配，更好地体现了车险费率的公平性。

（三）在费率浮动范围上，理赔次数和理赔金额成为决定保费高低的重要因素，使出险次数较低、赔款金额较少的客户能享受到更大幅度的费率优惠，最低可到基准保费的 2.42 折；反之，若多次出险、出险金额较高的，最高可上浮到基准保费的 3 倍。

（1）上年度赔款金额小于或等于上年度签单保费的 50%，享受 0.8 倍费率；

（2）上年度赔款金额小于或等于上年度签单保费的 75% 且大于 50%，享受 0.85 倍费率；

（3）上年度赔款金额小于或等于上年度签单保费的 100% 且大于 75%，享受 0.9 倍费率；

（4）上年度赔款金额大于上年度签单保费的 100%，享受 1.0 倍费率。

（四）此次费率浮动方案中新增"上门投保系数"，私家车主亲自到保险公司柜台办理投保手续，可以享受15%的保费优惠。方案实施初期，"上门投保系数"仅适用于家庭自用车辆，以后将视情况扩展到所有车辆。这将鼓励投保人到保险公司柜台办理商业车险业务，增进保险公司与客户的直接交流，提高保险公司直接服务客户的比例，减少因中间销售环节导致的欺诈误导等损害被保险人利益的问题。特别注意的是保险公司使用上门投保系数时，柜台工作人员必须认真核对投保人身份证、驾驶证原件等证件信息，且办理保险的必须是投保人本人。投保人限于使用刷卡方式缴纳保险费，刷卡使用的POS机必须为保险公司柜台内的固定POS机，保险公司柜台工作人员应该核对客户交纳保费所使用的银行卡信息。通过电话销售渠道、网上电子商务渠道投保商业车险，按费率浮动方案进行浮动，但不得使用"上门投保系数"。

（五）此次费率浮动方案中，在保留出险次数对保费费率的调节基础上，增加理赔金额与保费费率的挂钩，扩大了费率浮动的范围，鼓励驾驶员自觉遵守交规，提高安全驾驶意识，减少交通事故的发生，降低交通事故损失，改善道路安全状况。费改实施后，广大消费者将更加关心自己车辆的出险情况和理赔记录，将有效打击虚假赔案的发生。

二、商业车险费率改革的目的和意义

厦门商业车险费率改革实施后，将对广大消费者、保险行业以及社会交通状况都产生积极影响。一是更好地体现了车险费率的公平性。在原费率政策下，不同风险程度投保标的的保费差异甚小，实质上造成低风险投保人部分承担了高风险投保人的风险，造成费率上的不公平。经初步估算，实行新的费率浮动方案后，将有49.2%的车辆保费会有不同程度的下降，34.8%的车辆将维持原有费率，仅有16%的车辆费率会比以前有所上升。二是减少交通事故的发生。通过发挥费率的杠杆作用，激励投保人提高安全驾驶意识，减少交通事故的发生，改善道路安全状况。三是促进保险创新，提升保险公司竞争力。此方案将充分调动市场主体的能动性，促进精算、核保核赔等保险核心技术的提升，提高保险公司风险管理水平，促进产品、渠道及服务的创新。四是提高车险行业财务业务数据真实性，促进车险市场秩序进一步规范。同时，费改实施后，广大消费者将更加关心自己车辆的出险情况和理赔记录，将有效打击虚假赔案的发生。

行业车险信息共享平台为厦门费改提供了技术支持。平台上线后，车辆投保时系统将根据过往理赔记录自动计算费率浮动系数。也就是说，不同的保险公司，通过该平台计算出的费率浮动系数是一样的。理赔次数多、赔款大的车主，就无法通过变更保险公司来规避费率上浮。

本章小结：本章研究了车险信息共享平台的行业生产功能，分析了承保、批改、退保和理赔全流程及代位求偿等业务的系统功能和数据交互，分析了车险平台与车船税平台、交管系统的对接情况，以及平台数据维护、查询统计、电子联系单等辅助系统功能，并对提供系统运维、系统配置和数据管理运行监控等服务进行了研究。以厦门商业险费率改革为例，说明了平台商业车险费率形成机制；形成机制中的费率浮动系数设置了无赔款优待及上年赔款记录、多险种同时投保、上门投保系数、赔款金额调整系数和特殊风险系数五项，还可通过自主调节实现保费的适当调整，增大了风险定价的科学性和合理性。

5　车险平台风险管理功能

保险业是经营风险的行业，没有风险，就没有保险。然而保险业本身也面临着诸多风险，车险信息共享平台提供风险管理功能，基于行业积累的海量数据，采用数据挖掘技术，对保险业存在的各类风险进行分析，主要包括业务数据的统计分析、承保和理赔环节的风险分析、客户价值和客户风险分析，以及基于区域因子进行风险费率定价等服务。

5.1　承保与理赔风险分析

保险公司业务流程主要包含保险投保、承保和理赔，其中承保和理赔是保险公司业务中两个最关键的环节。承保业务是风险管理的起点和控制的入口，控制不严会导致大量的垃圾业务流入公司，加大理赔风险和给付责任，影响保险公司效益和股东权益。理赔业务一直是道德风险的重灾区，超赔、假赔、骗赔现象时有发生。理赔是保险人履行保险义务的具体体现，也是保险经营的重要环节，理赔管理作为公司控制经营风险、履行保险合同承诺的手段，关系到保险公司声誉、效益及长期稳健经营目标的实现。做好理赔工作，对于保障被保险人利益、提高经营效益和企业信誉意义重大。

通过车险信息共享平台数据分析，可对承保、理赔和财务风险进行有效管控，提高保险公司经营绩效，维护广大消费者利益。

5.1.1　承保风险分析

对保险公司承保环节风险进行分析。

一、验险工作环节

投保是保险人向被保险人表达缔结保险合同意愿的行为，即要约行为。保险合同的要约一般要求为书面形式，所以车辆保险投保单需要采用书面形式。投保单的主要内容有：投保人和被保险人情况、驾驶员情况、投保车辆详细情况。通过投保单可以了解投保人和被保险人基本情况。投保环节的主要风险是指由于被保险人没有履行如实告知义务，表现在逆向选择和道德风险。

二、承保信息录入工作环节

承保信息工作包括三个环节，一是投保单信息录入，出单员应直接进入车险录入界面，将投保情况及时、准确、全面地录入业务处理系统；二是保险单补录操作；三是对信息的复核。信息录入环节相关风险包括：出单员信息录入错误，如将姓名等信息录错；补录操作不及时，保户出险不能正当索赔，导致保险公司要面临承担法律责任；复核形同虚设，不严格执行程序。

三、核保工作环节

核保是承保的核心环节。在承保过程中保险人对投保人的投保申请进行审核，就保险标的各种风险进行审核和评估，以确定是否接受申请，这一过程称为核保。日常核保工作程序是先由出单点复核，主要内容是审核投保单和验车工作流程。接着递交到业务处理中心核保，属于本级权限内容，处理中心及时做出承保与否的批示。如果超出本级核保权限的业务，在核保核赔系统内填写核保意见并及时提交上一级核保人员承保审批。因此，核保的过程是风险不断评估的过程，以及选择承保条件的过程。

核保运作流程中存在一些风险需要进行分析。一是核保机构岗位设置不合理或权责不明确造成的风险。未经批准的核保机构可能会造成保费贪污；机构设置的分级不合理，核保人员越权承保，可能会导致承保了可控风险范围之外的高风险标的；岗位设置不明确有可能出现不相容职务由同一人担任，如核保人员兼任业务员或出单员、或者出现一人担任多个岗位职责，考核标准不明确，以至于无法很好地履行职责。二是人员管理不善引起的风险。核保人员的专业素质低，选择错误承保条件，影响核保质量；部分公司缺乏违规后的责任追究机制可能会导致核保人员为谋取私利而错误核保。三是风险评估不落实带来的风险。缺乏成熟可靠的风险管理技术和可操作的风险评估标准，缺少完善的专家网络和符合风险评估素质要求的核保人员，对风险识别和判断能力较差，往往是靠博弈和运气经营；有些人员为了扩大业务不进行风险评估，将风险评估流于形式，没有起到风险控制的作用。四是信息管理不善造成的风险。如承保信息录入错误导致核保信息不准确带来风险。

四、单证管理环节

单证管理是指保险公司对业务单证的印刷、入库、申请领用、发放、调拨、核销、销毁和结算等各环节进行规范操作的过程。单证管理的一般流程是单证印刷、领用和销毁。

1. 单证印刷。这是单证管理的初始基础。车险业务的单证包括投保单、保险单和批单、保险卡等，其中保险单是由保监会统一印刷，其他则由保险公司自行印制。单证要统一编号、集中管理、移交仓库。单证印刷如管理不善，则面临较大风险。例如个别分支机构为了私吞保费，私自印刷假保单，实行账外出单，资金体外循环等现象，后果十分严重。

2. 保险单证领用。包括对单证的领用审批、登记、单证核销和收回。单证领用管理是对单证发放进行管理，单证核销管理是指对已经领用的单证进行核销，并且关注相应保单的去向。单证的收回是对作废单证的管理。风险分析包括聘用素质低的工作人员管理单证，导致信息记录不准确或单证丢失；单证领用后不核销或核销不及时则会引发贪污挪用保费，成为管理人员利用的舞弊工具。

3. 单证的销毁。销毁是对作废单证的管理，销毁单证管理不严会导致重新流入市场，成为贪污挪用保费的工具。

表5-1　　　　　　　　　　　承保主题指标分析表

主题名称	承保管理	
子主题	1. 机构承保规模分析	7. 承保时效分析
	2. 渠道承保规模分析	8. 承保质量分析
	3. 产品承保规模分析	9. 重复投保分析
	4. 保费计划达成分析	10. 异地承保分析
	5. 个险承保分析	11. 核保分析
	6. 团险承保分析	12. 承保明细数据分析
主题描述	对运营过程中承保环节进行管理，准确分析各机构、渠道、产品的承保规模、承保质量、承保时效、风险承保、核保质量。从而及时准确地了解营销情况，为公司整体运营提供有力的支撑。	
指标组成	新契约规模保费 新契约标准保费 标保达成率 保费收入 保费收入达成率 新契约件数 件均标准保费 ……	

五、单证批改环节

批改是指在保险单签发后，保险合同有效期内，经保险双方当事人同意办理变更合同内容手续。批单与保险单有同等法律效力。批改原因主要有：车辆转卖、赠与他人、用途变更、增加危险程度。批改内容涉及保险金额增减、保险险种增减变更、保险期间变更。此环节风险点是以批单形式降低保险费费率、减免保费，给保险公司带来损失。例如：不正常批单退费等手段变相降费、滥用费率调节系数；内部私自批改是指不经过被保险人同意而进行批改，从而贪污保费，同时被保险人在出险后得不到赔偿，利益严重受损。

六、退保环节

投保人在保险合同成立后，可以书面通知保险公司要求解除保险合同。保险公司在接到解除合同申请之日起，接受退保申请，保险责任终止。批单退保是关键风险点。

5.1.2 理赔风险分析

机动车辆出险理赔是指保险车辆在发生保险责任范围的损失后，保险人依据保险合同的约定解决赔偿问题的过程。理赔工作特点是被保险人的公众性、损失率高且损失幅度较小、标的流动性大、受制于修理厂的程度较大、道德风险普遍、涉及环节多，这就导致了理赔工作在实际开展中遇到的问题较多，风险较大。理赔主要环节包括接报案理赔受理、查勘和定损、赔偿处理、支付赔款、结案和归档。

一、受理案件环节

受理案件包括接受报案、出险通知、查核保单信息、安排查勘、立案等几个环节。关键控制点是安排查勘。如果查勘调度不及时，将直接影响现场查勘的效果和责任认定。

二、现场查勘环节

现场查勘是了解车险情况，掌握第一手材料和处理赔案的重要依据。查勘前要做好查勘准备工作，查勘的内容主要有出险时间、出险地点、出险车辆、驾驶员情况、事故原因、事故现场受损财产、事故损失情况，并填写查勘记录。查勘方式有收取物证、现场摄影、现场丈量、绘图。所以，现场查勘需要认真分析，做到"现场情况明、原因清、责任准、损失实"。

查勘环节面临风险分析。现场查勘人员素质不高直接影响查勘效果。一是查勘人员不具备专业胜任能力导致原因认定不清、责任认定不准，查勘结果不准确。二是查勘人员出于利益需要故意隐瞒情况。另外，查勘事先工具准备不足，设备不先进导致无法提供详细的现场信息。

三、损失鉴定环节

损失鉴定包括车辆损失确定、人员伤亡费用确定、其他财产确定、施救费和残值确定。

（一）车辆损失费用确定。车辆修理费由配件费、维修工时费、管理费组成。对当次事故发生损失的修复，应合理确定修复价格，但车辆修理费定损的风险较大。一是配件价格风险。定损员在无法获得最新配件的价格信息和车辆修复技术时，会故意压低价格造成修理厂无法修复，更多情况下是造成定损人员与修理厂人员勾结随意提高配件价格的风险。二是责任风险。由于人员素质有限，可能存在无法认定是本次事故造成的损失还是以前事故损失，或者是由于本次事故的损失还是汽车本身磨损和质量问题带来的损失，鉴定不准确将导致责任认定不清晰，直接影响赔付效果。

（二）人身伤亡费用界定。第三者责任险及车上人员责任险中涉及的人员伤亡费用，检验人员应该按照法律规定的赔偿范围、项目和标准以及保险合同的约定赔偿。人身伤亡赔偿费用主要包括受伤人员医疗支出各项费用和因误工减少的费用、残疾补赔偿费用和死亡人员的赔偿。此环节的风险表现在伤残等级认定不准确直接会带来偿付风险，不同伤残等级的鉴定直接影响到偿付比例。另外，还包括医院不合理的医药收费，例如超范围用药、小伤大治、挂床疗养、搭车开药等风险。

（三）其他财产损失确定。保险事故还会导致第三者财产损失，如市政设施、道路及道路设施、房屋建筑物、道旁农田庄稼和第三者车上货物损坏等。因此，在损失鉴定中同样会面临风险。按规定保险人对第三者财产损失只负责赔偿直接损失，但是实际鉴定中会很难区分，这样可能扩大了保险公司责任。

当保险标的遭受保险范围责任内的灾害事故时，被保险人或代理人为减少事故损失而采取适当措施抢救保险标的时支出的额外费用。本质上讲，施救费是以较小的费用支出控制较大的损失。风险点是如何确认施救费用。在生活中经常出现被保险人因得不到施救费用而状告保险公司的情况，一方面被保险人认定是施救费用应由保险公司赔偿，另一方面保险公司持相反态度不予赔偿。因此，施救费用的确认争议较多，面临法律风险较高。

（四）残值处理

残值处理是指保险公司根据保险合同履行了赔偿并取得对受损标的所有权后对于受损标的的处理，通常情况下与被保险人协商作价并在保险赔款中扣除。如残值管理不当，可能会遇到的风险是一些不法厂商，贪污残件、偷梁换柱、以次充好，损害保险人和被保险人利益。

（五）赔款理算

赔款理算是确定赔款金额的过程，是保险赔款前的关口，也是保险公司把控风险的重要关口，因此需要特别的关注。理算风险有定损、理算不分离导致理算不准的风险。保险公司在缺少必要证据情况下进行赔款理算，可能导致赔款到不了真正接受赔款人的手中而被他人不法占有。例如，被保险人投保了第三者责任保险，保险期间将第三者撞伤，保险公司在缺少经济赔偿凭证、法院判决书等相关证据的情况下，将赔款理算完毕并及时给付了被保险人。但是被保险人拿到赔款却卷款而逃，使得第三者得不到正当赔付而向保险公司提出索赔，这迫使保险公司再次支付赔款。另外，赔款理算中可能与被保险人达不成一致意见而带来理赔风险。是否与被保险人达成赔付一致显得很重要，这关系到赔案的结案率，也影响到以后的赔付风险。

（六）核赔

核赔是指负责理赔质量的人员在授权范围内按照保险条款及公司内有关规章制度对赔案进行审核的工作。核赔不是简单地完成对单证的审核，而是对整个赔案进行控制，主要内容是审核单证、核定保险责任、赔付结案。可见，理赔是保险公司控制业务风险的最后关口。主要风险表现在：核赔、理算不相容岗位如果由一人经办不能起到牵制作用，会导致虚假赔案的产生；核赔人员个人素质不高也会带来风险，如专业素质不强、责任心差没有起到最后把关的作用，无理拒赔、惜赔、滥赔、超赔、人情赔付等现象仍然存在。另外，保险公司缺乏对诈骗的案件调查的权威和手段，使得案件数量和金额都呈现急剧上升的趋势。

表 5 – 2 理赔主题指标分析表

主题名称	理赔管理	
子主题	1. 报案分析	8. 产品承保年度理赔分析
	2. 立案分析	9. 理赔客户群分析
	3. 结案分析	10. 出险赔付率分析
	4. 已报案未立案分析	11. 理赔时效分析
	5. 已立案未结案分析	12. 理赔质量分析
	6. 产品日历年度理赔分析	13. 理赔成本分析
	7. 产品承保年度理赔分析	14. 理赔明细数据分析
主题描述	通过对理赔数据的监控，及时准确地识别风险，为公司的稳健经营提供保证。理赔管理模块主要包括： 理赔流程分析、各产品理赔分析、理赔客户群分析、理赔时效分析、理赔质量分析、理赔成本分析、出险赔付率分析等，还提供对明细数据的查询。	
指标组成	赔付率 理赔人次 理赔人数 发生率 出险率 立案率 结案率 平均处理天数 平均报案时间 平均受理时间 ……	

5.1.3 财务数据风险分析

对保险公司财务环节风险进行分析。

一、保费收入

保费收入是保险公司在一定时期内收缴的保险费总额。保费收入既是衡量保险业务发展规模的客观尺度，也是提高保险公司经济效益的基础和出发点。

保费收入核算实行的是权责发生制。收入管理不严格将严重影响数据的真实性，甚至会造成舞弊的发生，严重影响了公司和客户的利益。保费收入常见的违规方式有以下几种，都给企业带来了巨大的经营风险。常见违规收入操作的手段有：

1. 净保费入账。净保费是指扣除手续费的收入。保险公司财务制度严格规定实现收入支出两条线管理，而净保费列示的是将手续费直接从保费收入中扣除后的净额，造成收入核算不完整。

2. 撕单埋单。这是代理人贪污保费收入的一种常见形式。保险公司的代理人，利用公司财务制度的漏洞，在收取投保人的保费后，既不为被保险人投保，也不向保险公司缴纳保费；若保险期限内未发生保险事故，则保费就被代理人私吞；若发生保险事故，代理人以一些理由向保险公司补交保费，保险公司仍需进行赔偿。

3. 跨年度调节保费收入。为了完成保费任务而跨年度调节，无法反映收入的真实性。

4. 收入体外循环。源于保险单证管理的不完善，导致不法分子钻空子私自收取保险费，不进入公司账务处理，形成了小金库、账外账。

二、成本费用

成本费用包括：赔款支出、给付支出和退保金、分保业务支出、代理手续费支出、佣金支出、业务宣传费、业务招待费、提取投资风险准备金、提取坏账准备金、业务管理费等支出。每项内容都有具体核算内容和核算方法。此环节主要风险有：

1. 通过未决赔款准备金调节利润，造成偿付能力风险。未决赔款准备金是指保险公司在会计年度决算以前发生保险责任而未赔偿或未给付保险金。其目的在于保证保险公司承担将来的赔偿责任或给付责任，切实保护被保险人及其受益人的权益，它是未来应支付的成本而作出的估计。未决准备金主要指三种情况：一是被保险人提出索赔，赔款金额确定；二是被保险人提出索赔，赔款金额待定；三是事故已发生，尚未提出索赔。而后两种情况估计不当，会造成公司偿付能力风险。

2. 虚假列支赔款或变相列支手续费，导致综合成本率上升。例如赔款支出中列支非正常查勘费情况；由中介机构购买中介发票支付的手续费金额，账外暗中支付的手续费金额。

3. 违规操作损害保险公司和被保险人利益。向被保险人支付赔款后收取返还、非正常退保等不当行为。

三、应收保费

应收保费对于保险行业有特殊的含义，控制不严格会被人为操纵，成为个别保险分支机构参与不正当竞争、作假舞弊的工具。过多应收保费带来的危害有：影响了经营质量，加重了税负；增加了经营成本，包括管理成本、坏账成本、分保成本；不利于正常赔付；有可能钻空子甚至诱发经济犯罪。例如有些客户不守信用长期挂应收保费，不出险不交费，将所有风险转嫁给保险公司；有些保险分支机构假借应收账款名义而支付高额手续费用，再以注销保单方式冲销应收保费金额，严重影响了会计信息真实性；为了创造业绩大量挂靠应收保费，放松应收保费审核，在实际收到时有可能形成账外资金。

表 5 – 3　　　　　　　　　　　　　　财务主题指标分析表

主题名称	财务管理	
子主题	1. 财务科目统计分析 2. 运营效率与质量分析 3. 产品与渠道分析 4. 人力与客户分析	5. 财务状况分析 6. 支出分析 7. 利润分析 8. 费用及税金分析
主题描述	通过财务管理，保险公司可以及时反映保险公司的经营状况。例如，对支出情况进行检测，会起到监督及预警作用；对承保利润的监测有助于保险公司对盈利能力的监控和分析等。此模块主要包括： 财务科目分析：资产、负债、收入、利润、支出等的分析。 综合分析：运营效率质量分析、财务状况分析、费用税金分析等。	
指标组成	保费收入 标准保费 赔款支出 可用费用 佣金支出 赔付率 承保利润 营业利润 利润总额 净利润	

5.2　投保客户风险分析

随着保险行业市场竞争日趋激烈，各家保险公司均提出"以客户为中心"的服务理念。然而，保险消费者的个体差异比较大，主要体现在：社会背景差异、风险偏好差异、消费习惯差异、教育程度差异、年龄差异等，因此不同的消费者的保险需求和投保行为也比较多样化和个性化。基于车险信息共享平台提供的海量数据，针对各类客户进行深度分析，挖掘其潜在的价值和存在的风险，开拓保险市场、提升客户满意度的同时，有效控制客户风险，实现保险业健康发展。

5.2.1　投保行为分析

投保行为分析包括投保险种分析以及后续的续保、增量购买、推荐购买、交叉购买等行为的影响因素分析。加强产品研发力度，设计出多样化车险产品，可提高保险公司的竞争力。由于时间、技术和人员素质等因素，我国车险产品体系单一，车险产品改革应对投保行为进行分析研究。根据以上因素设计不同的车险产品，为消费者提供多样化选择。车险改革之前，我国车险产品基本上可分成两大类，即基本险和附加险。我国传统的车险基本险种分为车辆损失险、第三者责任险、全车盗抢险和车上人员责任险4类。通常要求在已投保车辆损失险的基础上方可投保玻璃单独破碎险、车辆停驶损失险、自燃损失险、新增加设备损失险。在已投保第三者责任险的基础上，方可投保车上责任险、无过失责任险、车载货物掉落责任险。在已投保车辆损失险和第三者责任险的基础上，方可投保不计免赔特约险。保险公司车险产品和费率的设计基本上是依据车辆类型来进行的，而没有考虑到人的特征因素。车险改革后，有的保险公司进行了进一步的细化，也推出了新的附加险险种，但都以原来的险种为基础。

通过投保险种分析，可以更好地支持保险公司细分式保单和组合式保单的设计。细分式保单是指针对不同的客户群细分而设计的个性化保单，满足消费者个性化要求，突出产品特点。组合式保单首先是财产损失险、责任险和伤害险的组合承保。其次是保险责任的组合，就是将保险责任进行分解，并配以相应的费率系数，由投保人选择投保。另外，可以在投保过程中，向客户提供个性化推荐。

通过对于渠道、险种、价格、服务、品牌等因素的满意度对客户行为的影响分析，以及结合客户特征资料的数据挖掘，可以为保险公司制定个性化的营销、促销、服务策略，为低成本、高效率的营销策略提供数据支持。

5.2.2 客户价值分析

由于车险业务本身的特点，客户续保对于保险公司特别重要。而要成功地实施客户续保策略的首要任务是客户价值细分，以根据不同的客户价值确定不同的客户续保策略。

客户生命周期价值理论同样适合作为车险客户细分的依据。客户保持是需要付出代价的，公司必须首先根据客户的不同决定如何在客户中分配公司有限资源，然后在一定资源预算范围内根据客户的不同需求，设计和实施不同的续保客户在未来转化为高价值客户，最终达到以合理的成本实现最大的公司利润。基于客户全生命周期利润的客户价值细分的两个具体维度是客户当前价值和客户增值潜力。客户当前价值是假定客户现行购买行为模式保持不变时，客户未来有望为公司创造的利润总和的现值。某客户的当前价值表示如果公司将客户关系维持在现有水平上时，可望从该客户处获得的未来总利润。

客户增值潜力是假定通过采用合适的客户保持策略使客户购买行为模式向着有利于增大对公司利润而发展时，客户未来可望为公司增加的利润总和的现值。因此，客户的增值潜力是指如果公司愿意增加一定的投入进一步加强与该客户的关系，则公司可望从该客户处获得的未来增量。客户增值潜力是决定公司资源投入预算的最主要依据。

5.2.3 欺诈识别分析

保险欺诈指投保人、被保险人或受益人以骗取保险金为目的，以虚构保险标的、编造保险事故或夸大损失程度、故意制造保险事故等手段，致使保险人陷入错误认识而向其支付保险金的行为。

随着保险业的发展，保险欺诈也呈上升趋势，并成为当前保险业健康发展的最大威胁之一。西方统计资料表明，保险理赔支出的 10% ~20% 往往由欺诈者所得。在我国保险欺诈案例也时有发生，严重困扰着我国的保险业的发展。保险欺诈具有极强的隐蔽性和严重的社会危害性，日益受到整个行业的重视。所以，本书对车险欺诈行为进行识别具有十分重要的意义。目前我国车险欺诈的形式主要有以下几种：

1. 故意伪造保险标的，骗取保险金

保险标的是保险法律关系中当事人权利和义务指向的对象，即保险合同的客体。通过伪造保险标的骗取保险金，违反了最大诚信原则。骗取保险金主要有以下几种形式：虚构不存在的保险标的骗取保险金，将不合格的标的谎称合格骗取保险金，将非保险标的转化为保险标的骗取保险金，故意增大保险标的的金额超额投保骗取保险金等。

2. 未发生保险事故而谎称发生保险事故骗取保险金

保险事故是指保险范围内约定的事故。未发生保险事故，投保人和受益人却向保险人提供虚假材料，谎称发生保险事故，或故意把保险责任之外的其他事故损失谎称保险事故损失，骗取保险金，这是保险欺诈的常见形式。这类欺诈，主要是通过提供虚假材料来骗取。

3. 故意造成被保险人死亡、伤残或疾病等人身保险事故，骗取保险金

在人身保险合同中，被保险人一旦发生保险责任范围内的死亡、伤残或疾病，保险人应向投保人被保险人或其受益人支付保险金。为了骗保，个别投保人会故意制造保险事故，加害被保险人。

4. 先出险，后投保，出伪证骗保

这种骗保是将投保前发生的保险事故伪造成投保后发生的，或者发生事故后再投保，以达到骗保的目的。

5. 通过重复保险骗保

所谓重复保险是指投保人对同一保险标的、同一保险利益、同一保险事故同时向两个或两个以上保险人投保的保险。所谓通过重复保险骗保，就是投保人就同一保险标的、同一保险利益、同一保险事故同时分别向数家保险公司投保，但又不告诉保险人有关重复保险的情况，其保额总和也超过了保险价值。在危险事故发生后，向数家保险公司分别索取保险金的行为。

保险反欺诈产生的原因主要包括以下三个方面：

1. 社会原因：当今社会竞争日益激烈，生活压力更加沉重，个体与群体更加隔离，致使少数人逐渐丧失了社会道德意识。这些人完全站在自身利益的角度出发，而不惜损害他人和公众的利益。

2. 投保人、被保险人或受益人的原因：投保人、被保险人或受益人存在对保险缺乏正确的认识，利用保险牟利、报复保险人、偶发因素等原因产生了欺诈行为。

3. 保险人原因，主要包括四个方面：一是国内保险业普遍对保险欺诈未引起足够的重视，并为建立专门的组织和有效措施。二是业务流程特别是理赔流程尚不严谨科学，保险欺诈者找到漏洞，实施欺诈行为相对容易。三是保险人为了留住客户，即使发现了欺诈行为，也只是满足于追回保险金或者不负赔偿责任，而很少诉诸法律给欺诈者以更加严厉的惩罚。四是理赔人员的业务素质不高，把不住理赔关口，或者为了谋取利益而与欺诈者协同进行欺诈行为。

为了减少保险欺诈对保险业务的危害，利用行业平台数据库中的数据，建立行业反欺诈数据库和专门的反欺诈平台，在综合使用传统分析模型的基础上，将数据挖掘技术应用于欺诈风险的识别、分析、评价中，分析欺诈为什么会发生，哪些因素会导致欺诈，欺诈风险主要来自于何处，如何预测到可能发生的欺诈，采取何种措施减少欺诈的发生。通过反欺诈平台评价欺诈风险的严重性、发生的可能性、欺诈风险指数及控制欺诈风险的成本，汇总对各种欺诈风险的评价结果，进而建立一套欺诈风险管理策略和监督体系。设计并完善风险管理能力，准确、及时地对各种欺诈风险进行监视、评价、预警，采取有效的规避和监督措施，在欺诈风险发生之前对其进行预警和控制，趋利避害，从而使保险公司适应迅速变化的市场环境，做好欺诈防范工作。

保险欺诈评估模型是反欺诈系统的核心，整个欺诈评估模型从下至上包括：知识库、规则模型、预测模型和分析模型四个部分。反欺诈评估模型四个组成部分是一个自下而上的有机整体，如图 5-1 所示：

……分析模型：决策支持

……预测模型：未知行为规律

……规则模型：已知行为规律

……知识库：素材、知识体系和标准

图 5-1　保险欺诈评估模型

1. 知识库负责收集欺诈资料，建立反欺诈标准和分类体系，是整个评估模型的基础。

2. 规则模型总结已经出险的各种欺诈行为和风险，通过定义一系列规则的方式对业务数据进行评估，找出高风险信息。

3. 预测模型通过预测算法，对未知的欺诈可能进行挖掘，发现潜在的欺诈风险。实际过程中规则模型与预测模型共同作用，完成对业务数据的多角度风险控制。

4. 分析模型对欺诈信息进行整理分析，为经营决策提供服务。

保险反欺诈平台分为源系统、集中数据平台、保险反欺诈系统、系统服务接口和其他管理系统五个部分，如图 5 - 2 所示：

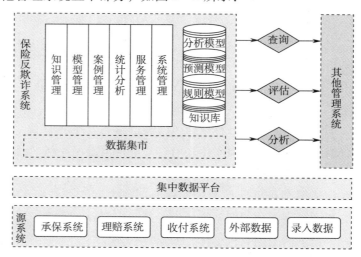

图 5 - 2 保险反欺诈平台系统架构

（一）源系统

源系统指的是各种数据来源，包括各种核心业务系统如承保、理赔、收付系统数据。同时，反欺诈所需要的其他外部数据也作为源系统为反欺诈系统提供数据，例如代理数据、交通管理数据、医疗数据、诉讼数据等。

（二）集中数据平台

集中数据平台是保险企业统一的数据存储，为保险企业的所有应用系统提供数据支持。数据平台有如下的特点：

1. 动态可扩展的：能够经得住时间的考验，在业务改变时，能够尽量小地改动模型，甚至不做任何改动就可以适应这种变化。

2. 稳定的：可能会经过多个版本变更，经过不断的完善和增强，增加许多功能和特性，但基本框架应是稳定的。

3. 易于理解和实施：包含丰富的说明和文档，包括样本表、实体和属性的定义，业务规则，以及逻辑视图等，实用性和可操作性强，易于客户化。可采用结构化和模块化设计方法，从一个较小的着眼点开始，逐步扩展。

4. 应用中性的模型：不针对特别的应用或功能设计，能够最大限度适应将来业务的扩展和变化，是一个范围广泛、灵活、健壮的模型。

5. 灵活性：能够最大限度地控制数据冗余，并保证足够的灵活性。

（三）保险反欺诈系统

保险反欺诈系统包括数据集市、系统功能、系统模型和提供的服务接口，其中反系统功能包括知识管理、模型管理、案例管理、统计分析、服务管理和系统管理等功能。系统模型包括知识库、规则模型、预测模型和分析模型。

（四）其他管理系统

保险客户的其他管理系统也建立在集中数据平台之上。

5.2.4　客户迁移矩阵应用分析

近年来，信用等级迁移矩阵已成为全球银行业信用风险度量的基础。它描述的是一段时间内，债务人的信用等级转变为更好或更差等级的概率。本书在借鉴信用等级迁移矩阵的优良特征上，研究了车险信息共享机制下，不同机构间的客户迁徙矩阵在监管机构总体风险监控中的应用及在社会公众中机构影响力大小两方面的应用。当然，利用客户迁移矩阵还能识别单一客户的微观个体风险行为，在此不讨论。

类似于信用等级迁移矩阵，假定在某区域内的 t_0 时刻，共有 n 家保险公司。在时间 t 内，这 n 家保险公司之间的客户群迁移轨迹如表 5-4 所示。

表 5-4　　　　　　　　　**客户迁移矩阵的数据表结构**

机构	期初客户数	本期新保客户	机构1		机构2		......		机构i		机构n		系统内退出客户	期末客户
			转入	转出	转入	转出	转入	转出	转入	转出	转入	转出		
机构1	$X^{(t)}_{10}$	$A^{(t)}_1$			$I^{(t)}_{ij}$	$E^{(t)}_{ij}$			$I^{(t)}_{1i}$	$E^{(t)}_{1i}$	$I^{(t)}_{1n}$	$E^{(t)}_{ij}$	$Q^{(t)}_1$	$D^{(t)}_1$
机构2	$X^{(t)}_{20}$	$A^{(t)}_2$	$I^{(t)}_{21}$	$E^{(t)}_{21}$					$I^{(t)}_{2i}$	$E^{(t)}_{2i}$	$I^{(t)}_{2n}$	$E^{(t)}_{2n}$	$Q^{(t)}_2$	$D^{(t)}_2$
......	......	......	......	......	......	......	......	......	......	......	......	......	......	......
机构i	$X^{(t)}_{i0}$	$A^{(t)}_i$	$I^{(t)}_{ii}$	$E^{(t)}_{ii}$	$I^{(t)}_{i2}$	$E^{(t)}_{i2}$	......				$I^{(t)}_{in}$	$E^{(t)}_{in}$	$Q^{(t)}_i$	$D^{(t)}_i$
机构n	$X^{(t)}_{n}$	$A^{(t)}_n$	$I^{(t)}_{n1}$	$E^{(t)}_{n2}$	$I^{(t)}_{n2}$	$E^{(t)}_{n2}$			$I^{(t)}_{ni}$	$E^{(t)}_{ni}$			$Q^{(t)}_n$	$D^{(t)}_n$

记机构 i 的期初客户数为 $X_{i0}^{(t_0)}$；区域新增投保客户进入机构 i 的数目为 $A_{i0}^{(t_0)}$；机构 i 的客户流失到机构 j 的客户数 $E_{ij}^{(t_0)}$ 且 $1 \leq i,j \leq n; i \neq j$；机构 j 的客户流入到机构 i 的客户数表示为 $I_{ij}^{(t_0)}$ $1 \leq i,j \leq n; i \neq j$；区域内机构 i 退出客户数（指不在任意一家保险机构投保）为 $Q_i^{(t_0)}$；那么经过时间 t 后，机构 i 的期末的客户数 $D_i^{(t_0)}$，由式（5-1）所示：

$$D_i^{(t_0)} = X_{i0}^{(t_0)} + A_i^{(t_0)} + \sum_{j=1, i \neq j}^{n} I_{ij}^{(t_0)} - \sum_{j=1, i \neq j}^{n} E_{ij}^{(t_0)} - Q_i^{(t_0)} \qquad (5-1)$$

式（5-1），表示期末机构 i 的客户数由期初客户数、区域内新增投保客户数和其他机构客户流入到机构 i 的数目在剔除本期机构 i 的客户流失到其他机构和机构 i 退保客户数后组成。表 5-4 中，黑色方框标识部分，即为区域内的客户群在不同机构间的迁移矩阵。它向我们展现了机构间车辆信息共享机制下，客户群在不同机构间运动的轨迹，且它有一个重要特征，即：

$$I_{ij}^{(t_0)} = E_{ji}^{(t_0)} \qquad (5-2)$$

式（5-2）表示机构 j 的客户流入到机构 i 的客户数 $I_{ij}^{(t_0)}$ 与机构 j 的客户流失到机构 i 的客户数 $E_{ji}^{(t_0)}$ 相等，即客户迁移矩阵是一个对称矩阵。我们只需计算对角线以下的元素即可。

一、在监管机构总体风险监控中的应用

通过客户迁移矩阵，我们可以监控到不同历史时期内客户在不同机构间的迁移运动情况。为了避免客户异常流动给机构稳定经营带来的不利影响，我们可以对机构退保客户集中度风险进行监控。这里，定义指标 $L_i^{(t_0)}$ 为 $t_0 - t_1$ 时期内，机构 i 中退保客户的比例，则得到式（5-3）：

$$L_i^{(t_0)} = (\sum_{j=1, i \neq j}^{n} E^{(t_0)}{}_{ij} + Q^{(t_0)}) / X_{i0}^{(t_0)} \qquad (5-3)$$

由式（5-3），不仅可进行特定时期内不同机构间退保客户比例的横向分析，又可实现单一机构在该指标上的纵向分析，从而达到机构间客户异常流动的风险监控。当我们将客户迁移矩阵中客户数用保费收入进行等价替换时，则监管机构可捕获到各地区乃至全社会的车险保费资金在机构间流动的情形。类似于式（5-3），机构 i 因客户流失，造成保费下降的比例为：

$$L_i'^{(t_0)} = (\sum_{j=1, i \neq j}^{n} E'^{(t_0)}{}_{ij} + Q'^{(t_0)}) / X'^{(t_0)}_{i0} \qquad (5-4)$$

这样，依照客户迁移矩阵，保费资金在机构间的异常流动情况就变得可控了。

二、在社会公众中保险机构影响力的应用

迁移矩阵不仅可以用于监管部门进行风险监控，而且还有利于识别保险机构在社会公众中的影响力大小。机构在社会公众中的影响力，可以从以下两个角度进行衡量，一是机构在社会公众中的初始认可度（R）。普遍认为，初始认可度越高的机构，能吸引到的新客户数会越多。值得说明的是，这里所指的新客户主要是指首次投保的客户。二是机构在社会公众中的二次认可度。有别于初始认可度，它主要体现在机构对于已投保的客户的再次吸引度。二次认可度的衡量可用机构中的客户留存比例（Res）与吸引外来客户（指非首次投保客户）的比例（Atr）两指标进行反映。依照表 5 - 4：客户迁移矩阵的数据表结构，我们就得到了衡量机构在社会公众中影响力的三个量化指标。

在 $t_0 - t_1$ 这个时间段内，机构 i 的初始认可度可由式（5 - 5）表示：

$$R_i = \frac{A_i^{(t_0)}}{\sum_{i=1}^{n} A_i^{(t_0)}} \tag{5-5}$$

显而易见，R_i 越高，说明机构在社会公众中的初始认可度越大。

式（5 - 6）为客户留存度，留存度越高的机构，对此机构的客户而言，客户的满意度就越高。

$$\mathrm{Res}_i^{(t_0)} = (X_{i0}^{(t_0)} - \sum_{j=1, i \neq j}^{n} E_{ij}^{(t_0)} - Q_i^{(t_0)}) / X_{i0}^{(t_0)} \tag{5-6}$$

这里，定义机构 i 吸收其他机构客户抵减流失到其他机构后的净值为吸引外来客户的比例，见式（5 - 7）。该指标值越大，说明机构对外来客户的吸引度越高。反之，则吸引度不够。

$$Atr_i^{(t_0)} = (\sum_{j=1, i \neq j}^{n} I_{ij}^{(t_0)} - \sum_{j=1, i \neq j}^{n} E_{ij}^{(t_0)}) / D_i^{(t_0)} \tag{5-7}$$

由式（5 - 5）、式（5 - 6）及式（5 - 7）可综合得到反映保险机构在社会公众中影响力的大小数据结果。

经以上分析可知，利用车险信息共享机制下的客户迁移矩阵，一方面有利于监管机构进行总体风险监控，如：监管机构可获取各地区乃至全社会的车险投保客户和保费资金在不同机构间的流动分配情况，还可进行退保客户集中度风险及保费资金系统内异常流动风险的监控等；另一方面，利用车险信息共享机制下的客户迁移矩阵，还可分析机构在社会公众中影响力的大小。如：机构在客户中的初始认可度（ R ）；二次认可度（指标：留存比例（ Res ）及吸引度（ Atr ））等。此外，车险信息共享机制必然会带来大量的历史数据积累，客户迁移矩阵进而可以向高层次的客户迁移概率矩阵演变，从而达到对全行业整体、机构个体、微观客户三方面风险的提前预测及预警作用。

5.3   车险风险定价模型

车险信息共享平台汇集全国车险承保、理赔数据，可以在车险定价方面提供很好的数据支持，为车险定价提供服务。车险平台投入使用前，保险公司并无有效办法获取高风险客户以往的投保、出险记录，导致客户保费之间几乎没有差异。平台使用后将实现汽车保险行业承保、理赔数据共享，交强险与商业车险信息的合并对接，令保险行业与交管部门数据共享。各家保险公司可以通过该平台获得车辆的所有省内外违章情况，从而准确测算车辆的投保费率，真正实现"奖优罚劣"的效果。

5.3.1   车险费率模型

车险保费由纯保费和附加保费构成，其中纯保费是用于补偿保险公司赔付而支出的费用，它的大小确定以保险开发人员对历史损失数据的统计为基础。保险公司经营业务需要一些必要的费用，如业务人员招揽业务、签发保单、佣金等项工作，都需要支出相当的费用。这部分于纯保费之外为经营车险业务所必需的费用，称为附加保费。纯保费和附加保费之和，就是毛保费。毛保费就是每位投保人实际缴纳的保费。其中附加保费又包括安全附加和费用附加两部分。从图 5 - 3 可以清楚地了解保费构成情况。

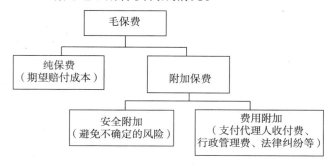

图 5 - 3   车险保费构成图

从理论上讲，纯保费应该等于期望年索赔成本，即 $P = E(S)$，其中 S 是某类保单的年索赔总额。把所有的保单视为一个整体，以每一次索赔为基本对象，索赔总额就是所有单个保单索赔额之和，即有

$$S = X_1 + X_2 + \cdots + X_N$$

其中，X_i 表示第 i 次索赔额，N 表示索赔次数，X_i 与 N 都是随机变量。为了使模型在数学上容易处理，往往假设索赔次数 N 与索赔额 X_i 相互独立，且索赔额 X_i 是独立同分布的随机变量。此时有

$$P = E(S) = E_N[E_S(S \mid N)] = E_N[NE(X)] = E(N)E(X)$$

即纯保费等于年索赔次数的均值 $E(N)$ 和每次索赔额均值 $E(X)$ 的乘积。

无论是保单的基本保费还是包括奖惩系统在内的保费调整都与总理赔额有关，而总理赔额与索赔次数、索赔额有关。在厘定保险费的过程中，需要考虑的两个重要因素就是保单的索赔额和索赔次数。

非寿险精算数学中的索赔额 X 是个非负的随机变量，它的分布一般是正偏斜，它的密度函数在右边有长"尾巴"，所以，主要用正偏斜的分布来拟合索赔额。索赔额常用的理论分布主要有指数分布、伽玛分布、对数正态分布、pareto 分布等。也可以用复合分布来讨论索赔额的分布，如指数和伽玛分布的复合分布。

下面分别从车险定价的模型角度出发来看车险信息共享平台所能提供的风险管理服务。

5.3.2 定价因子分析

车险因各个险种不同，决定其在定价时所考虑的风险暴露因素、费率厘定方案等有所差异。保险人要获取预期的盈利水平，则需要对不同的被保险人制定合理的费率，从而必须对其进行恰当的分类，以反映他们的潜在风险。在车险中，这种恰当的分类显得尤为重要，并且由于车险的业务量很大，也在客观上为保险人提供了充足的数据，车险信息共享平台集合全国所有车险数据，支持保险人进行较为细致的风险分类。

影响车险的分类因素有很多。如私人用车，影响保险人承保成本的因素有驾驶员的年龄、车龄、车型、对机动车的使用、驾驶员的驾驶记录、车辆的行驶区域、驾驶员的性别、婚姻状况、性格、车辆的用途、性能、安全设施等。对于商业用车，则主要有车辆的吨位、类型、用途、行驶的范围等。其中某些

因素作为影响费率水平的主要因素，是在定价和计算保费水平过程中首要考虑的对象，并且直接反映在保险人的费率表中。其他的一些因素虽然不是保费水平的决定性因素，但也会影响到保险人的承保成本。这些因素作为浮动因素，以风险级别相对数的形式来调整标准保费，从而真正体现费率的公平性。

按照依附载体进行分类，费率分级变量可以细分为：从车因素、从人因素、从地因素以及其他费率因素。

一、从车因素是车险中最为重要的费率厘定因素

1. 车辆使用性质。一般将使用性质分为私用和商用。私用车的使用频率较低，风险暴露相对较小，而商用车的使用频率很高，事故率也较高。

2. 车型。大型车由于其体积大、功率大、速度快，一旦发生事故后果严重，危害较大，而小型车的事故危害性相对小一些。可以按不同的因子划分车型，如车辆的吨位、座位数、发动机功率、最高速度甚至加速度等。

3. 厂牌型号。不同厂牌车辆的构造、性能差异较大，即使是同一厂牌的车辆，不同型号之间也可能存在明显差异。

4. 年行驶里程。车辆年行驶里程与其风险状况具有很强的关联性，相同的车辆在保险年度内的行驶里程越多，出险的可能性就越大。

5. 车龄。不同使用年限的车辆对应的保费也不同。

6. 车辆安全状况。安全装置（如气囊、ABS 等）、防盗装置（如 GPS、GMS 和电子防盗器等）的配备状况。

7. 购置价格。车辆的修理成本和使用危险性与其购置价格密不可分，对于盗抢险来说尤为明显。

8. 车身颜色。通常认为，明亮的车身颜色在视觉上有助于避免被保车辆遭受碰撞，尤其是在夜间或阴暗环境下行车。

二、从人因素着重考察司机或被保险人的风险属性

1. 年龄。通常认为，年轻人偏好冒险、驾车经验不足，肇事率最高；中年人相对沉稳，肇事率较低；老年人因健康状况、反应能力等下降，肇事率有所回升。

2. 性别。一般女性驾车要比男性驾车谨慎些，因此女性司机的保费一般较低。

3. 职业。不同的职业反映出不同的生活习惯与方式，影响到司机的心理状态和车辆的使用目的，成为交通事故的风险因素之一。

4. 婚姻状况。因家庭责任和家人的督促，已婚者的行车安全性比未婚者高，故其保费应比未婚者低。

5. 驾龄。通常驾龄长的司机事故概率低，驾龄短的司机事故概率高。

6. 违章记录。频繁的交通违章表明驾驶技术水平较低，今后出险概率较高。司机如有违章记录，其保费会相应增加。

7. 吸烟、酗酒等生活习性。驾驶途中吸烟会妨碍驾驶操作，而酗酒更是交通事故的主要原因之一。

8. 是否指定驾驶员。对比之下，未指定驾驶员的车辆，事故危险性明显偏高，因而比指定驾驶员的车辆多缴纳保费。

三、从地因素主要是从行驶区域和停放场所的角度说明被保车辆的风险差异

1. 行驶区域。对应于不同的行驶区域，地形、地貌、道路分布、管理制度、交通拥堵状况等方面存在差别，这将影响潜在的索赔成本。通常，在大城市行驶的车辆的期望损失最高，其次是郊区，最后是小城市、小城镇或农村。

具体而言，考虑到我国幅员辽阔、地形地势复杂、气候差异明显等中国特色因素，我国车险费率定价也要考虑到区域因子对车险费率的影响，而费率受赔付率的影响。通过对区域因子聚类分解，可选择气候因素、车流密度因素、城乡因素、民风因素作为研究对象，其中气候因素又进一步细分为：年平均气温、年降水量、年日照时数。

2. 车辆停放场所。可能的停放场所包括自用车位、固定车库、公共停车场或无固定停放场所，显然停放场所关系到车辆失窃、交通意外或被破坏的几率。

四、出于市场竞争的考虑，车险费率表中还设置了与赔付成本无关的其他因素

1. 营销渠道。对于保险人而言，不同营销渠道产生不同的销售成本，所以保险人会对通过低成本渠道（如互联网、电话等）投保的客户予以费率折扣，通过这种成本节约式的让利来拓宽销售渠道和争取市场份额。

2. 是否连续投保。为防止客户转移到竞争对手那边去，通过费率折扣的方式激励已有客户与保险人达成长期交易关系。

3. 是否同时投保其他保险产品。对其他保险产品具有促销作用。

4. 团购优惠。类似批发和零售，保险人对于车险团购的情形给予费率优惠。

5.3.3　市场定价调整

保险公司精算部门在确定产品价格时，必须同时考虑损失成本、精算定价、市场定价以及竞争对手的价格。其中损失成本和精算定价分别考虑了公司经营过程中历史赔付经验以及营业费用、利润要求等，市场定价则在此基础上考虑了竞争因素，一般参照竞争对手的价格。

严格意义来说，损失成本、精算定价和市场定价应满足下列关系：

损失成本＜精算定价≤市场定价

但很多情况下，保险公司在定价时更关注市场定价与竞争对手价格之间的关系。一般来说，当市场处于完全竞争状态时：

1. 公司执行大幅扩张的市场战略，市场定价会略低于竞争对手的价格，且很有可能低于损失成本；

2. 公司执行适度扩张的市场政策，市场定价会紧跟竞争对手的价格，但至少高于损失成本；

3. 公司执行稳健的市场策略，市场定价会参考竞争对手的价格，但至少高于精算定价。

5.3.4　保费充足性分析

保费充足性分析的目的在于监测公司当前赔付支出和保险收入的匹配情况。通过充足性分析，可以及时掌握各险种盈利情况，指导业务部门更为准确地区分具有不同程度风险的保险标的，从而适当地调整核保政策，确保公司各险种经营的健康稳定。

由于险种设计、经营特点或者竞争需要，保险公司一般将保费分为签单保费和实收保费。签单保费是指根据保险合同列明的费率水平计算而得到的保费，实收保费则是保险公司向投保人实际收取的保费数额。

随着车险信息共享平台的车险数据不断累积，各保险公司精算部门可以更好地掌握损失进展、损失趋势以及承保结构（如承保标的数量）等因素的变化，从而计算充足保费。充足保费综合考虑了反映历史损失经验（通常为上一损失经验期）的应收保费，以及最新获得的损失信息（当前评估损失）。

根据以上分析，可得到下述表达式：

保费充足度 = 单均实收保费/充足保费×100%

充足保费 =（1 - α）× 签单保费 + α × 当前单均评估损失

此处，单均实收保费根据险种全部保费收入除以保单份数。

α = 当前评估时承保标的数量／（上一经验期承保标的数量 + 当前评估时承保标的数量）

假定精算部门最终确定采用第一次调整（承保方案调整）后的险种 B 保费水平，以及第一次调整（相关利益调整）后的险种 A 保费水平，则如表 5 - 5 所示。

表 5 - 5　　　　　　　　　　签单保费表（不考虑保单批改）

车辆种类 ＼ 标的价值		4 万元	8 万元	15 万元	25 万元	35 万元	50 万元	80 万元
险种 A	I	667	1349	2191	3226	4254	5791	10903
	II	886	1901	2415	3448	4475	6012	9080
	III	701	1435	2492	3648	4860	6674	10295
	IV	609	862	2227	3271	4307	5857	8952
险种 B	I	622	965	2109	2930	5441	6362	8207
	II	726	1256	2636	3581	4672	7433	9588
	III	805	1472	3030	4070	5309	7486	10621
	IV	1116	1955	3093	4576	6147	7086	11479

经过统计，单均实收保费和当前单均评估损失分别如表 5 - 6 和表 5 - 7 所示。

表 5 - 6　　　　　　　　　　单均实收保费表

车辆种类 ＼ 标的价值		4 万元	8 万元	15 万元	25 万元	35 万元	50 万元	80 万元
险种 A	I	567	1147	1862	2742	3616	4922	9268
	II.	727	1559	1980	2827	3670	4930	7446
	III	589	1205	2040	3064	4082	5606	8648
	IV	530	750	1937	2846	3747	5096	7788
险种 B	I	5660	8782	19192	26663	49513	57894	74684
	II	690	1193	2504	3402	4438	7061	9109
	III	773	1413	2909	3907	5097	7187	10196
	IV	1038	1818	2876	4256	5717	6590	10675

表 5 - 7　　　　　　　　　　　当前单均评估损失表

车辆种类 \ 标的价值		4 万元	8 万元	15 万元	25 万元	35 万元	50 万元	80 万元
险种 A	I	567	1147	1862	2742	3616	4922	9268
	II	727	1559	1980	2827	3670	4930	7446
	III	589	1205	2040	3064	4082	5606	8648
	IV	530	750	1937	2846	3747	5096	7788
险种 B	I	566	878	1919	2666	4951	5789	7468
	II	690	1193	2504	3402	4438	7061	9109
	III	773	1413	2909	3907	5097	7187	10196
	IV	1038	1818	2876	4256	5717	6590	10675

　　当前评估时承保标的数量恰为上一经验期承保标的数量的一半，即：α = 1/3。得到结果如表 5 - 8 以及表 5 - 9 所示。

表 5 - 8　　　　　　　　　　　充足保费表

车辆种类 \ 标的价值		4 万元	8 万元	15 万元	25 万元	35 万元	50 万元	80 万元
险种 A	I	772	1385	2219	3298	4370	5976	11318
	II	1004	1837	2453	3529	4601	6206	9412
	III	807	1482	2467	3738	5003	6898	10682
	IV	744	1071	2257	3344	4426	6045	9279
险种 B	I	754	1169	2254	3259	5390	6690	9290
	II	968	1506	2747	3835	5020	7546	10353
	III	1021	1650	3010	4161	5444	7581	11041
	IV	1265	2009	3089	4535	6040	7351	11650

表 5 - 9　　　　　　　　　　　保费充足度表

车辆种类 \ 标的价值		4 万元	8 万元	15 万元	25 万元	35 万元	50 万元	80 万元
险种 A	I	73.42%	82.80%	83.91%	83.15%	82.74%	82.37%	81.88%
	II	72.39%	84.84%	80.74%	80.11%	79.75%	79.43%	79.11%
	III	73.00%	81.33%	82.71%	81.98%	81.60%	81.27%	80.95%
	IV	71.26%	70.00%	85.85%	85.09%	84.67%	84.30%	83.94%

续表

标的价值\车辆种类		4 万元	8 万元	15 万元	25 万元	35 万元	50 万元	80 万元
险种 B	I	75.08%	75.13%	85.16%	81.81%	91.85%	86.54%	80.39%
	II	71.26%	79.24%	91.16%	88.71%	88.42%	93.58%	87.98%
	III	75.72%	85.65%	96.64%	93.90%	93.62%	94.80%	92.34%
	IV	82.04%	90.51%	93.13%	93.84%	94.65%	89.65%	91.63%

可以看到，由于单均实收保费偏低，导致大多数风险水平下的保费充足度小于90%，部分甚至低于80%。精算部门应及时建议营销部门减少给予投保人的折扣优惠，或者要求核保部门实施更为保守的核保策略。

5.3.5　无赔款优待系统

奖惩系统（Bonus – Malus　Systems，BMS）是车险中普遍采用的一种考核估费法，即对发生了一次或多次事故的投保人增收保险费或给予惩罚，而对没有任何索赔发生的投保人给予保费的折扣或奖惩。奖惩系统也被称做无赔款优待系统（NO—Claim Discount Systems，NCD）。

我国车险条款规定：保险车辆在上一年保险期限内无赔款，续保时可享受无赔款减收保险费优待，优待金额为本年度续保险种应交保险费的10%。被保险人投保车辆不止一辆的，无赔款优待分别按车辆计算。上年度投保的车辆损失险、第三者责任险、附加险中不论任何一项发生赔款，续保时均不能享受无赔款优待。不续保者不享受无赔款优待。上年度无赔款的机动车辆，如果续保的险种与上年度不完全相同，无赔款优待则险种相同的部分为计算基础；如果续保的险种与上年度相同，但保险金额不同，无赔款优待则以本年度保险金额对应的应交保险费为计算基础。不论机动车辆连续几年无事故，无赔款优待一律为10%。不得提前给予机动车辆无赔款优待，不得将无赔款优待改为无赔款退费，严禁保险公司擅自浮动费率。无赔款优待按下列公式计算：无赔款优待＝续保险种应交保费×10%。新规定取消了原车险条款中"连续两年无赔款，优待金额为上年缴费的15%；连续三年或三年以上无赔款，优待金额为上年缴保费的20%"的规定。不论机动车辆连续几年无事故，无赔款优待一律为基准费率的10%，即以基准费率的90%作为本年度的费率。获得"无赔款优待"的保险车辆，当年发生赔款，下一年度必须取消优待费率，调回基准费率。同时投保车辆损失险和第三者责任保险的，在上年度内只要其中任一险种发生赔款，保险公司对该投保不得给予无赔款优待。

5.4 我国车险保费预测研究[①]

改革开放以来，中国经济快速发展，伴随着国家日益富裕、人们生活水平逐步提高，居民的保险意识不断增强，保险需求迅速提升。机动车辆产业作为我国的支柱产业近年来也得到快速发展，2011 年车险占保险业总收入的73.3%，是保险业的支柱产业。车险保费预测对保险公司设定业务发展目标和制订公司保费计划起着非常关键的作用。

5.4.1 车险保费预测的重要性

保费收入是保险行业中的一个重要指标，从宏观层面，能反映保险在一个国家的发展状况和普及程度，而从微观层面，保费收入是保险业企业利润的重要来源，是建立保险基金并开展保险赔偿或给付功能的重要保证。因此，每个保险企业不仅在设定业务的发展目标时都会制订保费收入计划，在做出其他经营决策如投资方向、投资力度时也要考虑保费收入指标。因此，保费收入预测对整个市场保费规模的研究和预测非常重要，它是合理制订公司保费计划的基础。

保费预测是指对保费发展所做出的估计。保费预测的作用在于：第一，帮助保险公司认识和控制未来的不确定性，以期对未来的未知降到最低限度，从而合理有效地把握企业未来的发展规模和趋势；第二，使计划的预期目标同可能变化的周围环境和经济条件保持一致，保费预测根据最近几年的发展情况进行模拟预测，通过比较当期与前几年的经济、社会环境，在定量分析的基础上对保费预测做出定性分析；第三，事先了解计划实施后可能产生的结果，做出相应的规划和应对策略。对于一个组织来讲，无论是制订计划，还是做出决策，都必须对未来的状况做出估计，并以这种估计作为计划和决策的依据，在此基础上，制定工作进程和工作方案，保证企业的稳定和发展。

① Xiaohui Wu, Zheng Zhang, Lei Liu, Lanlan Zhang. Analysis of China motor vehicle insurance business trends [M]. Advanced Institute of Convergence IT, 2011: 413 –420.

因此，通过对我国未来四年车险保费预测，以期为机动车辆行业保险的"十二五"规划提供理论依据。根据机动车辆保费收入的特点，采用灰色预测模型，并对预测模型进行改进以提高机动车辆保费预测的精度。

5.4.2 车险保费灰色预测模型

一、保费预测模型

保险市场的发展受多种因素制约，每年的保费增长情况不能用某种特定函数的形式表述。由于车险保费收入预测的影响因素较多，而我国关于这些影响因素的数据收集不足，在我国保费预测中使用传统预测方法（如线性回归模型、指数曲线回归模型、指数平滑法模型等）受到限制。

回归分析法是根据事物的因果关系对变量进行预测的一种方法。在对保费进行预测时首先要选定保费作为被解释变量，而在选择潜在的解释变量时，无法将每个因素都考虑进去，只能考虑影响保费变动的主要变量，这正是运用回归分析法的缺点。同样，人工神经网络 BP 模型运用于保险系统预测，虽然通过对目标变量影响因子进行影响度和相关度的分析提高了预测的科学性，但影响因子的选择比较麻烦，数据不准确和相关必要数据的缺乏是导致训练神经网络误差大的重要原因。

灰色预测模型适用于信息部分完全、不确定的系统，针对系统的某一特征序列建立预测模型，对系统的运行行为、演化规律进行正确描述和有效监督，运算方便，易于检验，以少量数据为基础得到具有满意可信度的结果，适用于爆炸式的指数增长序列。灰色预测模型的这一特性使现实中车险保费收入预测遇到的问题得到解决，车险保费收入数据序列特征满足灰色预测模型对时间序列的要求。因此，灰色预测模型在车险保费预测中具有较强的实用性和便利性。本书采用灰色预测模型对保费进行预测。

二、传统灰色预测模型及问题

灰色预测在形式上运用预测对象自身的时间序列建立模型。这样，与其相关联的因素表面上没有参与运算和建模，但并不是说那些因素对预测对象没有作用，这种处理方法也不会影响模型的全面性，灰色系统的"灰"正体现在这里。往年的车险保费收入数据是本模型的时间序列。首先运用传统灰色预测模型进行保费的预测，并对该模型进行了相关评价。

灰色预测模型的时间序列 $x^{(0)} = [x^{(0)}(1), x^{(0)}(2), \cdots, x^{(0)}(n)]$，对时间

序列做一次累加生产,$x^{(1)}(k) = \sum_{i=1}^{k} x^{(0)}(i) \quad i = 1,2,3,\cdots,n$。这里进行简单的累加,不能很好地随机化原始序列,对模型的精度产生影响。

$$x^{(0)}(k) = x^{(1)}(k) - x^{(1)}(k-1), \frac{dx^{(1)}}{dt} + ax^{(1)} = u$$

这是一个变量的一阶微分方程,记 GM(1,1)参数列为,$\hat{a} = \begin{bmatrix} a \\ u \end{bmatrix}, \begin{bmatrix} a \\ u \end{bmatrix}$

则按最小二乘法解
$$\hat{a} = (B^T B)^{-1} B^T Y_N$$

$$B = \begin{bmatrix} -Z^{(1)}(2)1 \\ -Z^{(1)}(3)1 \\ -Z^{(1)}(4)1 \\ \cdots \qquad \cdots \end{bmatrix}$$

其中 $Z^{(1)}(k) = ax^{(1)}(k) + [1-a]x^{(1)}(k-1)$

$$Y_N = [x^{(0)}(2), x^{(0)}(3), \cdots, x^{(0)}(n)]$$

这里 a 取值一般为 0.5。a 的取值也是对传统灰色预测模型不太良好的地方。$Z^{(1)}(k)$ 采取的是梯形面积的一半的值,正确的值是 $x^{(1)}(k)$ 和 $x^{(1)}(k-1)$ 之间的积分。

白化形式方程的解为 $\hat{x}^{(1)}(k+1) = [x^{(0)}(1) - \frac{u}{a}]e^{-ak} + \frac{u}{a}$,这里默认原始序列的第一点作为重合点,图形拟合时,并不能确定重合点的具体位置,不适当的选择拟合图形的重合点对图形的拟合相似度有很大影响。

对上式还原生成 $\hat{x}^{(0)}(k) = \hat{x}^{(1)}(k) - \hat{x}^{(1)}(k-1)$。

5.4.3 改进的保费预测模型及模型检验

一、模型及数据描述

灰色预测模型对于在序列较短、波动较小的时间序列,短期预测精度较高,而对中长期预测特别是对波动较大的时间序列,其预测精度较差。只有当时间序列接近离散光滑指数序列,且指数较少时,用灰色预测模型才可以有较佳的精度,对高增长指数序列,拟合后常常产生较大的滞后误差。

根据灰色预测模型建立的基础,提出对时间序列的要求,对时间序列适当的变化,使之得到高精度的预测。根据灰色预测模型的特性,相应地对车险保费收入时间序列进行调整，使之更加符合灰色预测模型对时间序列的要求，从而提高预测精度。并根据李俊峰，李翠凤，姚天祥等在理论上对灰色预测模型的研究，改进灰色预测模型，使之更加适合车险保费预测。

在传统灰色预测模型的基础上，针对传统模型存在的问题，进行了三个方面的改进：一是原始序列的光滑处理，二是背景值的构造方法，三是模型初始值的选择。此外，根据灰色预测模型的特性，在建立模型时根据模型检验和平均相对误差判定原始序列长度。

1. 时间序列长度 n 的确定，$x^{(0)} = \left[x^{(0)}(1), x^{(0)}(2), \cdots, x^{(0)}(n) \right]$；

2. 对时间序列进行对数或指数变化，使之趋近离散光滑小指数序列，并在最后结果中还原数据；

3. 背景值计算 $Z^{(1)}(k) = ax^{(1)}(k) + [1-a]x^{(1)}(k-1)$ 中，a 一般取值为 0.5，对于快速增长的车险保费收入数据序列，并不合适，调整 a 值使之符合车险保费收入数据序列的增长趋势；

4. 在传统灰色预测模型中，规定 $x^{(1)}(1)$ 作为已知条件是不合理的，应当根据实际情况选用其他数据，提高其拟合和预测效果，$X^{(1)}(k+1) = \left(X^{(1)}(m) - \dfrac{u}{a} \right) e^{-a(k-m+1)} + \dfrac{u}{q}$，其中 $m = 1, 2, \cdots, n$。

图 5-4 中时间序列为车险保费收入，从图中可以看出，2008 年到 2011 年的增长幅度比前几年的增长幅度更大，表明中国车险行业最近几年正在快速的发展，这与国家近几年经济高速发展相吻合。从车险保费收入可以观测到国民

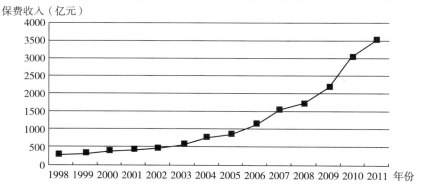

资料来源：中华人民共和国国家统计局：《中国统计年鉴》，北京：中国统计出版社，相关年份。

图 5-4 1998~2011 年中国车险保费收入趋势图

生活水平和国家发展情况，车险保费预测是值得关注的。

图5-5中，中国车险保费收入是稳定增长的，但是增长趋势的强弱确实有很大的不同。例如，2010年，由于国家出台对于购车补贴的政策和货币流动性等因素，中国车险保费的增长率有很大的提高。在对模型的原始数据处理时，需要考虑这方面因素的处理数据。

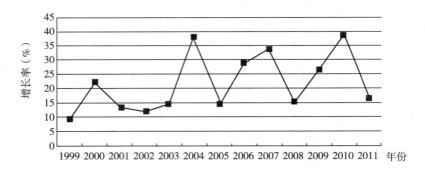

图5-5 1999～2011年中国车险保费增长率图

二、模型检验

灰色预测一般要经过残差检验、关联度检验和后验差检验。

1. 残差检验。

根据预测模型计算出 $\hat{X}^{(1)}$，并将 $\hat{X}^{(1)}$ 做一次累减为 $\hat{X}^{(0)}$，计算残差为 $E = [e(1), e(2), \cdots, e(n)] = X^{(0)} - \hat{X}^{(0)}$，其中 $e(k) = x^{(0)}(k) - \hat{x}^{(0)}(k)$, $k = 1, 2, \cdots, n$

相对误差为：$rel(k) = \dfrac{e(k)}{x^{(0)}(k)} \times 100\%$, $k = 1, 2, \cdots, n$，若 $rel(k) < 5\%$，检验通过。

平均相对误差：$\quad REL = \dfrac{1}{n} \sum_{k=1}^{n} |rel(k)|$

2. 关联度检验。

计算关联度系数：

$$\gamma_j = \frac{\min_j |X_0(j) - X_1(j)| + \rho \max_j |X_0(j) - X_1(j)|}{|X_0(j) - X_1(j)| + \rho \max_j |X_0(j) - X_1(j)|}$$

计算关联度：$\quad \gamma = \dfrac{1}{n} \sum_{j=1}^{n} \gamma_j$

当 $\rho = 0.5$ 时，$\gamma > 0.6$，则通过检验。

3. 后验差检验。

设原始序列 X^0 及残差序列 E 的方差为 S_1^2 和 S_2^2，$S_1^2 = \dfrac{1}{n} \sum_{k=1}^{n} \left[x^{(0)}(k) - \bar{x} \right]^2$，

$S_2^2 = \dfrac{1}{n} \sum_{k=1}^{n} \left[e(k) - \bar{e} \right]^2$，计算后验差比为 $C = S_2 / S_1$，计算小概率误差为

$p = P\{ |e(k) - \bar{e}| < 0.6745 S_1 \}$，当 $P > 0.95$，$C < 0.35$ 时，模型拟合好。

　　若以上检验都能通过，则可以用所建模型进行预测，其精度为一等级，否则要进行残差修正。

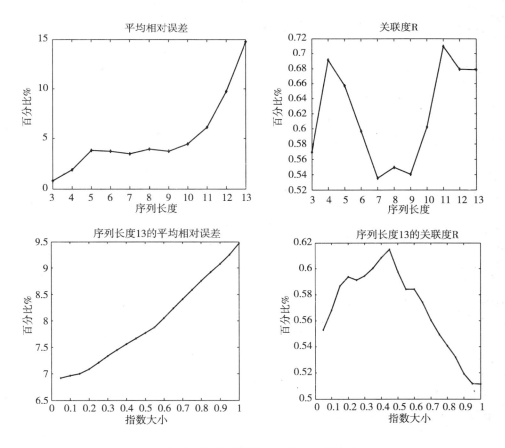

图 5 - 6　预测模型四个方面分析结果图

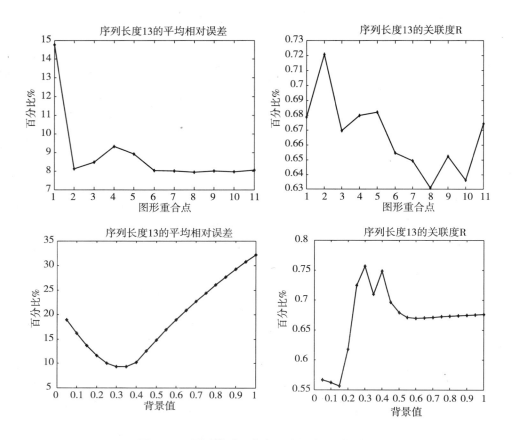

图 5 - 6　预测模型四个方面分析结果图（续）

三、模型分析

从图 5 - 6 中可以看到，以车险保费收入为原始数据，并据此序列长度、指数变换、背景值参数和重合点的不同对预测精度的影响，在进行分析这些因素与预测精度之间的关系时，保持其他方面的因素不变。

第一组图形以传统灰色预测模型为基础，只考虑序列长度对预测精度的影响，图形表明了模型检验中平均相对误差和关联度两方面的情况，按模型检验的标准，序列长度为 4 和 5 时才可以说合理。在以上的最后三组图形中，为了更明确地看到相关方面的影响，取序列长度为 13。在传统的灰色预测模型中，序列长度为 13 时的平均相对误差为 14.7761%。从图中可以看到，在以上最后的三组图形中，平均相对误差明显提高。在取这四个方面的参数值时，要使平均相对误差和关联度都得到满足，而不能为了取得小的平均误差使得关联度 < 0.6。

本书分析了灰色预测模型在这四个方面对预测精度的影响，并提出了传统灰色预测模型基于以上四种方法的改进。在此基础上改进的灰色预测模型对未来四年保费进行预测。

5.4.4　车险保费预测及分析

一、车险保费预测结果

对每年的车险保费预测都采取以下四个步骤来确定影响保费收入四个方面因素的参数，每个步骤得到参数值后，就将这个参数值运用到下一个步骤中，这样累加便能得到完整的改进的灰色预测模型。

第一步由以上分析确定序列长度；第二步对数据序列进行光滑处理，并确定指数值；第三步，背景值参数确定；第四步，拟合时重合点确认。根据上述四个步骤，得到 2012～2015 年车险保费收入预测数据。

2006 年 7 月，我国出台《机动车辆交通事故责任强制保险条款》，这是车险行业的重大变革。2006 年以前和以后的数据作为对车险预测的原始数据有了区别。在对 2012～2015 年保费预测的第一步中，序列长度的确定分别都在 2006 年以后。这样预测模型和实际相对比验证了预测模型的良好性能。

表 5 - 10　　　　　　　　　　**2012～2015 年保费预测值表**

年份	模型估计值 （亿元）	平均相对误差 （%）	后验差比值	关联度 R	增长率 （%）	预测值 （亿元）
2012	4048	2.2436	0.0599	0.6123	20.473	4288
2013	5182	2.0412	0.0207	0.7122	22.893	5287
2014	6162	1.8518	0.0246	0.6895	19.342	6264
2015	7460	1.6905	0.0125	0.7174	20.155	7584

对 2012～2015 年的保费预测进行模型检验，并确定在满足模型检测标准的情况下进行预测。从表 5 - 10 中可以看到，这四年的保费预测的平均相对误差很小。从图 5 - 4 可知，2011 年保费的增长幅度相对前几年有较大的提高，在这样的增长趋势下，2012～2015 年的保费数据有较大幅度增长也是必然。从现实情况来看，根据专家对"十二五"中国经济发展趋势的分析及预测，未来几年国际经济环境将相对稳定，国内宏观经济将保持连续性和稳定性，经济增速有望稳定在 9% 左右。中国经济的发展趋势和车险保费增长趋势有正相

关的关系，从这个角度看，2012～2015 年的保费预测值相对偏高。然而，根据对未来中国机动车辆行业发展趋势的分析，在"十二五"期间中国机动车辆行业将保持稳定增长，总体目标是全面提升在世界汽车工业中的地位。机动车辆越来越贴近人们的生活，普及度越来越高，车险行业也越来越成熟，车险保费收入的快速上升成为必然。

2012～2015 年车险保费预测值是通过改进的灰色预测模型得到的，并且与未来四年我国的宏观经济发展趋势、机动车辆行业发展趋势相吻合，具有很高的精确度。

二、总结

在分析现有保费预测模型特点的基础上，选择灰色预测模型进行车险保费预测，并根据传统灰色预测模型存在的问题和灰色预测模型本身的特性对传统的灰色预测模型进行改进。实证结果显示出预测精度较高。

预测结果表明，"十二五"的未来四年中，我国车险保费收入将保持较快增长态势，每年平均增长速度约为 20%。

车险保费进行预测的重大意义，主要表现在以下几个方面：

1. 正确有效地进行车险费率的厘定。车险费率的厘定对车险行业的承保金和理赔金的获得有重要作用，车险业有序良好的发展在承保金和理赔金上得到体现。车险保费预测是车险业保费费率厘定的重要参考。

2. 车险企业设定保险业务发展目标和保险业务规划。根据保费预测情况，车险企业建立保险基金并开展保险赔偿或给付功能，制定企业规划和业务发展目标。

3. 提高人们生活水平。随着机动车辆普及度越来越高，机动车辆和车险是人民经济消费的很大部分，车险问题也受到更大的关注；车辆商业险和机动车辆交通事故责任强制保险，这两个方面都和人们生活息息相关，车险行业正确的费率厘定方法和车险行业的稳定持续发展是提高现在人们生活水平的一个重要方面。

5.5　区域因子风险费率实证研究①

车险业务作为保险行业的支柱产业，不论从消费者角度而言，还是从保险公司角度来说，车险相关问题的研究都具有重要意义，科学厘定车险费率就是其中一个重要课题。科学厘定车险费率是车险市场健康发展的保证，是保险公司制定费率政策的依据，是注重保障和改善民生，促进社会公平、社会和谐的体现，是服务产业结构优化升级的战略重点之一。

5.5.1　区域因子对车辆保险费率的影响

在车险费率方面，通常保险人在经营车险的过程中将费率模式分为"从车费率模式"、"从人费率模式"两类。其中，"从车费率模式"是指在确定保险费率的过程中主要以被保险机动车辆的风险因子作为影响费率确定因素的模式，此类风险因子主要包括机动车的种类、使用的情况和行驶的区域等；"从人费率模式"是指在确定保险费率的过程中主要以被保险机动车辆驾驶人的风险因子作为影响费率确定因素的模式，此类风险因子主要包括驾驶人的性格、年龄、婚姻状况、职业等。

目前，我国采用的车险费率模式属于"从车费率模式"，影响费率的主要因素是与被保险机动车辆有关的风险因子。我国现行的车险费率体系中影响费率的主要变量为车辆的使用性质、车辆生产地和车辆的种类。

虽然"从人费率模式"相对于"从车费率模式"更加科学和合理，但是考虑到我国幅员辽阔、地形地势复杂、气候差异明显等特色因素，我国在机动车车险费率改革的过程中，也要考虑区域因子对机动车险费率的影响。当前，全国性保险公司都按省市设立了不同的商业险保费标准，从行政区和停放场所的角度考虑了机动车辆的从地因素。如：太平洋保险考虑了出入境、境内、省内、指定区域、固定车库、自用车位、露天社会停车场、无固定停车场所；平安保险考虑了本省内或单位500公里内、中国境内、无停车场、地上停车场、地下停车场。然而现行区域划分比较粗略，而且没有考虑地形地貌、公路分

---

① Xiaohui Wu, Runtong Zhang, Xin Liu, Lei Liu, Dong Niu. The Effects of Regional Fators on Automobile Insurance Rate In China［M］. 第六届科技信息资源共享促进国际会议，2011（11）.

布、交通拥堵状况等。

因此，基于辽宁省、北京市、浙江省、广东省、重庆市和陕西省的实证数据，以区域因素为主题展开研究，探讨区域因子对机动车车险费率的影响并给出相应的建议，以期能保证保险客户的利益，同时兼顾保险公司的利益，以实现保险业的健康发展，促进社会公平和谐发展。

5.5.2　区域影响因子选择

目前车险理论研究主要集中在费率的厘定上，但现有文献对区域因素研究甚少。引入"从地"因素，车险费率将进一步体现区域化原则。费率厘定结合各地不同的风险水平、经营状况、车辆的出险情况，对费率进行进一步细化，体现不同地区的区域特征，并建立区域价格体系。引入"从地"因素，机动车车险费率的厘定将更加科学，更能保证车险市场健康发展，保障保险客户利益，体现社会公平，促进社会和谐。

我国商业车险费率已经市场化，费率在一段时间内不会有较大的变化。区域因子对费率的影响主要通过影响赔付率来实现的。赔付率是指一定会计期间赔款支出与保费收入的百分比，用公式表示为赔付率＝（责任赔款÷保费收入）×100%。赔付率主要用于指导业务承保、理赔、费率厘定。因此，通过对区域因子对赔付率的影响来分析区域因子对车险费率的影响。将区域因素分为气候因素、车流密度因素、城乡因素、民风因素四类。

1. 气候因素。不同地域的气候条件不尽相同，不同气候下的不同气象条件及常见自然灾害会影响机动车辆保险费用。例如，干旱条件下机动车的自燃风险比较大，台风、冻雨、暴雪、洪水等对机动车辆的安全行驶有较大影响。该因素具体以年平均气温、年降水量和年日照时数为量化指标。

2. 车流密度因素。车流密度对机动车的车速有较大影响，同时对道路的行车事故间接产生影响，第三者责任险、车上责任险等险种均与交通事故相关，因此，其费率需要因"地"制宜。将机动车的车流密度定义为：

$$车流密度 = \frac{机动车保有量}{公路（含高速公路）的总里程}$$

3. 城乡因素。不同地域经济发展程度不同，同一区域的不同城乡经济发展程度也不尽相同。新增加设备损失险等车险就是地区经济发展水平的一个体现，因而该类型车险费率需要适应不同的地域的经济情况。选取衡量城乡因素的量化参数为：

$$量化参数 = \frac{城镇居民人均收入}{农村居民人均收入}$$

4. 民风因素。某一区域内百姓的民风情况对车险费率也会产生影响。例如某地民风淳朴，路不拾遗，则机动车辆被偷盗的可能性就较小，那么全车盗抢险的费率不宜较高；若当地百姓都小心谨慎，没有酒后驾车或超速行驶的不良行为，第三者责任险等险种的费率也不宜过高，反之亦然。用单笔车险案件赔付金额来反映民风因素为：

$$单笔机动车险案件赔付金额 = \frac{机动车案件赔付总额}{机动车案件赔付数量}$$

5.5.3   建立因子分析模型

因子分析是主成分分析的推广和发展，主要研究相关阵或协方差阵的内部依赖关系，将多个变量综合为少数几个因子，再现原始变量与因子之间的关系。

因子分析的应用主要体现在：

1. 寻求基本结构，简化观测系统，将具有错综复杂关系的对象（变量或样本）综合为少数几个因子（不可观测的随机变量），以再现因子与原始变量之间的内在联系。

2. 用于分类，对变量或样本进行分类。

因子分析分为 R 型和 Q 型因子分析。其中，R 型因子分析从变量的相关阵出发，找出控制所有变量的几个公共因子，用于对变量或样本进行分类；Q 型因子分析从样本的相似矩阵出发，找出控制所有样本的几个主要因素。

本书建立了基于 R 型因子分析的数学模型，如下所示：

$$\begin{cases} X_1 = a_{11}F_1 + a_{12}F_2 + \cdots + a_{16}F_6 \\ X_2 = a_{21}F_1 + a_{22}F_2 + \cdots + a_{26}F_6 \\ \qquad\qquad\vdots \\ X_6 = a_{61}F_1 + a_{62}F_2 + \cdots + a_{66}F_6 \end{cases} \qquad (5-8)$$

模型中符号说明如表 5 – 11 所示。

表 5-11 层次分析模型实证的符号说明表

项目	年降水量	年平均气温	年日照时数	车流密度	城镇与农村居民人均纯收入的比例	车辆单位案件赔付金额	赔付率
符号	F_1	F_2	F_3	F_4	F_5	F_6	X

用矩阵表示：
$$\begin{bmatrix} X_1 \\ X_2 \\ \vdots \\ X_6 \end{bmatrix} = \begin{bmatrix} a_{11} & a_{12} & \cdots & a_{16} \\ a_{21} & a_{22} & \cdots & a_{26} \\ \vdots & \ddots & & \\ a_{61} & a_{62} & \cdots & a_{66} \end{bmatrix} \begin{bmatrix} F_1 \\ F_2 \\ \vdots \\ F_6 \end{bmatrix}$$

即：
$$\begin{cases} X_1 = a_{11}F_1 + a_{12}F_2 + \cdots a_{16}F_6 \\ X_2 = a_{21}F_1 + a_{22}F_2 + \cdots a_{26}F_6 \\ \qquad\qquad \vdots \\ X_6 = a_{61}F_1 + a_{62}F_2 + \cdots a_{66}F_6 \end{cases}$$

简记为：$X = AF$

且满足：$D(F) \begin{bmatrix} 1 & & & 0 \\ & 1 & & \\ & & \ddots & \\ 0 & & & 1 \end{bmatrix} = I_m$

因子模型中各统计量的意义如下所示：

权重。第 i 个变量与第 j 个公共因子的相关系数，表示 X_i 依赖 F_j 的分量：
$$\text{cov}(X_i, F_j) = a_{ij}$$

共同度。因子载荷矩阵 A 中各行元素的平方和记为：
$$h_i^2 = \sum_{j=1}^{m} a_{ij}^2$$

称为变量 X_i 的共同度。

贡献。因子载荷矩阵 A 中各列元素的平方和记为：
$$q_j^2 = \sum_{i=1}^{p} a_{ij}^2, j = 1, \cdots, m$$

表示第 j 个因子对所有分量的总影响，称为第 j 个因子对 X 的贡献，它是衡量第 j 个因子相对重要性的指标，且满足：
$$q_1^2 \geqslant q_2^2 \geqslant \cdots \geqslant q_6^2$$

5.5.4 数据来源及实证分析

为研究区域因子对车险费率的影响，本书基于我国地理分区、气候分区、地质分区三个角度，选择六个比较具有代表性的省市作为研究对象。

在模型中，考虑因素有：年平均气温、年降水量、年日照时数、车流密度、城镇与农村居民纯收入的比例、非营业车辆单位案件赔付金额。其中，年平均气温、年降水量、年日照时数用于反映气候因素，城乡差异由城镇居民人均收入/农村居民人均收入来衡量，车险单笔案件赔付金额用来反映民风因素。六省市相关数据如表 5 - 12 所示，样本为 2003 ~ 2010 年时间序列数据，从该六省市的统计年鉴及《中国保险年鉴》中整理而得。

表 5 - 12   六省市的相关数据表

地区＼指标	年平均降水量（毫米）	年平均气温（摄氏度）	年平均日照时数（时）	车流密度（辆/公里）	城镇农村人均纯收入比	单位案件赔付金额	赔付率
省市 a	635.51	9.26	2469.46	36.11	2.76	3903.27	0.63
省市 b	463.99	13.39	2399.81	172.91	2.24	826.26	0.59
省市 c	1280.90	18.03	1686.20	111.43	2.45	4392.00	0.54
省市 d	829.60	13.15	1990.85	10.97	4.08	2121.00	0.53
省市 e	1098.56	18.81	910.36	20.16	3.79	180.39	0.58
省市 f	1561.91	22.36	1775.21	28.94	3.13	2031.91	0.51

令：赔付率 = f（年平均气温、年降水量、年日照时数、车流密度、城镇居民人均纯收入与农村居民人均纯收入的比例、车辆单位案件赔付金额）。

将相关数据代入公式 5 - 8，得矩阵 A：

$$A = \begin{bmatrix} 635.51 & 9.26 & 2469.46 & 36.11 & 2.76 & 3903.27 \\ 463.99 & 13.36 & 2399.81 & 172.91 & 2.24 & 826.26 \\ 1280.9 & 18.03 & 1686.2 & 111.43 & 2.45 & 4392 \\ 829.6 & 13.15 & 1990.85 & 10.97 & 4.08 & 2121 \\ 1098.56 & 18.81 & 910.36 & 20.16 & 3.79 & 180.39 \\ 1561.91 & 22.36 & 1775.21 & 28.94 & 3.13 & 2031.91 \end{bmatrix}$$

将矩阵 A 标准化后，建立六项指标间的相关系数矩阵 R：

$$R = \begin{bmatrix} 1.0000 & 0.8928 & -0.6156 & -0.3750 & 0.2087 & 0.1338 \\ 0.8928 & 1.0000 & -0.6990 & -0.1276 & 0.1447 & -0.2526 \\ -0.6156 & -0.6990 & 1.0000 & 0.3879 & -0.5186 & 0.3896 \\ -0.3750 & -0.1276 & 0.3879 & 1.0000 & -0.8343 & 0.0105 \\ 0.2087 & 0.1447 & -0.5186 & -0.8343 & 1.0000 & -0.3761 \\ 0.1338 & -0.2526 & 0.3896 & 0.0105 & -0.3761 & 1.0000 \end{bmatrix}$$

求得 R 的特征值和贡献率，如表 5-13 所示：

表 5-13　　　　　　　　　　**R 的特征值和贡献率表**

序号	特征值	贡献率	累计贡献率（%）
1	3.0231	0.5039	50.39
2	1.4923	0.2487	75.26
3	1.1458	0.1910	94.36
4	0.2600	0.0433	98.69
5	0.0787	0.0131	100.00
6	0.0000	0.0000	100.00

由表 5-13 可以看出，前四个因素的累积贡献率已达 98.69%，即区域的赔付率主要受年平均气温、年降水量、年日照时数、车流密度的影响。城乡差距和民风对同一地区赔付率影响甚微。

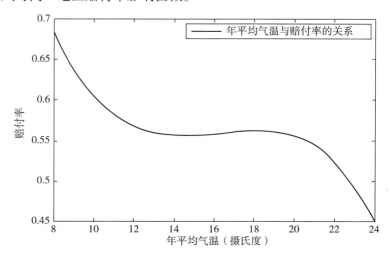

图 5-7　年平均气温与赔付率的关系曲线

　　分别对如上四个因素进行单因子分析，分别得到年平均气温、年降水量、年日照时数、车流密度与赔付率的拟合函数：

　　年平均气温与赔付率的函数关系及拟合关系曲线：

$$y_1 = -0.0003x_1^3 + 0.0129x_1^2 - 0.2066x_1 + 1.6464$$

　　年降水量与赔付率的函数关系：

$$y_2 = -7.0612 \times 10^{-11}x_2^3 - 1.9214 \times 10^{-7}x_2^2 - 0.0002x_2 + 0.6779$$

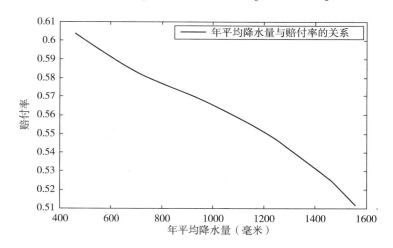

图 5 - 8　年平均降水量与赔付率的关系曲线

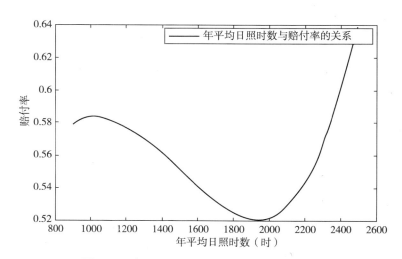

图 5 - 9　年平均日照时数与赔付率的关系曲线

年日照时数与赔付率的函数关系:

$$y_3 = 1.8474 \times 10^{-10}x_3^3 - 8.1878 \times 10^{-7}x_3^2 + 0.0011x_3 + 0.1167$$

车流密度与赔付率的函数关系:

$$y_4 = -2.4103 \times 10^7 x_4^3 - 0.0001x_4^2 - 0.005x_4 + 0.4811$$

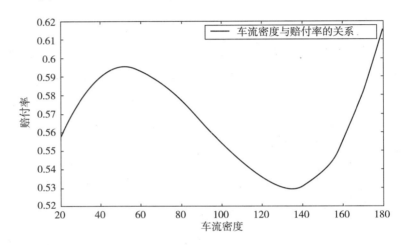

图 5 - 10 车流密度与赔付率的关系曲线

分析得出：年平均气温与赔付率呈平缓下降关系，其中气温在 12.5 ~ 19.5 摄氏度时，赔付率基本保持不变，为 0.56；年平均降水量与赔付率呈波动下降关系；年平均日照时数与赔付率呈波动关系，在年平均日照时数达到 1900 小时时，赔付率达到极小值为 0.52；车流密度与赔付率呈波动下降关系，在车流密度为 52 辆/公里时赔付率达到极大，为 0.595；在车流密度为 138 辆/公里时赔付率达到极小，为 0.53。

由上述四条关系曲线及年平均气温、年平均降水量、年平均日照时数、车流密度与赔付率的贡献率，则可得赔付率与年平均气温、年平均降水量、年平均日照时数、车流密度的函数关系:

$$y = a \times y_1 + b \times y_2 + c \times y_3 + d \times y_4$$

$$= (-0.0003 \times a \times x_1^3 - 7.0612 \times b \times 10^{-11}x_2^3 1.8474 \times c \times 10^{-10}x_3^3 - 2.4103 \times d \times 10^7 x_4^3) + (0.0129 \times a \times x_1^2 - 1.9214 \times b \times 10^{-7}x_2^2 - 8.1878 \times c \times 10^{-7}x_3^2 - 0.0001 \times d \times x_4^2) + (-0.2066 \times a \times x_1 - 0.0002 \times b \times x_2 + 0.0011 \times c \times x_3 - 0.005 \times d \times x_4) + (1.6464 \times a + 0.6779 \times b + 0.1167 \times$$

$c + 0.4811 \times d)$

其中，a，b，c，d 分别为年平均气温、年平均降水量、年平均日照时数、车流密度与赔付率的贡献率。

在本模型中，假设省市内机动车没有出现出境行驶的情况。由于数据限制，并未考虑将区域因子细分到上下班高峰期用车的程度。同时，不论以从人还是从车角度，都会有车库、停车场等因素的叠加，所以，没有在模型中考虑这些因素。

5.5.5 费率与赔付率挂钩联动模型

在我国，区域因子对费率的影响是通过影响赔付率来实现的。通过层次分析法已经得到赔付率与年平均气温、年平均降水量、年平均日照时数、车流密度的函数关系，下面建立保险费率与赔付率的挂钩联动模型来研究年平均气温、年平均降水量、年平均日照时数、车流密度，是如何通过赔付率来影响保险费率的。

以 60% 为基准赔付率，在基准赔付率的上下 10%（即 50% ~ 70%）作为基准赔付率区间，设 P 为以往年度赔付率，通过费率调整系数来调整续保费率，保险费率与赔付率的挂钩联动模型如表 5 – 14 所示。

表 5 – 14   联动系数表

以往年度赔付率	费率调整系数
$0\% \leqslant P < 10\%$	0.8
$10\% \leqslant P < 50\%$	0.9
$50\% \leqslant P < 70\%$	1.0
$70\% \leqslant P < 80\%$	1.1
$80\% \leqslant P$	1.2

在联动模型基础之上，某地区标准费率可以由以下公式计算而得：

某地区标准费率 = 全国统一基准费率 × 费率调整系数

说明：（1）费率调整系数及基准赔付率可根据保险公司实际情况，并结合保险市场的变化调整其数值。（2）以往年度赔付率以结案赔付数据为主。

5.5.6 实证分析结论

通过论证，科学厘定车险费率应把握因地制宜的原则。不同地区的自然条件、人文环境、气候条件、地形地势、经济发展水平、收入分配差距等具体情况差异较大，这就导致在不同地区同一类保单发生赔付案件的风险不同，发生赔付案件造成的损失有差异，从而保险公司在赔付时的支付会有较大差异，因此不同区域宜实行不同的费率标准，以更加准确地厘定车险费率。

在制定个性化费率政策时，需要特别考虑年平均气温、年平均日照时数、车流密度和年平均降水量四个因素对赔付率的影响。本书论证所得的关系曲线及拟合图形即对这些因素进行了相应的分析和测算。如年平均气温与赔付率呈平缓下降关系，其中气温在 12.5~19.5 摄氏度时，赔付率基本保持不变，为 0.56，则当年平均气温高于 19.5 摄氏度时，保险公司宜根据拟合结果将赔付率调低，反之亦然；年平均降水量与赔付率呈波动下降关系，保险公司宜根据拟合曲线，调整相应的年平均降水量对应的赔付率；年平均日照时数与赔付率呈波动关系，在年平均日照时数达到 1900 小时时，赔付率达到极小值为 0.52，则保险公司宜在年平均日照时数高于或低于 1900 小时时，根据拟合曲线增大赔付率；车流密度与赔付率呈波动下降关系，在车流密度为 52 辆/公里的赔付率达到极大，为 0.595；在车流密度为 138 辆/公里的赔付率达到极小，为 0.53，则保险公司宜在车流密度低于 52 辆/公里或高于 52 辆/公里但低于 138 辆/公里时，根据拟合曲线降低赔付率，在车流密度高于 138 辆/公里时增大赔付率。综合以上四个因素，得到综合赔付率后，根据保险费率与赔付率的挂钩联动模型可以得到费率相应的调整系数，保险公司将调整系数与现行基准费率相乘，即可得到比较科学的地区费率数据。

根据本书的实证结果，各保险公司应注重数据积累，建立风险预警与管理体系，并逐步建立"从人、从车、从地"的费率模式，逐步细化费率厘定过程，同国际接轨。在推进费率厘定优化的同时，完善网络信息化建设、建立和完善保险新产品保护制度，这些都是推动车险市场健康发展的有效措施。

因此，科学的费率厘定政策将保障客户利益、提升保险公司业务经营水平、促进车险市场健康发展。车险市场的健康发展进而将有效推动服务业产业结构优化升级，这对保障和改善民生、促进社会公平和谐有重要作用。

5.6 区域化车险评估及费率厘定实证研究

在 5.5 节区域因子风险费率实证研究的基础上，进一步对部分省市车险市场的投保、理赔特征进行研究和分析，分区域对车险市场进行细分，并采用 GLM 模型厘定区域化的车险费率，实现市场导向的车险费率形成机制，同时有效解决各保险公司由于自身样本数据过少、信息缺失等造成的车险定价模型不精准的问题。

5.6.1 背景及意义

为了进一步规范商业车险的市场秩序，完善商业车险的监督与管理制度，遵循维护社会公众利益和防止不正当竞争的原则，2012 年 3 月 8 日保监会发布了《关于加强机动车辆商业保险条款费率管理的通知》（以下简称《通知》）。《通知》从近期备受社会关注的"高保低赔"、"无责不赔"等易引起纠纷的热点问题入手，明确了我国商业车险条款费率拟订的原则及执行的具体要求。新一轮的车险费率改革较现行"同质化"现象严重的 A、B、C 条款和费率，它具有三方面的亮点和特色：

（一）初步明确了商业车险条款费率管理制度改革的方向，即逐步建立市场化为导向的、符合我国保险业实际情况的条款费率形成机制。

（二）本着保护投保人、被保险人合法权益的宗旨。它强调了保险公司提示说明义务；规范了商业车险免责条款；重点解决车险理赔难的问题，实行"实保实赔"原则，即投保人按实际价值投保，保险人按保险合同约定的保险金额进行赔偿，叫停了"高保低赔"的惯例；规定了保险公司不得以放弃代位求偿权的方式拒绝对机动车损害进行赔偿，这意味着，车险理赔中被誉为"霸王条款"的"无责不赔"也将被叫停。

（三）设定了差别化的车险费率机制及车险产品的"退出"机制。其中，围绕差别化的车险费率机制，《通知》里第一部分有关商业车险条款费率拟订原则的第（四）条与第（五）条规定充分体现了商业车险条款费率开发的三种模式，具体为：

1."保险公司可以参考或使用协会条款拟订本公司的商业车险条款，并使用行业参考纯损失率拟订本公司的商业车险费率"。

2."连续两个会计年度综合成本率低于行业平均水平且低于 100% 的保险公司，在按照行业参考纯损失率拟订本公司商业车险条款和费率时，可以在协会条款基础上适当增加商业车险条款的保险责任"。

3. 对于满足以下条件的保险公司，即："治理结构完善，内控制度健全且能得到有效执行，数据充足真实，经营商业车险业务 3 个完整会计年度以上；经审计的最近连续 2 个会计年度综合成本率低于 100%；经审计的最近连续 2 个会计年度偿付能力充足率高于 150%；拥有 30 万辆以上机动车辆商业保险承保数据"等条件的保险公司，可以根据公司自有数据拟订商业车险条款和费率。此外，它还要求各保险公司在拟订和执行商业车险费率时，需要建立动态调整机制。即《通知》中指出："保险公司应当根据历史经验数据、经营情况和准备金提取等实际情况，每年对商业车险费率进行合理性评估验证。"综上可知，市场化的定价机制是这次改革的主要方向，它强化了保险公司自主厘定费率的权力，这种差异化的商业车险定价思路十分明显。

有关非寿险产品分类费率的厘定，传统的定价方法，主要包括单项分析法、最小偏差法和多元线性回归模型等方法，虽然这些方法在非寿险产品定价中，占有重要的地位，但由于保险数据的特殊性，它们的缺陷越来越受到人们的重视。随着人们对这些定价方法存在问题不断深入地研究，各种改进的方法也相继出现。在这其中，广义线性模型的使用，得到了越来越多的关注，其成熟的理论框架，在国外非寿险市场也已经广泛应用。北美财产与意外精算协会（CAS）在 2004 年 5 月的春季会议专门讨论了 GLM 在非寿险领域的应用。直到今天，广义线性模型已经成为欧盟等许多其他国家的汽车保险和其他私人财产保险及小型商业保险产品定价的标准方法。

基于本书 5.5 节有关区域因子风险费率实证研究的基础上，本小节主要是通过对部分省市车险市场的投保、理赔特征，进行车险市场的区域化划分，并采用非寿险分类费率厘定方法中普遍使用的 GLM 模型厘定区域化的车险费率，供各保险公司在厘定自身区域化的费率水平时进行参考，以解决全国性的保险公司在不同地区面临着自身样本数据过少，信息缺失等有可能制约车险定价模型实施的现象及个别保险公司样本数据量过少带来车险定价模型不精准的问题。虽然本书的费率因子有限，但实证方法同样可以解决更多费率因子引入的问题。

5.6.2 区域化车险市场评估

一、样本数据及指标选取

区域化的车险市场评估分析中，我们共抽取了部分省市 2010 年 9 月至 2011 年 2 月各月投保商业险且截至当前已失效的整年保单作为样本数据，来进行区域化车险的分析与评估。

为了有效地衡量各省市机动车辆的出险情况，我们选择了承保车辆数、签单保费、索赔车辆结构比、索赔频率、车均赔款、简单赔付率、车均保额七个指标进行机动车风险的区分指标。其中，承保车辆数、签单保费主要反映该区域的承保规模；索赔频率、车均赔款、简单赔付率用来衡量承保车辆的风险状况；车均保额、车均保费用来反映承保车辆的价值情况。

二、聚类算法的选取与分析

聚类分析是把分类对象按一定的规则分成若干类或组。这些组或类不是事先给定的，而是根据数据特征定的。根据分类对象的不同，可分为 R 型（指对样品的聚类）和 Q 型（指对指标的聚类）聚类分析。系统聚类分析方法是一种最常用的聚类分析方法。常用的系统聚类分析方法主要包括：最短距离法、最长距离法、中间距离法、类平均法、重心法、离差平方和法、可变类平均法、重心法和离差平方和法。在本次的实证研究中，我们选取了最短距离法、类平均法、离差平方和法，从最终的输出结果来看，类平均法的聚类效果较好，业务意义比较明显。

类平均法，即类与类之间的距离定义为所有样品之间的平均距离，记 G_N 与 G_M 之间的距离为：

$$G_{NM} = \frac{1}{n_N n_M} \sum_{i \in G_N, j \in G_M} d_{ij} \qquad (5-9)$$

其中，n_N 和 n_M 分别为 G_N 和 G_M 中的样品个数，d_{ij} 为 G_N 中的样品 i 与 G_M 中的样品 j 之间的距离。

聚类算法中类平均法的计算步骤如下：

1. 记 d_{ij} 为样品 i 与样品 j 之间的距离，一开始每个样品单独成一类，类与类之间的距离相同即 $G_{ij} = d_{ij}$，计算 n 个样品之间的距离，得到对称矩阵 $D_{(0)}$。

2. 选择 $D_{(0)}$ 中的最小元素，设为 D_{NM}，将 G_N 和 G_M 合并成的新类记为：G_L，即 $G_L = \{G_N, G_M\}$。

3. 计算新类 G_L 与任一类 G_K 之间的距离，则可得到式（5-10）的递推公式：

$$G_{LK} = \frac{1}{n_K n_L} \sum_{i \in G_K, j \in G_L} d_{ij} = \frac{1}{n_K n_L} \left(\sum_{i \in G_M, j \in G_L} d_{ij} + \sum_{i \in G_N, j \in G_L} d_{ij} \right) \qquad (5-10)$$

$$= \frac{1}{n_K n_L} (n_M n_L D_{ML} + n_N n_L D_{KL})$$

$$= \frac{n_M}{n_K}D_{ML} + \frac{n_N}{n_K}D_{KL}$$

在 $D_{(0)}$ 中，G_N 与 G_M 所在的行和列合并成新的行和列，这样得到新的距离矩阵 $D_{(1)}$。

4. 对 $D_{(1)}$ 重复上述 $D_{(0)}$ 的两步得到 $D_{(2)}$，如此下去直至所有的元素合并成一类为止。

在对部分省市车辆出险情况进行聚类分析的过程中，当类别数从 6 类合并成 5 类时，RSQ 统计量减少了很多，说明该统计量支持 6 类。再结合 PSF、PST2 来分析，PSF 在 NCL = 13、NCL = 6 时达到峰值，PST2 在 NCL = 12 和 NCL = 6 两处达到峰值，可见，将部分省市分成 6 类时，是比较合适的。

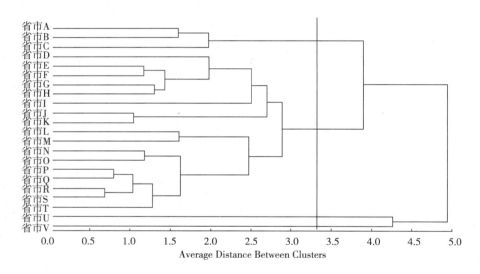

图 5 – 11   部分省市聚类分析的动态过程（类平均法）

从图 5 – 11，部分省市（注：省市名称用字母进行了替代）聚类分析的动态过程可以看到，聚成 6 类后，各类包含的样品数如下：第一类：CaseA ~ CaseC 共三个省市；第二类：CaseD ~ CaseI 共六个省市；第三类：CaseJ ~ CaseK 共九个省市；第四类：CaseL ~ CaseT 共两个省市；第五类：CaseU；第六类：CaseV。经分析，我们发现地理位置越靠近的省份，其承保机动车的规模、风险状况及承保车辆的价值十分相似。因此，我们有必要针对不同的地区，进行单独的费率厘定。

5.6.3　区域化费率厘定实证研究

一、分类费率厘定模型的选取

（一）广义线性模型的构成

广义线性模型最早是由 Nelder 和 Wedderburn 在 1972 年提出的，是传统线性模型的进一步推广。两者的区别在于，广义线性模型要求响应变量服从指数分布族函数，并且要有联结函数将随机成分和系统成分联系起来。由此可知，广义线性模型一般是由三部分构成的，分别为随机成分、系统成分和联结函数。

1. 随机成分。即因变量或误差项 Y 的每个观察值 $y_1, y_2, \cdots, y_n$ 相互独立且服从指数型分布族中的一种分布假设如式（5－11），与经典的线性回归模型只有一种正态分布的假设不同。

$$f(y_i, \theta_i, \phi) = \exp\{[\theta_i y_i - b(\theta_i)]/a(\phi) + c(y_i, \phi)\} \qquad (5-11)$$

式 5－11 中，a（.），b（.），c（.，.）为已知函数，对所有的 y_i 有相同的形式。θ_i 为典则参数，是一个与均值有关的参数；ϕ 称为离散参数，是一个与方差有关的尺度参数。此外，一般取 $a(\phi) = \phi/\omega_i$，ω_i 是先验权重，由 Y 的对数似然可得式（5－12）：

$$E(y_i) = \mu_i = b'(\theta_i), \quad V(y_i) = a(\phi)b''(\theta_i) \qquad (5-12)$$

一般记 $b(\theta_i)$ 的二阶导数为 $V(\mu_i)$，因为 $b(\theta_i)$ 只依赖于 μ_i。$V(\mu_i)$ 又称方差函数。在实际应用中，指数分布族有如下两个重要性质：

①指数分布形式由均值和方差唯一确定；

② $V(y_i)$ 是均值的函数。

2. 系统成分。是基于自变量 $x_1, x_2, \cdots, x_p$ 的一个线性组合，它与经典的线性回归模型类似，可表示成式 5－13：

$$\vec{\eta} = X\vec{\beta} \qquad (5-13)$$

式（5－13）中，$\vec{\eta} = (\eta_1, \eta_2, \cdots, \eta_p)^T$ 为线性预测值，$\vec{\beta} = (\beta_1, \beta_2, \cdots, \beta_p)^T$ 为待估参数向量，$X = (X_{ij})_{n \times p}$ 为模型的设计矩阵。

3. 联结函数。联结函数 $g(x)$ 是一个可逆函数，满足严格单调且可导，它建立了随机成分与系统成分之间的关系，即

$$E(\vec{Y}) = \vec{\mu} = g^{-1}(\vec{\eta}) \qquad (5-14)$$

因此，联结函数的反函数有时也被称作均值函数。上述表明，广义线性模型对因变量的预测值并不直接等于自变量的线性组合，而是该线性组合的一个函数变换形式。

（二）广义线性模型参数估计

广义线性模型通常可表示为：

$$\mu_i = E[y_i] = g^{-1}\left(\sum_j x_{ij}\beta_j + \xi_i\right)$$

$$Var[y_i] = \frac{\phi}{w_i}V(\mu_i) \qquad (5-15)$$

从式（5-15）可知，模型中需要估计的参数为向量 β 与 ϕ，共有 $P+2$ 个参数。

1. 对参数 β 的估计采用极大似然函数法。

设 $y_1, y_2, \cdots, y_n$ 独立同分布，且服从指数分布族，则 $y_1, y_2, \cdots, y_n$ 的对数似然函数可表示为式（5-16）：

$$L(\beta, \phi) = \sum_i \left[\frac{\theta_i y_i - b(\theta_i)}{a(\phi)} + c(y_i, \phi)\right] \qquad (5-16)$$

使似然函数 $L(\beta, \phi)$ 达到最大值参数估计 $\hat{\beta}$，即为 β 的极大似然估计。对式（5-16）的 β_j 求偏导并令其等于零可以得到式（5-17）方程组。

$$\frac{\partial l}{\partial \beta_j} = \sum_i \frac{w_i(y_i - \mu_i)}{V(\mu_i)} \times \frac{x_{ij}}{g'(\mu_i)} = 0, j = 1, 2, \cdots, p \qquad (5-17)$$

对式（5-17）方程组一般采用修正牛顿法进行迭代求解。从初始值 $\beta^{(0)}$ 开始，进行到第 t 次迭代后，新的 $\beta^{(t+1)}$ 的估计值如式（5-18）：

$$\beta^{(t+1)} = \beta^{(t)} + s(\beta^{(t)})E\left(H(\beta^{(t)})\right)^{-1} \qquad (5-18)$$

式（5-18）中的 H 为 Hessian matrix 矩阵，即极大似然的二阶偏导数矩阵。由式（5-18）可最终化为加权最小二乘的估计形式，见式（5-19）：

$$\beta^{(t+1)} = (X^T W^{(t)} X)^{-1}(X^T W^{(t)} z^{(t)}) \qquad (5-19)$$

其中，$Z_i^{(t)} = \eta_i^{(t)} + (y_i - \mu_i^{(t)})g'(\mu_i^{(t)})$；

$$W^{(t)} = diag(w_i); \quad w_i^{(t)} = \frac{a_i}{V(\mu_i^{(t)})\left(g'(\mu_i^{(t)})\right)^2}$$

对于设定的 ε，当进行到 $\| \hat{\beta}^{(t+1)} - \hat{\beta}^{(t)} \| / \| \hat{\beta}^{(t)} \| < \varepsilon$ 时，即停止迭代。该过程可以使用 SAS 软件包中的程序实现。

2. 在拟合参数 β 估计时，对 ϕ 的估计不是必须。对 ϕ 的常用估计方法有：

①极大似然估计法。这种方法的不足之处是不能得到 ϕ 的一个明确公式，而且极大似然估计的过程可能需要花费相当长的时间。

②矩估计量（Pearson 统计量）：$\hat{\phi} = \dfrac{1}{n-p} \displaystyle\sum_i \dfrac{w_i(Y_i - \mu_i)}{V(\mu_i)}$。

③总偏差估计：$\hat{\phi} = \dfrac{D}{n-p}$ 其中，D 为总偏差。

二、广义线性模型建模的步骤

非寿险产品定价实务中运用 GLM 建模，主要分为四个步骤：

1. 预建模分析：数据收集、整理并对数据进行探索性分析；

2. 模型迭代：选取与分析问题有关的典型模型并对模型中的因子及整个模型的有效性进行诊断；

3. 模型优化：如考察变量间的交互效应，采取平滑技术和人工的一些约束因素；

4. 结果解释：针对每个因子及模型中的所有因子与原来的费率结构进行比较分析。

三、实证研究分析

（一）预建模分析

1. 样本数据来源及分析

根据聚类分析的结果，我们从不同的类中选择了有代表性的三个省市 J、U 和 E 为研究对象。样本数据范围为 2010 年 9 月至 2011 年 2 月所有投保商业险且截至当前已失效的整年保单。费率因子方面，选取了车辆种类（A1 ~ A10）；使用性质（B1 ~ B18）和投保额（G1 ~ G8）三个费率因子（见表 5 – 15），共 $10 \times 18 \times 8 = 1440$ 风险分类单元来进行费率厘定。为了消除不同地区之间新旧车存在的结构差异，我们仅对三省市新车的数据样本进行分析。

表 5 - 15　　　　　　　　　　　费率因子及水平

费率因子	车辆种类	使用性质	投保额
因子等级	A1：非营业； A2：非营业个人； A3：非营业货运； A4：非营业机关； A5：非营业企业； A6：营业； A7：营业城市公交； A8：营业出租租赁； A9：营业公路客运； A10：营业货车。	B1：低速载货汽车； B2：二吨以下货车； B3：二吨至五吨货车；二十座至 　　三十六座客车； B4：六座以下客车； B5：六座至十座客车； B6：三轮汽车； B7：三十六座以上客车； B8：十吨以上挂车； B9：十吨以上货车； B10：十座至二十座以下客车； B11：特种车二； B12：特种车二挂车； B13：特种车三； B14：特种车一挂车； B15：五吨至十吨挂车； B16：五吨至十吨货车； B17：货车； B18：油罐车、汽罐车、液罐车。	G1：（0, 5W]； G2：（5W, 10W]； G3：（10W, 15W]； G4：（15W, 20W]； G5：（20W, 30W]； G6：（30W, 50W]； G7：（50W, 100W]； G8：（100W, +∞ ）。

2. 目标变量数据分布

通过样本数据省市 J、U、E 三省市新车索赔次数及赔付额数据的分析，发现索赔次数及赔付额的数据均呈现出财产险赔付数据的典型特征即呈右长尾特征。图 5 - 12 与图 5 - 13 分别为省市 J 新车索赔次数分位点分布图和索赔额分位点分布图。省市 U、省市 E 索赔频率与索赔额基于分位点分布图与此类似，由于篇幅关系，在这里不作展示。

从索赔次数来看，省市 U 约 66.55% 的新车在整个保单年度内发生了索赔，省市 J 省约 40.4% 的新车出现了索赔，省市 E 约 56% 的新车发生了索赔，可见，省市 U 新车索赔可能性高于其他两省市。此外，图 5 - 12 也显示了，索赔次数越高，发生索赔车辆数反而越少。结合赔付额数据来看，省市 J、省市 U 和省市 E 新车的车均赔款金额分别为 4500 元、3847 元和 4698 元。省市 J 索

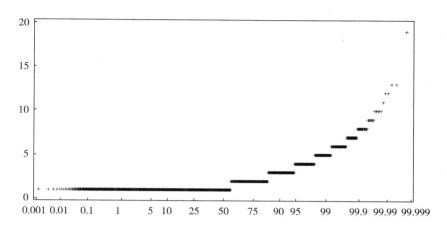

图 5 – 12   省市 J 新车索赔次数分位点分布

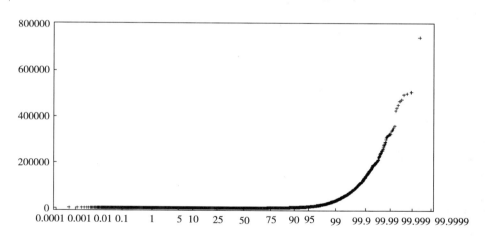

图 5 – 13   省市 J 新车赔付额分位点分布

赔次数位于 13 ~ 19 次内的车均赔款额最高达到了 32909 元；省市 U 索赔次数达到 18 次的车均赔款为 67535 元；省市 E 索赔次数 11 次的车均赔款为 31878元。而三省市在索赔次数位于 1 ~ 4 次集中了 85% 左右的赔款金额。鉴于此，保险公司在进行费率厘定时，应该针对在保单年度内索赔次数较高的车，采取有效的惩罚措施，以控制高频索赔车带来的风险损失。

此外，通过赔付额数据的观察，我们发现，省市 J 在 95% 分位点上的赔付额（不包含零赔付的车辆）为 22650 元，然而最大的赔付额为 744421.20 元，车均赔款 4500 元落在 75% 分位点至 80% 分位点之间；省市 U 与省市 E 的车均赔款分别为 3847 元、4698 元，且均落在 75% 分位点至 80% 分位点内；且三省市 30% 左右的赔付额均约为 1000 元，因此，传统的线性模型不能很好地描述车辆保险市场赔付额的数据分布特征，且保险公司应设置一定的免赔额，以减少小额索赔的频数，进而减少查勘、定损等相关环节的费用。

（二）车险费率厘定

1. 索赔频率估算模型

在索赔频率模型中，索赔频率的分布一般采用方差等于均值的 Poisson 分布和方差大于均值的负二项分布来拟合数据。泊松分布常用来拟合同质性保单的组合，而对非同质性保单的组合往往用方差大于均值的负二项分布来拟合。

为了方便讨论，假定 U 为风险分类因子，比如：车辆种类、使用性质、保额等，记：n_{uk} 表示风险分类单元 U 中第 K 个保单的索赔次数；w_{uk} 表示风险分类单元 U 中的风险单位数；Y_i 表示风险分类单元 U 的索赔频率；

$$Y_i = \frac{1}{w_{uk}} \sum_{k=1}^{w_{uk}} n_{uk}$$

假定 n_{uk} 是服从 Poisson 分布，那么：

$$E(n_{uk}) = V(n_{uk}) = \lambda_u$$

$$\mu_i = E(Y_i) = \frac{1}{w_{uk}} \sum_{k=1}^{w_{uk}} E(n_{uk}) = \lambda_u$$

$$V(Y_i) = \frac{1}{w_{uk}^2} \sum_{k=1}^{w_{uk}} V(n_{uk}) = \frac{1}{w_{uk}} \lambda_u = \frac{1}{w_{uk}} \lambda_u$$

使用广义线性模型的术语，响应变量 Y_i 索赔频率服从泊松分布，拥有先验权重 w_{uk} 其尺度参数 $\phi = 1$。

通常情况下，归为一类的保单往往具有不同的索赔频率，即非同质性的保单，这里我们往往采用负二项分布来拟合风险单元下的索赔次数。

根据负二项分布的性质，我们可建立如下广义线性模型：

$$\mu_i = E(Y_i), \quad V(Y_i) = \mu_i(1 + \mu_i/r)$$

2. 索赔频率估算结果分析

有关索赔频率的实证研究中我们采用了上述提到的估算索赔频率最常用的两种分布形式，且联系函数均取为对数联系函数。在进行模型迭代的过程中，考虑到个别风险分类单元中样本数过少的情形，我们将相应的费率水平进行了删除，同时，重新调整和组合了分类因子中的某些水平值。在分类因子调整过程中，我们发现索赔频率因子易受分类变量影响，当模型中选取不同的分类变量，广义线性模型就自动调整索赔频率因子间的参数估计值。通过模型的循环迭代和优化，我们得到了最终的模型结果。

从分布的拟合优度来看，对于索赔频率的分布三省市都表现为拟合负二项分布时，总离差及平均离差达到最小。具体统计量见表 5 – 16。

表 5 – 16 负二项分布的拟合优度

省市	Criterion	DF	Value	Value/DF	Log Likelihood
省市 J	Deviance	1. 40E + 05	128907. 7953	0. 9267	– 119459. 405
省市 U	Deviance	2. 10E + 05	229391. 1331	1. 1189	– 163288. 505
省市 E	Deviance	3. 70E + 04	38613. 9707	1. 0452	– 31352. 0349

三省市有关索赔频率的 Type 1 与 Type3 检验显示了变量车辆种类、车辆使用性质和保额的 χ^2 值及对应的 P 值大小。结果显示，三省市费率因子的 P 值均小于 0. 0001，所以在 0. 05 的显著性水平下，这三个变量对索赔频率的影响是十分显著的。

表 5 – 17 给出了三省市有关索赔频率的估计值。在经过对费率因子各水平下的重新组合后，我们将初始定义的车辆种类的 10 个水平 A1 ~ A10 最终调整成 A1 ~ A6 六个分类水平。车辆使用性质 17 个水平 B1 ~ B17 调整为 B1 ~ B4 四个水平。

表 5 – 17 省市 J、省市 U、省市 E 索赔频率参数估计值

分类因子	因子水平	省市 J 参数估计值	省市 J P 值	省市 U 参数估计值	省市 U P 值	省市 E 参数估计值	省市 E P 值
	截距项	– 1. 1248	< 0. 0001	– 0. 6961	< 0. 0001	– 1. 3097	< 0. 0001
车辆种类	A1	0. 1472	0. 0071	0. 2659	< 0. 0001	0. 9034	< 0. 0001
	A2	0. 4485	< 0. 0001	0. 8338	< 0. 0001	1. 3362	< 0. 0001
	A3	0. 8824	< 0. 0001	1. 0956	< 0. 0001	1. 602	< 0. 0001
	A4	0. 4741	< 0. 0001	0. 3562	< 0. 0001	0. 8474	< 0. 0001
	A5	0	.	0	.	0	.
	A6	0. 5372	< 0. 0001	0. 2547	< 0. 0001	0. 9749	< 0. 0001

分类因子	因子水平	省市 J		省市 U		省市 E	
		参数估计值	P 值	参数估计值	P 值	参数估计值	P 值
车辆使用性质	B1	0.0867	0.006	0.0322	0.1053	0.037	0.1049
	B2	−0.5142	<0.0001	−0.8023	<0.0001	−0.6815	<0.0001
	B3	−0.071	0.0538	−0.301	<0.0001	−0.3384	<0.0001
	B4	0	.	0	.	0	.
保额	G1	−1.4152	<0.0001	−1.8628	<0.0001	−1.6121	<0.0001
	G2	−1.1956	<0.0001	−1.4721	<0.0001	−1.0993	<0.0001
	G3	−0.4835	<0.0001	−0.4464	<0.0001	−0.493	<0.0001
	G4	−0.4437	<0.0001	−0.56	<0.0001	−0.2982	<0.0001
	G5	−0.2416	<0.0001	−0.0485	<0.0001	−0.1115	0.0001
	G6	−0.1154	<0.0001	0.1357	<0.0001	0.0525	0.0529
	G7	−0.1013	<0.0001	0.1144	<0.0001	0.0626	0.0238
	G8	0	.	0	.	0	.

由参数估计值，得到最终索赔频率的模型为：

$$\begin{cases} \hat{\mu} = \exp(intercept + A_i + B_j + G_k) \\ i = 1,2,3,4,5,6 \\ j = 1,2,3,4, \\ k = 1,2,3,4,5,6,7,8 \end{cases}$$

根据索赔频率模型，我们得到三个省基准索赔频率分别为：省市 J 为 $e^{-1.1248} = 0.32$，省市 U 为 $e^{-0.6901} = 0.50$，省市 E 为 $e^{-1.3097} = 0.27$，可知，省市 U 新车基准索赔频率 > 省市 J 基准索赔频率 > 省市 E 基准索赔频率。处于其他风险单元的新投保机动车的期望出险频率可以通过相应的因子水平系数乘以基础索赔频率得到。例如：车辆种类为 A3（六座以下客车），使用性质 B1（非营业个人），保额 G2（5 万 ~ 10 万元）的一辆新机动车在省市 J 索赔频率的估计值为：$0.32 \times e^{0.8824} \times e^{0.0867} \times e^{-1.1956} = 0.26$。其他两省市处于相同风险单元出险频率的估计值依次类推。图 5 – 14 显示了三省市具有上述特征的新投保机动车出险频率估计值的负二项分布的估计结果。

通过考察三省市索赔频率模型中不同因素下各水平的参数估计结果，我们发现，影响三省市新车出险频率的因素十分相似，且不同因素各水平下的参数

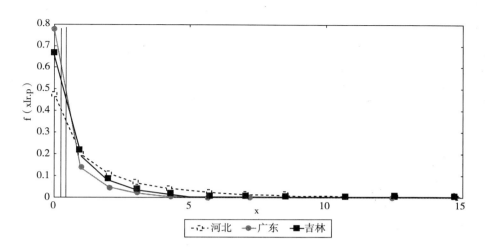

图 5 – 14　特定分类单元下的出险频率的负二项分布

估计值对索赔频率的影响方向一致，不同之处在于，三省市同一因素各水平对索赔频率贡献值存在较为明显的差异，进而造成各省市新车出险频率的不同。下面分别对三因素不同水平的估计结果进行分析：

车辆种类（A）：从最终模型的参数估计值来看，在其他分类因子各水平相同的情形下，三省市中出险频率最大的车辆种类表现为 A3 水平（六座以下客车），其次为 A4（十吨以上货车）或 A2（六座以上客车）。

使用性质（B）：不同水平的使用性质对索赔率的贡献大小中，我们得到使用性质为 B1（非营业个人）的新车出险可能性在三省市中均位居榜首，处于 B2（非营业机关）水平的新车在三省市出险频率最低。而其他使用性质的新车对出险频率的贡献大小在三省市存在其各自的特征。

保额（G）：从保额各水平下的参数估计值大小来看，三省市均表现出随着新车投保保额的增加，出险可能性也随之而增加的共性。

值得说明的是，索赔频率的不同并不能反映纯保费的不同。纯保费是索赔频率与索赔金额相乘的结果。在很多情况下，索赔频率与索赔金额呈反向相关关系。即意味着，索赔频率高的车辆其索赔金额可能较低，导致较低的保费。反之，索赔频率低的车辆往往伴随着较高的赔付额，从而导致较高的保费。

3. 案均赔款估算模型

对案均赔款的分析方法与索赔频率基本相同，由于案均赔款是一个连续性的响应变量，这里我们分别选取正态分布、伽玛分布和逆高斯分布这样的分布形式进行拟合，对应的联系函数分别选取了自然联系函数和对数联系函数。

从 Gamma 分布拟合索赔数量的视角进行分析，令 n_{uk} 表示风险分类单元 U 中第 K 个索赔大小；w_{uk} 表示风险分类单元 U 中的索赔次数；Y_i 表示风险分类单元 U 的平均索赔大小；那么：

$$Y_i = \frac{1}{w_{uk}} \sum_{k=1}^{w_{uk}} n_{uk}$$

假定 n_{uk} 是伽玛分布产生的随机数，且各索赔之间相互独立。则有：

$$E(n_{uk}) = m_u$$

$$V(n_{uk}) = \sigma^2 m_u^2 (\sigma \text{代表了变异系数})$$

$$\mu_i = E(Y_i) = \frac{1}{w_{uk}} \sum_{k=1}^{w_{uk}} E(n_{uk}) = m_u$$

$$V(Y_i) = \frac{1}{w_{uk}^2} \sum_{k=1}^{w_{uk}} V(n_{uk}) = \frac{1}{w_{uk}^2} w_{uk} \sigma^2 m_u^2 = \frac{1}{w_{uk}} \sigma^2 \mu_i^2$$

因此，有 $V(\mu_i) = \mu_i^2$，响应变量 Y_i 索赔额服从伽玛分布，且拥有先验权重 w_{uk} 及其尺度参数 $\phi = \sigma^2$。

当索赔额服从正态分布时，则有：$\mu_i = m_u$，$V(\mu_i) = 1$；索赔额服从逆高斯分布时，有：$\mu_i = m_u$，$V(\mu_i) = \mu_i^3$。

4. 案均赔款估算结果分析

基于上述有关案均赔款的三种拟合分布的拟合优度来看，索赔额的分布采用 Gamma 分布时，总离差及平均离差值达到最小值。见表 5 – 18。

表 5 – 18 　　　　　　　　　负二项分布的拟合优度

省市	Criterion	DF	Value	Value/DF	Log Likelihood
省市 J	Deviance	4.30E + 04	122729.4048	2.822	– 395854.126
省市 U	Deviance	1.20E + 05	164715.9755	1.33	– 1059940.79
省市 E	Deviance	1.60E + 04	29978.1948	1.8215	– 146446.232

与索赔频率 Type 1 与 Type3 检验类似，索赔额的参数检验中亦显示了变量车辆种类、车辆使用性质和保额的 χ^2 值及对应的 P 值大小。三省市的费率因子的 P 值均小于 0.0001，所以在 0.05 的显著性水平下，这三个变量对索赔额的影响是十分显著的。

表 5 – 19　　　　　　　　省市 J、省市 U、省市 E 索赔额参数估计值

分类因子	因子水平	省市 J		省市 U		省市 E	
		参数估计值	P 值	参数估计值	P 值	参数估计值	P 值
	截距项	10.0914	<0.0001	10.182	<0.0001	10.1581	<0.0001
车辆种类	A1	−0.3349	0.0011	−1.0525	<0.0001	−0.4321	0.0052
	A2	−0.936	<0.0001	−1.1667	<0.0001	−1.2373	<0.0001
	A3	−1.0335	<0.0001	−1.2223	<0.0001	−1.2603	<0.0001
	A4	0.0826	0.4708	−1.5214	<0.0001	−0.559	0.0003
	A5	0.1866	0.0603	−0.3802	<0.0001	0.4484	0.0029
	A6	0	.	0	.	0	.
车辆使用性质	B1	0.0223	0.6495	−0.5636	<0.0001	−0.0423	0.2365
	B2	0.2664	0.0007	−0.7222	<0.0001	−0.2014	0.0019
	B3	0.1572	0.0049	−0.3368	<0.0001	0.1871	0.0002
	B4	0	.	0	.	0	.
保额	G1	−1.1104	<0.0001	−1.1530	<0.0001	−1.2287	<0.0001
	G2	−1.5603	<0.0001	−0.2129	0.1944	−1.6962	<0.0001
	G3	−1.7699	<0.0001	−1.0787	<0.0001	−1.4099	<0.0001
	G4	−1.6051	<0.0001	−0.9791	<0.0001	−1.1557	<0.0001
	G5	−1.5238	<0.0001	−1.1675	<0.0001	−1.2555	<0.0001
	G6	−1.2998	<0.0001	−1.1373	<0.0001	−1.1531	<0.0001
	G7	−0.8116	<0.0001	−0.9079	<0.0001	−0.7452	<0.0001
	G8	0	.	0	.	0	.

最终索赔额的模型为：

$$\begin{cases} \hat{\mu} = \exp(\text{intercept} + A_i + B_j + G_k) \\ i = 1,2,3,4,5,6 \\ j = 1,2,3,4, \\ k = 1,2,3,4,5,6,7,8 \end{cases}$$

仍以索赔频率模型中提到的新投保机动车辆信息为例，我们可得到省市 J 索赔额的估计值为 $e^{10.0914}e^{-1.0335}e^{0.0223}e^{-1.5603} = 1844.38$ 元；同理，可计算得到省市 U 和省市 E 的索赔额估计值分别为 3580.29 元，1286.01 元。与索赔频率模型类似，一辆新投保机动车，满足车辆种类 = A3，使用性质 = B1 及投保额 = 5 万~10 万元，其在三省市索赔额的伽玛分布如图 5 – 15 所示。

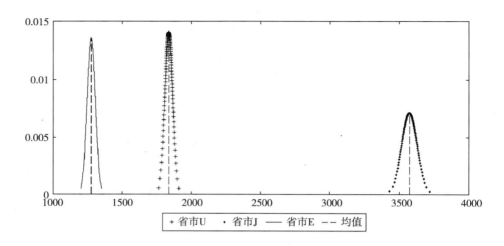

+ 省市U　·省市J　—— 省市E　-- 均值

图 5 - 15　特定分类单元下的索赔额的伽玛分布

从图 5 - 15 易见，此类型新投保机动车辆的索赔额在大多数情形下，省市 U 索赔额 > 省市 J 索赔额 > 省市 E 索赔额。

围绕三省市索赔额模型中费率因子不同水平下的参数的估计值进行分析，我们得到如下结论：

车辆种类（A）：从车辆种类各水平下的参数估计值看，三省市均表现为非营业个人（A6）及特种车（A5）两水平下的车辆存在较高的索赔额，其他种类的车辆的索赔额普遍偏低。

使用性质（B）：在此费率因子水平下，不同省市的费率因子水平的估计值存在着其自身的特点。

保额（G）：在其他条件不变的情况下，三省市投保保额位于 G8 的索赔额最大，其次为 G7。而在其他水平下的投保额对索赔额大小的影响，三省市呈现出不同的特点。

5. 车险费率厘定

根据上述有关索赔频率及案均赔款的估算模型，我们可计算得到表 4 - 19 所示的费率厘定计算因子。借用前面关于索赔频率及索赔金额的例子，一辆新投保机动车满足车辆种类 = A3（六座以下客车），使用性质 = B1（非营业个人），保额 = G2（5 万 ~ 10 万元），则依照表 5 - 20 可得到其在三个省的纯风险保费分别为：省市 J 为 477.52 元，省市 U 为 1728.66 元，省市 E 为 595.44 元。

表 5 – 20   费率厘定计算因子

分类因子	因子水平	省市 J	省市 U	省市 E
		索赔频率因子 x 案均赔款因子	索赔频率因子 x 案均赔款因子	索赔频率因子 x 案均赔款因子
	基础值	7836.911	13172.68	6963.239
车辆种类	A1	0.828863	0.455390	1.602076
	A2	0.614160	0.716842	1.103956
	A3	0.859762	0.880998	1.407338
	A4	1.744905	0.311860	1.334291
	A5	1.205145	0.683725	1.565805
	A6	1.711209	1.290075	2.650902
车辆使用性质	B1	1.115162	0.587781	0.994714
	B2	0.780516	0.21773	0.413582
	B3	1.090024	0.528454	0.859590
	B4	1	1	1
保额	G1	0.080010	0.049007	0.058379
	G2	0.063552	0.185444	0.061084
	G3	0.105041	0.217599	0.149135
	G4	0.128889	0.214574	0.233657
	G5	0.171118	0.296413	0.254870
	G6	0.242877	0.367291	0.332671
	G7	0.401359	0.452259	0.505301
	G8	1	1	1

通过表 5 – 20，我们可对样本数据的纯风险保费进行估算。经计算，省市 J：纯风险保费约 37027 万元，而其保单年度内的赔款支出为 24857 万元；省市 U：纯风险保费 40306 万元对应的保单年度内赔款支出为 30764 万元；省市 E：纯风险保费 6074 万元，相应的保单年度内的赔款支出 4177 万元。在不考虑综合成本的情况下，纯风险保费能覆盖住保单的赔款支出。图 5 – 16 显示了省市 J 省费率厘定模型计算得到的省市 J 省内 20 家机构的纯风险保费和赔款支出的情况，结论与整体情况类似。此外，省市 U、省市 E 两省市中的各保险机构采用费率厘定模型计算得到的纯风险保费与保单年度内的赔款支出情况与以省为单位的整体情况类似。由于篇幅关系，在此暂不展示。

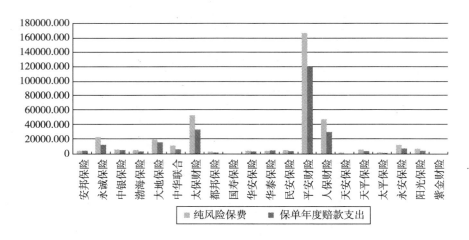

图 5 – 16 省市 J 的 20 家机构纯风险保费与保单年度内的赔款支出

5.6.4 结论建议

基于以上实证研究的结果，我们有如下结论：（1）在对部分省市进行区域化的车险评估分析中，我们发现地理位置越接近的省份，其承保机动车的规模、风险状况及承保车辆的价值三方面的因素相似性越高。可见，我们有必要结合不同地区的车险市场特点，单独进行费率厘定。（2）通过对具有代表性的三省市新车费率厘定的实证研究结果中，我们发现：①三省市高频出险的新车存在较高的案均赔款。因此，建议保险公司在进行新车费率厘定时，对出险频数设定相应的阈值，如果机动车在保单年度内出险频数高于设定的阈值，则采取相应的惩罚措施，以控制高频索赔车辆带来的风险损失。②通过对三省市赔付额数据的分析，发现30%的赔付额数据都低于1000元，小额赔付的频繁发生，会带来查勘等一系列相关费用的支出。针对这种情形，保险公司如果能设置一定的免赔额，势必会降低其承保成本。③在费率因子方面：针对车辆种类：三省市中出险频率较大的依次为：A3（六座以下客车）、A4（十吨以上货车）、或A2（六座以上客车）。而高频率的出险车并未带来高额的索赔。在其他条件不变的情况下，非营业个人（A6）及特种车（A5）索赔额具有较大的估计值。就车辆使用性质而言，使用性质为B1（非营业个人）的新车出险可能性在三省市均位于榜首，处于B2（非营业机关）水平的新车在三省市出险频率最低。而索赔额估算模型中的参数估计值中显示不同省市费率因子的水平不尽相同。保额方面，在索赔频率模型中，我们发现三省市均呈现出随着新车投保额的增加，出险可能性也随之增加的趋势，结合索赔额模型，新车保额位于 G7 和 G8 组对应的索赔额参数估计在三省市有较大的取值，因此，我们在对新车进行核保时应充分考虑，保额过高的新车可能会造成过高的出险频率及带来较大的赔款支出。

在本书的研究过程中，考虑到使用 GLM 模型进行实证研究存在的局限性，因此，后续研究我们打算从以下几方面加以改进：

1. 人为因素的加入。目前，虽然我国已经开始初步建立起全国性的车险信息数据集中共享平台，但数据完备性及质量还有待进一步的加强。基于数据的局限性，此次分析中保险人的信息未加入到定价模型中，这势必会影响到费率厘定结果的准确程度，而国外的非寿险公司对机动车辆进行费率厘定时非常注重投保人信息的考察：如：性别、年龄、职业、违章记录等。美国的保险服务公司（ISO）、保险研究学会（IRC）、加拿大的机动车辆信息中心（VICC）等都是这方面的成功典范。

2. 分类变量的丰富性。本书所选取的费率因子受到数据本身的限制，因此，并没将车辆投保商业险险种、行驶区域、车型等分类变量的信息纳入模型中。

3. 定价方法的完善。数据是基础，方法是手段。有关车险定价的方法很多，传统的方法有单项分析法、最小偏差法、线性模型法；现在普遍使用的是最小偏差法和广义线性模型法，同时，伴随着数据挖掘技术的引入，一些数据挖掘模型和算法如决策树、基于 GLMS 的神经网络等算法也逐渐被国内外产险公司精算部门用于产品开发和定价调整的工作中。各种方法都有其优势与不足，因此，在制定费率时，各保险公司应采用最适合本公司核保准则和经营原则的模型。

4. 区域间差异化的费率因子如何引入到保险公司自身费率厘定的研究中，即区域费率因子的参数估计值如何传导到个体费率厘定的结果中也成为将来进一步开展的研究方向。

5.7 数据挖掘技术的应用

车险信息共享平台汇集了全国的承保和理赔等信息。通过数据挖掘技术可以对车险平台的大量数据进行深层次的分析，挖掘出隐含的、先前未知的、对决策有潜在价值的知识和规则，根据已有的信息对未来发生行为作出结果预测，为企业经营决策、市场策划提供科学依据，将平台数据最终转化为行业知识。

5.7.1 车险共享机制下的数据挖掘

保险公司作为专业的风险经营及管理者，在其经营过程中面临着各种风险。这些风险在保险业及保险公司个体业务经营的各个环节中无处不在。概括起来，保险公司主要面临如下风险：宏观经济风险、定价风险、承保风险、信用风险、投资风险、巨灾风险、法律和政治风险等。对于如此复杂多变的风险，如何识别、控制和化解，以促进保险业快速、持续、健康、科学的发展，是目前保险业亟待探索的热点问题。

随着车险信息共享平台的逐步建设和完善，目前已经积累了大量的承保、理赔、车船税、车型交管等方面的数据，且数据正处于成倍的扩张中。海量的数据是一笔巨大的财富，如何利用国内外先进的信息技术手段，将复杂的数据转化为可利用的信息，并通过对信息的研究将信息转化为行业知识，进而为经营决策提供支持，降低行业风险，促进行业发展，是一个重要的课题。数据挖掘技术正是将数据最终转化为知识的重要技术手段。

数据挖掘又称知识发现，是从大量的数据中挖掘出未知的模式或规律的过程。支撑数据挖掘的主要技术有：

1. 基于数据仓库的联机分析处理（OLAP）：OLAP 是基于数据仓库的多维分析技术。它提供给使用者多角度观察数据的能力。OLAP 通过由维度和指标组成的多维立方体，提供数据观察者对数据的自由组合和多视角观察的功能。典型的 OLAP 功能有：上钻：从某一维度的更高概念观察数据，获得更概要的信息。下钻：是上钻的逆操作，从某一维度的更低概念观察数据，获得更详细的信息。切片：在给定的数据范围内选择某一维度的部分属性，获得一个较小的数据集。旋转：改变维度的显示方式，将某维度从行变为列或者从列变为行。

2. 无监督的机器学习：无训练样本，仅根据测试样本在特征空间分布情况判断其类别。无监督的机器学习包括聚类和关联规则等。

3. 有监督的机器学习：有训练样本，通过学习获得训练样本包含的知识，并用其作为判断测试样本类别的依据。有监督的机器学习包括贝叶斯方法、回归、决策树和神经网络等。

以海量数据为基础，车险平台可以利用数据仓库技术和数据挖掘方法，在数据中挖掘出潜在的风险因素和风险模式，从而实现对行业车险风险的有效识别、分类、评估和防范的目标。

5.7.2 数据挖掘应用整体架构

一般的数据挖掘系统应用架构主要分为四大部分，其分别为：源数据层、数据平台层、数据挖掘层和业务展现层，如图5-17所示。

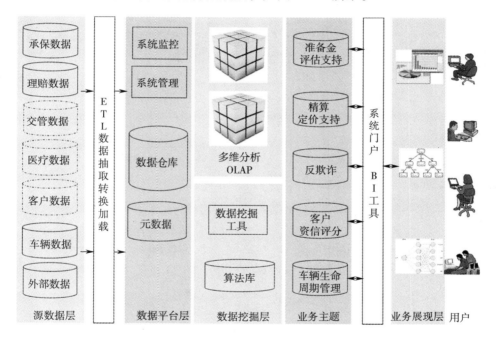

图 5-17 数据挖掘应用整体架构图

1. 源数据层：是指原始的、未加工的数据集合，为数据平台提供了多种数据来源。车险平台的源数据，主要有承保数据、理赔数据、客户数据、车辆数据和其他将来可扩展的外部数据源（医疗、交通违法等数据）等。源数据提供了数据挖掘应用的数据基础，源数据的完整性和数据质量直接决定了数据挖掘模型的应用效果。

2. 数据平台层：是经过清洗、转换、加载后的源数据形成的面向主题的企业级数据集合,即数据仓库。数据平台统一存储数据挖掘应用需要的各种数据,并根据数据挖掘应用的需要,对数据进行适当的加工处理。

3. 数据挖掘层:是运用数据挖掘技术,建立数据挖掘模型,应用质量较高的数据挖掘模型来解决相应的业务问题。如现行的车险信息共享机制下,利用数据挖掘方法可为行业的准备金评估与精算定价提供技术支持,又可解决车险案件反欺诈、车辆生命周期管理和客户保险资信评估方面存在的业务问题。

4. 业务展现层:借助系统门户和 BI 工具,将数据挖掘模型的结果以一种友好界面的方式进行展示,为信息的使用者和决策者提供技术支持。

5.7.3 数据挖掘应用步骤[①]

一个完整的数据挖掘应用过程包括确定目标、数据理解、数据准备、模型建立、模型评估和模型实施 6 个步骤,如图 5 – 18 所示。

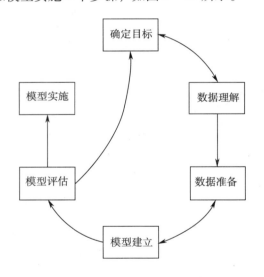

图 5 – 18 数据挖掘应用步骤

1. 确定目标:主要以业务视角理解业务目标和需求,同时将它们转换成有关数据挖掘问题的定义以及达到这个目标的项目计划。这阶段可进一步细分为:业务目标的确定;现状评估;确定数据挖掘的目标;生成项目计划。

---

① Krzysztof J. Cios, Witold Pedrycz, Roman W. Swiniarski, Lukasz A. Kurgan, Data Mining A Knowledge Discovery Approach [M]. Springer Science + Business Media, LLC, 2007.

2. 数据理解：根据已经确定的目标，了解目前的数据环境。具体包括对数据进行初步探查，了解数据广度和粒度，识别数据是否存在质量问题。数据理解这个环节可细分为：收集原始数据；数据范围定义；数据探查；数据质量验证。

3. 数据准备：准备下一步需要输入到数据挖掘工具中的数据。它包括数据表、记录和属性的选择；数据清洗；新属性的构建；数据转换。数据准备可进一步细分为：数据选择；数据清洗；数据探查；数据构造；数据转换；数据格式化。

4. 模型建立：选择不同的建模技术建立数据挖掘模型。建模时，通常对同样的数据挖掘问题选取许多不同的方法。如果在模型建设过程中发现需要新的数据项，则返回到上一步的数据准备工作。数据建模又可进一步细分为：选择建模技术；生成测试设计；建立模型；模型评估。

5. 模型评估：数据挖掘模型建立后，模型需从业务目标的视角进行评估，确定有无重要的业务问题没有得到充分考虑。模型评估将决定如何应用数据挖掘的结果。如果模型评估效果不佳，将导致模型的重新建立。模型评估又可进一步细分为：结果评估；过程审查；决策是否实施。

6. 模型实施：数据挖掘的结果展示和应用。根据不同的需求，模型实施可以是简单的报表或复杂的数据应用系统。模型实施可进一步细分为：计划部署；计划监控和维护；生成最终报告。

5.7.4 数据挖掘应用主题

在现行车险信息共享机制下，借助数据仓库技术和数据挖掘算法，可以帮助我们解决如下方面的问题：一是它可以在保险公司准备金评估、精算定价方面提供有力的数据支撑和服务；二是它能够实现行业车险多业务主题的分析与管理，如车险反欺诈模式的管理、车辆生命周期管理与客户保险资信评分管理等。随着车险平台未来数据内容的进一步积累与丰富，数据挖掘技术可以用来解决更深层次的业务问题。基于当前车险信息集中平台的建设现状，数据挖掘技术可应用于以下方面的业务主题：

1. 准备金评估支持：由于未决赔款准备金评估工作中的未决赔款估算存在很多的不确定性，主要是提取不及时、不准确等问题造成。在传统准备金评估方法之上，可借助数据挖掘算法来估算案件的估损金额，为未决赔款准备金计提的充足性、合理性提供参考依据。另外，使用基于数据仓库的联机分析处理（OLAP）方法可动态实现估损金额的及时更新。

2. 精算定价支持：在数据仓库的基础上，利用数据挖掘算法，对那些引起保单出险与赔付的风险因素进行深度挖掘与归类，动态预测每张保单的出险频率以及赔款额，进一步补充现有的精算定价体系。

3. 车险反欺诈案件管理：对车险案件在承保、出险、查勘、理算、单证、赔付等各个环节有可能存在风险的历史数据进行挖掘，寻找欺诈案件内在规律性，从而搭建出一套行业的车险反欺诈模型，为保险业的反欺诈工作提供定量技术支撑，降低行业欺诈风险，减少行业损失。

4. 车辆生命周期管理：建立车辆全生命周期视图，运用数据挖掘算法，多角度全方位挖掘不同车型的出险和理赔模式，进而为保险公司的车辆合理核保与核赔提供科学依据。

5. 客户保险资信评分管理：车险信息集中平台提供海量客户保险信息，在借鉴国外先进经验上，我们可以采用数据挖掘技术与算法设计一套评分体系，有效实现客户保险资信情况的定量记分及风险分类的管理。

本章小结：本章研究了车险平台的行业风险管理功能，提供业务数据的统计分析、承保和理赔环节的风险分析、基于数据挖掘技术的客户价值与风险分析、客户迁移矩阵分析，以及基于区域因子进行费率风险定价等服务；并重点研究了客户迁移矩阵在监管机构总体风险监控中的应用及在社会公众中保险机构影响力的应用。在分析车险费率风险模型特点的基础上，选择灰色预测模型进行车险保费预测，并对传统的灰色预测模型进行改进，预测了我国"十二五"期间车险保费规模。另外，通过建立因子分析模型提出科学厘定车险费率应把握因地制宜的原则，并采用非寿险分类费率厘定方法中普遍使用的GLM模型厘定了三个有代表性省市区域化的车险费率。最后，重点研究了数据挖掘技术在保险业的应用。

6 车险平台清算支付功能

随着保险行业的快速发展，保险主体逐步增多，各保险主体之间的业务往来也在逐步增多，各保险主体之间的资金往来也越来越复杂，比如代理人和保险公司之间的保费缴纳、手续费返还，保险公司之间的联共保业务、再保分出和摊回业务、理赔代位求偿业务，保险公司和客户之间的保费的缴纳和赔款的支付，等等。所有这些资金的往来会涉及支付的问题，而为了提高资金的使用效率，降低资金支付的手续费，对各个保险主体之间进行清算后再进行支付，是业界通用的做法。建设清算支付平台，是促进保险业融合发展、降低资金往来风险、实现行业内支付监管的必然要求。

6.1 背景及意义

清算支付平台主要是车险信息共享平台为行业提供的各保险主体之间进行清算结算的平台，通过它来完成债权债务的清算和实际的转移。

一、清算支付平台产生的背景

（一）"代位求偿"增强保险公司间的清算结算

针对车险的"无责免赔"问题，从服务消费者、服务社会的角度，保险公司可以先行对自己的保户赔偿，再通过"代位求偿"，向肇事者或其保险公司追偿赔付金额。我国《保险法》第六十条规定："因第三者对保险标的的损害而造成保险事故的，保险人自向被保险人赔偿保险金之日起，在赔偿金额范围内代位行使被保险人对第三者请求赔偿的权利。"因此，保险人行使代位求偿权，是法律赋予的权利，也是保险人的重要职责。

尽管保险代位求偿权制度在我国立法中确定已久，但在实际操作中却始终没有得到很好的贯彻。保险人因行使代位求偿权可能会面临现实困难或追偿无果等风险，而简单地将追偿责任抛给被保险人，忽视了对被保险人利益的保障。因此，从保护被保险人利益的角度出发，监管机关和行业组织有必要对保险公司行使代位求偿权的情况进行调查，督促保险公司按照《保险法》的要求，自觉行使代位求偿权。

为不断解决完善车险理赔服务中存在的突出问题，更好地保护投保人和被保险人利益，保险业需要完善车险"代位求偿"案件处理流程。建立保险行业清算支付中心，可以更好地清算保险公司间代位案件涉及的追偿和清付金额，为支持代位求偿顺利开展提供重要保障。追偿方保险公司在赔付被保险人车损金额后，向肇事者的保险公司发起追偿，以追回垫付金额。这也需要行业建立一套完整的清算体系，来帮助保险人完成追偿工作，减少行业争议，从而促使保险人为被保险人和社会提供更好的服务。

（二）保险电子商务的兴起需要第三方支付来完成保费的缴纳

近年来，保险电子商务得到了快速发展。保险电子商务主要利用互联网、无线技术、电话等信息技术手段进行电子化交易、电子化信息沟通、电子化管理等活动。保险电子商务是随着互联网技术兴起并逐渐成熟后，新的信息技术在保险公司内又一轮深层次的商务应用，是信息技术本身和基于信息技术所包含和带来的知识、技术、商业模式等在公司内的扩散和创新。

通过电子商务，可以很方便地实现在线投保、在线缴纳保费等服务，极大地方便了客户在线购买保险产品。随着国家对电子商务政策支持力度的加大，保监会出台保险业电子商务发展规划，而且相关的法律法规和电子签名、数字证书、在线支付等电子保单关键技术日渐成熟，保险电子商务将会越来越快越来越多地走进老百姓的生活。

在线支付是保险电子商务开展的一项关键服务，随着网上保险的日渐发展，对行业性的保险支付平台的需求也就越来越大。另外，行业建立了电子商务平台之后，也会涉及车险平台与各保险公司之间的资金往来，因此建立保险行业的清算支付平台就显得更加必要。

（三）传统渠道保险销售同样需要清算支付功能

传统渠道的保险销售同样也需要清算支付功能的支撑，比如共保业务需要保险公司之间进行清算支付，再保的分出和摊回涉及保险主体之间的清算支付。在传统的支付方式中，保费的收入和赔款的支付多通过现金进行交易，现金流转存在很大的风险，建立保险主体之间的清算支付系统，将有效地控制这些风险，降低各保险主体的手续费支出成本。

二、建立车险清算体系的重要意义

（一）建立车险清算体系是完善代位求偿案件处理流程、满足账务清算的迫切需求。

监管部门和行业组织已经加大力度推进和完善车险代位求偿机制，保险公司在为保户先行赔付后，可以通过"代位求偿"，向肇事者的保险公司追偿赔付金额。代位求偿案件的处理必然会存在于保险公司之间赔付金额的清算和支付。完善"代位求偿"机制、建立行业清算体系，是服务消费者、服务保险业、服务社会的重要举措，因此，建立一套标准的车险清算支付体系显得极为必要和迫切。

（二）建立车险清算体系顺应时代发展需要，满足行业发展要求。

理赔是保险的关键环节，理赔服务的效率、质量直接影响着保险业的形象和发展。保险公司现行的理赔账务清算尚处于手工操作状态，各保险公司经常需要携带理赔案件材料到其他保险公司进行对账、清算。如此耗时、费力的清算流程，严重影响了理赔的效率和服务质量。因此，现有的清算机制不利于车险行业的整体发展，而利用信息技术等高科技手段开发车险清算系统，能够极大地提高保险公司之间的理赔清算效率，提升服务质量和服务水平。

三、由车险清算体系向行业支付清算系统迈进

（一）建立保险业清算体系符合金融业发展要求，是解决资金清算支付的必要手段。保险结算手段的电子化，必然要求建立与之相适应的清算系统，以达到提高资金使用效率和账务准确性的目的。目前，我国银行业和证券交易均已建立了清算支付体系。作为金融业的支柱产业之一，保险业必将顺应这一发展趋势，建立一套自己的清算体系。现阶段由于车险业代位求偿机制亟待完善，与之配套的清算体系的建设需求十分迫切，因此由此入手，逐步建立保险业的清算体系，为优化保险公司之间资金的清算和结算流程提供有力的支持和保障。

在车险代位偿清算支付系统建设完成并稳定运行一段时间后，可以考虑扩充更多的车险业务清算品种，甚至其他类型的保险业务，形成多种清算处理、一套支付处理的清算支付模式。在支付处理稳定不变的基础上，不断增多清算业务品种。

比如代位求偿清算业务，属于周期性的清算和支付业务，具有多边轧差的业务特殊性，而更多的收付款、资金调拨业务是逐笔、单向和实时的。为此，

清算和支付处理可考虑延伸至实时支付、延时净额结算的层面，适应更广泛的支付业务需求，为保险公司的支付业务提供更好的支付清算服务。

清算支付中心还可起到支付"枢纽"的作用。目前各家银行推出了各自的企业现金管理方案，为企业管理、调配资金提供了丰富的手段。但这些服务的适用范围都局限于这家银行的所辖行范围内，跨银行业务有很大局限性。保险公司需要与多家银行建立网络连接，使用各家银行的产品，导致 IT 建设和维护成本较高。清算支付系统如果能够成为保险公司与银行的支付中心节点，就可为保险公司的支付清算工作带来更大的好处：一是减少系统建设成本，变"多点连接"为"一点连接"；二是统一信息规格，各家银行标准的差异由清算支付系统负责转换和修补，各级公司只需面对清算支付中心颁布的一套标准即可；三是丰富服务品种。清算支付中心作为保险业的代表，可以制定保险业支付清算准入标准，反过来要求银行提供指定的服务、达到特定的标准，争取单一保险公司不可能得到的利益和优惠。

（二）建立清算支付体系是保险业国际化进程的必然要求。我国保险市场要与国际接轨，顺应时代的发展潮流，理应建立一套行业清算体系，从资金流向和存量方面进行管理，保障资金的及时准确划拨。

保险公司在连接清算系统后，可进一步改造自己的业务系统，以达到业务流程与支付环节的结合、线上支付、业务触发支付、支付衔接业务的目的。比如，采用大额支付申报制度、汇票/支票托收登记制度，结合头寸管理措施，预测资金支出/收入，统筹安排备付金，达到既减少备付金金额，又满足支付需要的目的。大额支付申报制度，规定一定金额以上的付款需在规定时点前备案。如超过规定时点，则需审批核准。登记汇票/支票托收信息，则可预知资金回笼情况，及时调整头寸。

申报/登记信息可由业务环节自动推送到公司收付系统，公司收付系统与清算系统相连接，按时直连发送付款指令。在接收到汇款信息或付款执行回执后，自动清分到相关业务系统，推动业务流程。

大额支付申报、头寸管理、支付信息清分联动，是银行业近年来普遍采用的计算机化管理手段，值得保险业学习、借鉴。

（三）建立清算支付系统将有力促进保险公司资金管理水平的进一步提高。除了提供丰富的支付服务品种、承担支付枢纽角色外，清算支付系统还可提供信息服务，成为支付业务的信息类报文的传输枢纽，如实时传递银行借贷记通知、非结算类支付指令、非结算类支付回执信息、电子对账单、查询/查复报文、业务结算单等，将为保险公司的资金计划、资金归集、查询查复等工作创造物质基础。

（四）建立清算支付系统可以为行业统计、业务研究工作提供基础性数据。清算支付中心保存了海量的行业支付类信息，为行业管理、统计分析准备了真实、详细的基础数据。以往的行业统计信息，更多的是从保险业务的角度分类收集、存储数据，而不是从支付清算的角度收集、整理数据。行业清算、支付数据本身就具备业务属性，如果在前期做好信息标准化工作，就可以为今后的微观业务研究、宏观管理、统计分析提供多视角、多维度、细粒度的业务数据。

四、改善和提高保险公司清算支付业务水平

保险公司与投保人之间的收付业务主要有：收取保费、支付理赔款、支付分红款和退保费。

保险公司与代理商之间的收付业务主要有：代理商缴纳代收的保费、保险公司支付佣金/手续费。

保险公司与保险公司之间的收付业务主要有：分保及共保业务对应的保费分出/分入、赔款的摊出/摊入、费用的分出/分入，代位求偿理赔款的分入/分出。保险公司其他涉及收付的业务还有很多，例如缴纳税费、投融资、日常经营性支出等。

保险公司的收付款，大多采用银行柜面、银行专线网络，或者通过第三方支付机构的网络完成支付结算，可以采用的方式大致有以下几种：

1. 在银行柜台办理转账/汇款；
2. 付款方开出支票，交由收款方在开户银行办理托收业务；
3. 付款方在银行的公司网银上办理汇付转账；
4. 付款方以银企直连专线发送指令给账户行，办理汇付转账；
5. 付款方通过银联提供的支付服务办理汇付转账；
6. 付款方通过第三方支付组织提供的支付渠道办理汇付转账 。

保险公司经过多年的 IT 系统建设，通常建立了较为完备的业务处理系统。但是，普遍存在着业务处理环节与清算支付处理环节的脱节，业务系统处理业务，款项支付在线下完成，收付款线下补录进入业务系统，支付信息结果不能实时、联机反映到业务处理流程中。这里所说的支付信息处理，主要指支付指令的收发、指令执行结果的反馈、借贷记记账信息的通知、账户对账信息的接收、银企账户信息的对账自动化、支付指令的查询查复处理、备付金头寸管理等工作。另外，在保险公司之间、保险公司与代理机构之间存在拖延付款的现象，双方均担心对方延迟付款，寄希望于双边、多边净额清算机制来解决这一矛盾。清算支付中心的建设，能够有效解决存在的问题，促进保险行业清算支付水平的整体提高。

保险公司接入清算支付系统，避免了与多家银行、第三方支付组织的通讯连接，简化了接入工作量。清算支付系统负责在不同报文标准之间的格式转换，保险公司只需面对一套报文标准。清算支付系统转发、传递保险公司与其开户银行之间的支付信息，保证支付信息完整地直连接入保险公司的业务系统和账务系统，保证保险公司业务系统的支付信息完整地直连发送到相应的收付款银行。

清算支付中心未来将建设实时全额支付、延时净额结算的系统，从制度上和机制上确保资金即时可用，为保险业创造更好的支付清算环境。清算支付中心提供借记支付业务服务。在收付款双方协议基础上，收款方可以从付款方账户上直接划款，不需由付款方发动付款动作。此服务如用于保险代理业务，可实现投保→收取保费→支付佣金的实时连续处理。

清算支付系统作为信息传递枢纽，为保险公司实时获取支付结算信息提供通道。清算支付系统一边连接结算银行和支付银行，另一边连接保险公司，成为星形网络的中心点，为双边传递支付指令和清算支付类信息报文。保险公司实时接收银行借贷记通知，可知清算账户和其他账户的收款付款信息；实时接收支付回执，可知付款指令已被执行；实时接收转发来的贷记支付报文，可知一笔收入款项已清算，随时可用。保险公司可以通过清算支付中心查询支付指令处理状态、收入款的业务含义、账户借贷记和余额信息等，促进企业财务管理和资金管理工作。

清算支付系统可以帮助保险公司提高审计稽核工作水平。各个分公司的支付信息保存在系统数据库中，通过分析这些数据，总公司可以从新的角度发现和解决以往无法察觉的问题。

对于企业现金管理业务，清算支付中心的建设也有促进作用。现金管理业务主要有四方面的工作，即资金归集、账户信息查询、快速融资、快速收付款。

清算支付系统的借记支付业务、贷记支付业务，为资金归集提供了手段，保险公司可将资金跨行"推"、"拉"到集中账户中。信息传输功能，使保险公司可以实时获取支付信息和账户信息。清算系统与企业、银行之间的直连支付网络，使得保险公司快速收付款成为可能，也使支付信息/记账信息快速反应到业务系统，联带推动业务流程。

现金管理与清算支付管理，对于保险公司来讲是两个紧密配合的系统。现金管理是管理性系统，侧重于售前资金安排/融资筹措、售中应收应付款管理、售后资金投资生息。清算支付是运营性系统，承担支付平稳安全的职责，管理支付清算渠道的日常运维事务。加强清算支付管理，有力促进企业现金/资金管理水平的提升。

6.2 国内外清算支付现状

目前，国际发达国家和地区均已建立起较为成熟的清算支付体系。具有代表性的主要有国际清算银行、纽约清算支付体系、伦敦清算支付体系、法兰克福清算支付体系、东京支付清算体系等。这些主要国际金融中心的清算支付体系，集中呈现出国际化、标准化、同步化、集中化、银行化五大趋势，采用通用的国际标准，注重不同的清算支付系统在设计、程序和操作时间安排上的相互协调和同步。伴随着银行化、业务功能一体化，跟随着金融市场一体化和区域经济一体化的发展而不断推进，其不仅是满足客户需求的必然选择，更是国际金融中心清算支付行业高度发达的标志和表现。

我国支付清算系统建设的目标是建立以现代化支付系统为核心，以各商业银行行内系统为基础，票据交换系统、卡基支付系统等并存的支付清算系统。目前，我国银行业主体已形成大额支付系统、小额支付系统和网上支付跨行清算系统三个业务应用系统，以及清算账户管理系统和支付管理信息系统两个辅助支付系统。建有两级处理中心，即国家处理中心和全国省会城市处理中心及深圳城市处理中心。票据支付系统由全国支票影像交换系统、同城票据支付系统组成。中国人民银行建设了全国支票影像交换系统，并于2007年6月完成在全国的推广。中国人民银行为了支持各种不同的清算结算工作，相继成立了中国人民银行清算中心、中国证券登记结算公司（以下简称中证登）、中国债券登记结算公司（以下简称中债登）、银行间市场清算所股份有限公司（以下简称上海清算所）等机构，当然这些机构的作用不仅仅是清算和结算功能，另外，在各大交易所、外汇交易中心等也存在不同形式和内容的清算结算系统。

以下以我国股票结算、银联卡结算和日本外汇清算系统为例子，简要介绍清算支付的流程和特点。

6.2.1　股票交易结算

我国的证券交易清算系统采用的是商业银行资金清算模型。证券交易的有关各方，包括结算参与人和中央证券登记结算公司（以下简称"中证登"），都在商业银行开立结算账户，所有的资金划拨都是通过商业银行来完成的。

中国证券登记结算公司在十多家银行开立了资金集中交收账户，用以办理与结算参与人的资金清算交收。各结算参与人可以在十多家银行中的任一家或多家开立证券结算的账户。

我国的 A 股市场是纯粹的商业银行资金清算模式，客户交易资金第三方存管成为唯一合法的证券结算资金管理模式，形成了"券商管证券，银行管钱"的局面。

资金结算上，按结算参与人多边净额结算。具体流程如下：

T 日晚间，中证登根据当日交易所成交数据，计算每一结算参与人应收或应付资金净额，并在 T + 1 日 10:00 前将证券和资金清算结果发送给结算参与人。T + 1 日 16:00 前，结算参与人划拨资金完毕，确保结算备付金账户余额足以完成资金结算。T + 1 日 16:00 后，中证登向结算银行发出结算数据，要求结算银行扣减证券净买方的账户金额，增加证券净卖方的账户金额。

我国股票交易的结算具有以下特点：

1. 中证登在多家银行开立清算账户，方便证券公司开设清算账户。但是不同银行的多个交收账户也给中证登日终结算处理时头寸调度增添了难度。

2. 股票交易结算采取商业银行结算模式，支付结算不使用央行现代化支付系统的结算账户，不使用央行现代化支付系统的支付服务。

3. 资金结算周期长，资金到账速度慢。

4. 采取货银对付（DVP）的原则，确保证券、资金交付安全。

5. 以结算参与人为结算单位办理清算交收，其客户交易与自身交易的金额均记在结算参与者名下参加多边净额结算。

6. 中证登作为结算参与人的共同对手方，将一笔交易转变为以中证登为对手的两笔交易，买卖双方不必担心由于交易对手方违约而给自己带来损失。结算银行要有相应的流动性风险防范预案，以避免参与人结算备付金账户余额不足对结算过程的影响。

7. 银行"接管"股票交易资金账户。银行对托管账户中的资金支取行为加以严格的检查和限制。

6.2.2 银联卡结算

在我国，银行卡包括信用卡（贷记卡）和借记卡。银联卡是指在中国银联银行卡跨行信息交换网络上实现联网通用、数据交换和跨行异地结算的银行卡。银联网络是我国境内卡基支付的唯一网络。

银联卡在我国境内的交易过程，分为实时交易阶段和日结清算阶段。实时交易阶段，一般由持卡人在代理行终端上发起，经代理行银行卡主机系统、银联卡处理中心，送达发卡行银行卡处理系统。发卡行记账或授权后发出响应报文，经银联卡处理中心、代理行银行卡处理系统返回代理行交易终端。在交易阶段，即已完成发卡行与客户之间的结算。但是，发卡行与代理行之间并未进行清算。

中国银联作为人行大额支付系统的特许参与者，在人民银行上海分行开立特许账户。

1. T + 1 日 8:00 前银联完成 T 日交易数据的清分和轧差，向成员机构发送对账通知和资金清算文件。

2. 成员机构接入大额系统的，T + 1 日 12:00 前银联向大额系统提交即时转账支付指令进行资金结算。

3. 成员机构未接入大额系统的，T + 1 日 12:00 付差方向银联账户主动汇付应付差额；银联向收差方主动汇付应收差额。

4. 代理行在收到银联支付的结算通知后，向商家划拨货款。

银联卡的结算具有以下特点：

1. 日间实时逐笔支付，日终净额结算。实时支付，确保资金即时可用，使得跨行异地取现、商品交易得以完成。

2. 人行大额支付系统的特许参与者身份，使得银联在跨行资金结算上比其他第三方支付组织具有优势。银联可以使用大额系统的转账指令在收付款方之间直接调拨账户资金。而大额系统的一般参与者却无权使用这一指令。

3. 银联通过清算风险备付金、清算担保和特别风险准备金制度控制支付清算风险。当付差方在规定时点不能按时支付应付款项时，银联相继使用清算风险备付金、清算担保、特别风险准备金，以及从其他途径筹措资金保证完成对收差方的结算。

6.2.3 外汇日元清算系统

外汇日元清算系统（Foreign Exchange Yen Clearing System，缩写为 FXYCS）主要处理大额日元跨境金融交易，包括进出口贸易、外汇交易和日元证券交易。FXYCS 属东京银行家协会所有，由日本银行经营。到 2006 年底，有 29 家直接参与者，和 190 余家间接参与者。直接参与者在日本银行（日本的央行）开设经常账户。

FXYCS 将每一笔支付业务收付款方间的债务，分解成两笔债务：一是付款方与系统之间的债务，另一个是系统与收款方之间的债务。

在每一工作日的 14:30，FXYCS 通过 BOJ－NET 资金转账系统进行结算。首先，资金先从应付净额参与者的账户划转至东京银行家协会账户。在这些资金划转完成后，再从东京银行家协会账户划至应收净额参与者账户。

参与者也可以使用实时全额方式对交易进行结算。在接收到这类支付指令后，FXYCS 逐笔通过参与者在日本银行的账户进行结算。

1998 年起，FXYCS 采取了新的风险管理措施。每个参与者都必须按双边方式与其他参与者分别设定净信贷限额（Net Credit Limit）。FXYCS 为每一参与者设置净借记限额，其值按其他参与者给予该参与者的净信贷限额总和的 4.7% 计算。如果某一参与者不能结清其债务，按照损失共担的原则，损失将由其他参与者分担。每一幸存者按其为违约银行设立的净信贷限额为基准，按一定比例计算出应承担的资金份额。如幸存者不能按规定时间提供应承担的资金，最终将通过出售其抵押担保资产来弥补。

FXYCS 具有以下特点：

1. 实时全额结算与延时净额结算共存，系统对两种模式均支持。

2. 少量的直接参与者参与结算过程。众多间接参与者通过直接参与者完成交易结算。参与者在央行开有结算账户。FXYCS 最终通过另一系统（BOJ－NET）完成支付结算。

3. 独特的净借记限额计算方法，与支付风险分担方式关联。

4. 由于是私营企业，支付风险由幸存参与者承担。

从上述案例中，可以看出两种不同的清算方式——利用商业银行的账户完成支付结算和利用央行账户完成支付结算。其账户设置各有特点，都结合现实情况来设计结算账户和结算流程。

支付风险的承担方式不同。股票结算风险，由中证登和结算银行承担支付风险；银联卡结算风险，由中国银联承担支付风险；日本 FXYCS 的交易结算风险，由参与者共同承担。

在支付渠道上，股票结算采取与多家结算银行专线连接方式，传递支付指令和头寸调拨指令。银联和 FXYCS 则接入大额支付系统，利用转账指令进行资金结算。

6.3 清算支付系统

清算支付平台可用于实现整个保险行业（不仅仅是车险）各种业务的清算和支付。体现在投保环节，为保户提供保费的支付平台；在理赔环节，为保险公司之间的代位求偿提供赔偿金额的清算统一平台，也可为保险公司提供赔款的支付服务。

6.3.1 清算业务

一、清算模式

清算模式可分为：实时全额支付和延时净额清算，以及两种模式的复合应用——混合清算。

实时全额支付，是指持续不间断地对每笔指令进行全额支付结算。结算结果具有最终性。优点是实时完成支付指令的最终结算，不会产生信用风险。缺点是对参与者流动性需求高；逐笔处理对系统性能要求高。人行大额支付系统采用这一清算模式。

延时净额结算，是指将债权债务进行双边、多边轧差，并在特定时点进行支付结算的清算模式。优点是对参与者流动性需求低，并且对时效性要求低，系统压力小。缺点是在清算完成后、支付结算进行前的这段时间里可能会发生参与者信用风险。人行小额支付系统、网上支付跨行清算系统、境内外币支付系统采用这一清算模式。

混合清算，结合了实时全额支付与延时净额结算的特点，对满足一定条件的支付指令采取实时全额支付的方式，对其他的支付指令采取延时净额结算的方式。混合清算代表未来发展的方向，在保证结算准确性的同时，降低了对流动性的要求。德国的 RTGS、法国的 PNS、美国的 CHIPS 等支付系统都采用了这一模式。

二、代位求偿业务的清算

在代位求偿业务中，责任方保险公司最终需补偿无责方保险公司的先行代偿。在手工作业条件下，两家保险公司在约定的地点会面，核对各自的补偿记录，计算相互间应收/应付净额。之后通过各种支付手段完成支付结算。

因此，有 N 家需要做双边轧差净额结算的保险公司，就会有 N－1 次核对和轧差，每家保险公司为此花费大量的人力和时间，进而使代位求偿制度推行阻力增大。

保险业清算支付系统的建立，为解决这个难题提出了新的思路。系统将两家保险公司间的双边轧差、线下支付结算方式，演变为多家保险公司之间的多边轧差，定期线上支付结算方式。

在规定的清算日，系统接收代位求偿信息，计算保险公司之间多边轧差金额，提交结算银行进行最终的资金偿付，完成债权的转移。

清算模块是代位求偿案件处理的核心之一，主要功能如图 6－1 所示。

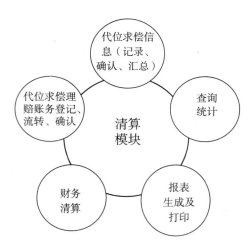

图6-1　清算模块功能结构图

1. 代位求偿信息的记录、确认和汇总

清算系统记录代位求偿案件处理系统清分的案件、双方责任划分、赔款金额和款项往来信息；确认代位求偿基本信息（交强险、商业险）、追偿方承保公司先行赔付信息、账务清偿信息等。其信息确认功能的实现需要与案件业务系统及影像系统联动。此外，清算系统还具有定期汇总账务信息、审核财务往来款项，确认银行账户等功能。

2. 代位求偿理赔账务登记、流转

代位求偿操作进入清算系统后，需要将相关的理赔费用，包括查勘定损等其他费用进行登记，之后将相关财务信息在双方流转并确认。

3. 财务清算

包括结算单查询检索和汇总，以及财务结算单支付确认等功能。完成财务结算单确认操作，即认为清算完成，案件进入支付系统。

4. 报表生成及打印

这一功能是指系统可以生成分保险主体的月度、季度和年度账务汇总信息、往来明细账单等报表，并能够进行清算账单状态查询和格式打印，以供保险公司代位求偿岗、财务部、车险平台清算人员、行业协会使用。

5. 查询统计

保险公司、保险行业协会相关工作人员，依照权限，通过清算系统可获取相应的统计信息，以了解车险代位求偿案件的处理情况。

三、交强险和商业车险的清算

在交强险和商业车险业务中，涉及保险公司支付款项的业务环节有退客户保费、赔付客户和支付代理机构手续费。收取款项的业务环节有客户缴纳保费、代理机构上缴保费。这些支付业务是普通的资金收付活动，具有一笔一清算一支付的特点。

在保险业清算支付系统建设之前，保险公司的非现金收付业务基于银行和第三方支付组织提供的各种工具和渠道。在系统建设之后，保险公司有了一条新的渠道。

保险业清算支付系统实行净借额控制，实时全额支付、定时净额结算。保险公司收到款项，即时可用。保险公司支出款项，如不能通过净借额检验时自动加入排队队列，等待下一笔收入款或净借记限额的扩充。如通过净借额检验，系统将生成新的支付指令向支付链条的下一节点发送。

系统的清算支付机制保证了支付准确性，且具有实时性，可以消除保险公司与保险公司之间、与代理机构之间的不信任，确保支付安全、有效、及时。

四、保险业清算支付系统的模块构成

目前，保险业清算支付系统为代位求偿业务的定期清算设计了一个代位求偿清算模块，完成多边轧差清算，生成结算单，交付模块进行结算处理。如业务需要，还可以为其他业务设计新的定期清算模块。今后，保险业清算支付系统可建设实时支付模块，通过净借额控制，实现实时支付业务。这样，由 N 个定期净额清算模块，一个实时全额支付模块和一个支付结算模块共同构成保险业清算支付系统的主业务模块群。

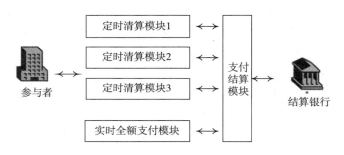

图 6 - 2　业务系统的清算、支付、结算模块

五、净借记限额和排队管理

净借额控制机制，是延时净额结算的重要概念，其目的是控制支付风险。当每笔付款额不小于净借额时，系统减少付款方的净借额，将支付指令向支付链的下一环节传递，并向支付链的上一环节反馈指令成功执行的信息。如小于净借额时，系统将这笔支付指令加入排队等候队列，并通知付款方预警信息。当接收收款指令时，系统会重新判断在等候队列中的支付指令是否可以被执行。

在日终清算窗口时间，付款方设法筹措资金拯救排队中的支付指令。当清算窗口关闭时，所有排队中的指令将被退回。筹措资金的方法大致有三种：调拨资金进入清算账户；增大圈存金额；请求结算银行增大授信额度。

实时贷记业务不能排队。如净借额不足支付时，直接退回。一笔排量业务视为一个整体，不能拆开——部分付出、部分排队。如净借额不足支付时，整笔退回。

六、流动性支持

流动性支持，是结算银行给予保险业清算支付系统和参与者的帮助。当参与者清算账户一时没有足够资金支付当前的付款时，结算银行允许其透支一定金额，称为日间融资，其最大透支额度即为授信额度。因此，保险业清算支付系统将账户可动用资金（也称圈存资金）加上授信额度，称为可用额度。可用额度是清算系统控制的指标数据。接收一笔收款，可用额度增大；付出一笔付款，可用额度减少。当付款大于可用额度时，就只能加入排队队列。如日间融资不能归还，转为隔夜融资，其性质改变，利息也不同。

6.3.2　支付结算业务

一、支付网络

对应付款项进行最终支付结算，是支付网络的主要功能。

在电子支付出现前，社会生活中通常使用票、汇票、本票、电汇/信汇/票汇、托收承付、委托收款等支付工具和手段来转移资金，完成交易的支付结算。

在银行卡、互联网出现后，支付渠道可以重新划分为纸基、卡基、电子支付。纸基支付，指借助传统的票据、借贷记凭证等支付工具完成支付行为。卡基支付，是指基于银联网络、使用专门读卡终端的电子支付行为。电子支付，是指通过公共互联网或专线通讯的支付行为，如银行网银汇付、支付宝网上支付、手机支付等。

二、支付网络的连接方

支付网络的连接方称为参与者。参与者可以分为直接参与者、间接参与者和特许参与者。直接参与者，是指联入支付网络，并在结算银行开设清算账户的机构。间接参与者，是指联入支付网络，未在结算银行开设清算账户，而委托直接参与者办理资金清算的机构。特许参与者，是经批准通过保险业清算支付系统办理特定业务的机构。

就保险业清算支付系统而言，各家保险公司是直接参与者或间接参与者。如果以总公司名义在结算银行开设清算账户，那么保险公司总公司就是直接参与者，其分公司就是间接参与者。如果某一家分公司开设独立清算账户，这家分公司就是一个直接参与者。除了保险公司之外，结算银行和支付银行也是参与者。结算银行是特殊的参与者，承担最终结算的任务。支付银行不参与清算支付,是信息类业务的发送方和接收方。保险代理人、保险经纪人也可以是参与者。但其业务受限,只允许使用特定的、定向的支付业务。

投保人是否能够通过保险业清算支付系统完成支付行为,主要障碍有两点:

一是鉴于反洗钱的要求,支付机构要遵循"了解你的客户"原则,建立和执行客户身份识别制度。如何才算了解?如何才算尽职?如何建立客户身份识别制度和程序?

二是投保人的数量庞大,背景复杂,加大系统执行速度和安全的压力,必然对系统的复杂程度和投资数额带来影响。鉴于系统的复杂度和投资数额,反过来需要考虑一个问题:系统服务重点是保险机构,还是投保人?

三、支付网络的连接方式

支付网络与参与者间的连接方式有两种:点对点通讯连接、前置机连接方式。点对点连接,是指参与者按照清算系统的接口通讯规范,自行开发通讯管理软件,实现支付业务的接收和发送功能。前置机通讯,是指摆放在参与机构,连接支付系统,负责接收、发送支付业务的软件。前置机软件由保险业清算支付系统的开发方与系统一并开发,参与者只使用,不负责开发维护。

前置机通讯方式,较点对点通讯连接具有更好的系统间隔离度,异常处理能力强,系统耦合度低,有利于保险业清算支付系统的安全可靠运行。前置机的功能,趋向于功能简单化,仅仅负责报文收发、报文检验、报文转发,是信息交换点,不承担业务处理。

前置机与参与者业务系统的连接方式也可分为两种:直连方式和间连方式。直连方式,是指前置机连接参与者业务系统,信息不落地直接在两个系统间传输。间连方式,是指前置机与参与者业务系统没有物理连接。前置机接收信息后,通过磁介质或纸质介质输出,并在参与者业务系统中手工输入。反之,参与者业务系统的信息通过磁介质或纸质介质输出,在前置机上手工输入并发送到保险业清算支付系统。

此外,还存在类似银行网银系统的前置业务系统。参与者如果没有能力搭建自己的清算支付系统,可以使用前置系统所提供的 Web 网页进行业务处理,完成支付等业务。前置系统与保险业清算支付系统是各自独立的系统,相互间通过报文交流信息。前置系统可以视为保险业清算支付系统的通讯端点。

就保险业清算系统而言,建议直连式前置机和前置系统并存。对于 IT 技术力量强的大型保险公司，其企业内部业务系统功能强大，业务处理能力强，前置机直连业务系统是最佳选择。对于规模较小的保险公司来讲，能够处理业务即已满足，前置系统更为适宜。

四、支付业务

基本的支付业务是贷记业务和借记业务。

贷记业务，是付款方指示系统将其账户上的资金转移到收款方账户的行为。贷记业务中，付款方主动推送款项，是付款方意志的体现。

借记业务，是收款方主动发起的、指示系统将付款方账户上的资金划到收款方账户的行为。之前，付款方同结算银行签订协议，允许收款方从其账户上划出资金。借记业务中，收款方主动收款，是收款方意志的体现。

支付业务还可从实时/非实时、单笔/批量等特征来划分，例如实时贷记业务。

实时业务，会明确规定一笔业务处理的时限。在人行现代化支付系统中，一笔支付业务从前置机接收发起方的支付请求，到前置机接收到处理中心反馈的执行结果，时间限制在 20 秒内。在这过程中，信息会在付款方、收款方的内部系统中流转，因此对各方系统的处理时限都有很高的要求。

对于非实时借记业务，系统规定借记回执的基准返回时间。如果借记支付指令中没有指明返回时限，付款方应在基准返回时间内发出回执信息。

批量业务，在一笔报文指令中承载多笔支付业务。在清算系统中，批量业务被看作一个整体来处理。如净借记额度不足，这笔业务加入排队队列，不可分别处理其中业务。在接收方，批量报文将被解析，逐笔处理所含各笔支付业务。

就保险业清算支付系统而言，实时业务暂时没有必要，批量业务应该考虑，尤其适用于退保和理赔这样小额多笔的业务。

借记业务可用于划转保险代理商的代收保费。代理商向保险公司提交本期投保/退保资料，保险公司核实后发出借记指令，经清算系统从代理商的代收保险费账户中直接划款，避免代理商拖延付款。办理借记业务，需事前得到开户人的授权。保险业清算支付系统和保险公司也可利用借记指令完成向主账户的跨行资金归集操作。

转账业务可用于办理代位求偿一类的多边轧差结算。

五、代位求偿的支付结算

如图 6 - 3 所示，代位求偿案件的账务信息在清算系统进行清算汇总后，进入支付系统。各保险公司预先在清算系统的银行账户上存有一定的准备金。支付系统按照一定的时间间隔（如每周、每半月、每月）将代位求偿的轧差净额以总公司为单位进行相应的转账支付。

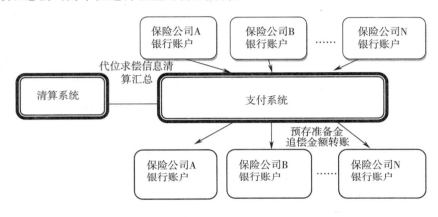

图 6 - 3　支付系统流程图

六、结算银行与支付银行

在参与者中，银行是重要一员，但银行间也有差异。参与者开有清算账户的，称为结算银行。参与者开有账户，但账户非清算账户的银行，称为支付银行。

保险业清算支付系统与结算银行之间存在清算、结算关系，与支付银行之间仅是信息传递、信息通路关系。结算银行不限于一个，为迁就参与者在多家银行开立清算账户的现实，保险业清算支付系统可以考虑在多家银行开立清算账户。支付银行也不限于一个，接入的支付银行越多，参与者获取信息的范围就越广。

七、支付业务与结算账户

支付业务设计与结算账户设计，在初始阶段就决定了保险业清算支付系统功能是否强大，是否具备支付服务的扩充潜力。

近年来，支付服务领域风起云涌，以支付宝为代表的支付服务组织提供以前不可想象的支付服务，使人们领略了支付组织的神奇力量。但资金存放银行、账户开在银行的现实没有任何改变，支付组织的所有服务离不开银行支付服务的配合。这其中，借记服务的作用应该得到特别重视。

借记指令，使收款方有能力从付款方账户中主动收款。转账指令可以看做借记指令的变种，使第三方有能力从付款方清算账户中将款项转移至收款方账户，其实质是非账户所有人有权调拨他人账户的资金。

中国银联作为人行大额支付系统的特许参与者，允许使用即时转账指令。如果愿意，银联可以据此设计独有的支付服务项目，提供 ATM/POS 之外的、非基于读卡机具的互联网支付服务，展现与其他第三方支付组织不同的服务定位。

各家银行在客户现金管理方面投入了大量金钱，为客户提供五花八门的现金管理服务，但在大型企业的跨行资金归集需求目前却举步不前，原因就在于银行间以邻为壑，不愿为其他银行提供借记支付服务。

保险业清算支付系统如能得到结算银行借记支付服务的承诺，将为今后系统发展打下良好基础。

八、网络运行时序

以营业时间是否不间断为标准，分为 7×24 小时系统和 5×8 小时系统。

可以将一天 24 小时划分为日间业务处理时间、清算窗口时间、日终业务处理时间和营业准备时间四个时间段。

日间业务处理阶段，参与者和特许参与者可办理相关支付业务。清算窗口阶段，参与者设法拯救处于排队中的待清算业务。保险业清算支付系统受理信息类业务和净借记额度不足的参与者的支付类业务。清算窗口关闭阶段，保险业清算支付系统将退回所有排队中的待清算业务。日终业务处理阶段，保险业清算支付系统将本场次的清算结果提交结算银行处理。系统发送业务核对信息，接收参与者的业务核对查询请求并给予反馈。系统进行日终非业务的系统运行处理。营业准备阶段，参与者、特许参与者、结算银行和系统可进行业务参数调整、业务初始状态的设置等业务处理。

初期，保险业清算支付系统采取 5×8 小时模式，服务于代位求偿结算业务。以后随业务发展，可延长系统服务时间，最终转为 7×24 小时系统。

九、信用风险和流动性风险

支付系统的风险，可分为信用风险、流动性风险、运行风险、操作风险。

（一）信用风险

信用风险，是指系统中某个参与者既不能在预期时间内，也不能在以后的任何时间完全清偿其在系统范围内的债务所构成的风险。

由于系统实行实时支付、净额轧差、定时结算机制，转发业务在前，支付结算在后，可能会因为某一参与者资不抵债而无法履行债务，造成连锁性影响。为防止这类风险，一般采用净借记限额的控制机制。同时，设置准入标准和退出标准，考核参与者资质，清退资质不达标的参与者。

建立风险分担机制，由直接参与者分担间接参与者的信用风险。对于"一点结算"的保险公司，作为间接参与者的分公司其收付款净额记入作为直接参与者的总公司名下，一并进行结算。因此分公司的坏账由总公司承担。对于"多点结算"的保险公司，可实行担保制，由总公司为分公司担保，或分公司间相互担保。对于小型保险公司，也可寻求大保险公司或其他类型、有实力的公司为其担保。最后，还可设立质押机制，要求直接参与者在结算银行质押可流通债券，当需要时结算银行自动进入抵押处理程序。

（二）流动性风险

流动性风险，是指系统中某个当事人在期满以后的某个时间可能有足够的资金支付其在系统范围内的债务，但在预期的时间没有足够的资金清偿其在系统范围内的债务所构成的风险。

流动性风险不同于信用风险。如果给予充裕的时间，就可以筹足资金满足结算的需要。一般采用清算排队、清算窗口、银行授信、质押融资、相互担保、提供账户查询服务、发送风险预警信息等举措来控制此类风险。

质押融资，是保险公司在结算银行质押有价证券，当出现透支且授信额度不足时，结算银行可以主动进入质押融资流程，快速授予临时额度，扩充授信额度规模，避免指令退回。相互担保，是保险公司间向结算银行签署担保协议，承担坏账损失。透支时，结算银行可以发放临时额度。

参与者也可以使用系统提供的账户查询服务，及时了解账户余额变动情况，合理调配头寸，避免透支现象出现。

清算系统也可以与参与者约定，当可用额度低于某一标准时，向参与者报警。

十、报文标准

报文是业务的载体。在处理流程中，报文在参与者间传递请求信息、反馈信息和转发信息。

报文按业务分类，可分为支付报文、清算/结算报文、查询/查复/自由格式报文、撤销/退回报文、系统管理报文等。支付报文，是承载贷记、借记等业务信息的报文。清算报文，通知相关参与者某场轧差净额清算完成。结算报文，是清算系统收到特许参与者提交的轧差净额业务进行处理后，通过此报文将处理结果（已清算、已排队、已拒绝）通知特许参与者。查询报文，是发起方或接收方对发出或接收的支付业务有疑问，向接收方或发起方发出此报文。查复报文是查询报文的接收方的回复报文。自由格式报文，用来传输参与者之间没有格式要求的简单信息。撤销报文，请求清算系统对未支付的业务做撤销处理。退回报文，请求收款方对已支付的业务做退汇处理。系统管理报文，用于系统与参与者间传递业务参数、系统状态变更等业务信息。

报文设计，原则上应体现时代的要求，具体讲就是向 ISO 20022 国际标准靠拢。ISO 20022《金融业通用报文方案》是国际标准化组织在 2004 年制定并发布的国际标准，它提供了面向业务构建通用报文的途径。ISO 20022 的主要目标，是使与金融机构往来的使用者，可以透过单一标准与金融机构资讯系统往来交易，达到跨产业协同运作的目的。

ISO 20022 基于 XML 标准实现，其本身并不规定具体的报文类型，只是规定了在设计报文时必须遵循的一系列规则。规则的适用范围包括支付报文、外汇交易报文、证券结算报文等。各金融机构在满足规则的前提下可以自行制定交换的报文类型，具备较强的灵活性和可扩展性。目前，国外许多支付系统如 SWIFT、CLS 等已陆续采用该标准，2007 年开始运行的欧洲 TARGET2 清算系统也已采用该标准。

人民银行在第二代支付系统建设中提出"在支持现有 CMT 和 PKG 业务标准的基础上，逐步引入 ISO 20022 标准。即系统同时支持新旧格式报文传输，对新增业务功能使用新格式报文标准"。2010 年上线运行的人行网上支付跨行清算系统全部采用了符合 ISO 20022 标准的报文标准。

因此，建议保险业清算支付系统在制定报文标准时向 ISO 20022 标准看齐，向人行第二代支付系统的报文标准看齐。

十一、信息安全

支付系统传输的是与资金有关的信息，必须确保安全、正确、保密。通常采用的措施有报文检验、认证证书和明文加密。

对接收的报文，首先进行格式检验，确保报文内容符合报文标准的要求。之后对其业务方面的检验，如重账检查、反洗钱检查、业务状态检查等。

为了保证系统参与者与支付系统之间关键业务数据的可靠性和不可抵赖性，系统参与者发起需加签业务报文时，应对其加编数字签名，而接收此类报文时，需核对数字签名。

为了明文不可识读的目的，发起方对报文进行加密。清算系统和接收方在接收报文后首先进行明文还原，再进行后续处理。各方在数据库和磁介质上保存、备份时，应以混码形式保存。

十二、反洗钱措施

《非金融机构支付服务管理办法》中第六条规定："支付机构应当遵守反洗钱的有关规定，履行反洗钱义务。"反洗钱工作，可分为客户身份识别和报告大额交易、可疑交易、客户身份资料和交易记录保存。

就保险业清算支付系统来讲，应建立黑名单数据库，并在支付业务处理中增加对黑名单的检验。世界上有许多国家和国际组织定期或不定期公布黑名单信息，结合保险业的实际情况，采用我国有关机构颁布的和联合国颁布的黑名单数据较为妥当。保险业清算支付系统应进行大额交易和可疑交易筛选，按要求上报。保险业清算支付系统应当保存客户身份资料和交易记录不少于 5 年，并防止客户身份资料和交易记录的缺失、损毁，防止泄露客户身份信息和交易信息。

6.3.3 清算支付系统功能

保险业清算支付系统，服务于保险公司、保险代理商、保险业监管机构、银行和被保险人等各相关支付，对外具有清算功能、支付结算功能、信息服务功能，对内具有各种结算的处理的控制（比如结算顺序的控制、异常情况的处理等）。

一、定期净额清算和实时逐笔全额清算支付

像代位求偿一类的业务，具有双边收付相抵的特征，可以采取双边轧差、多边轧差的清算方式。保险业清算支付系统可以为每一类这样的业务建立专属的清算模块，管理相应的清算业务。

而对于一般的收付业务，系统可以将其纳入统一的实时逐笔支付、分场次进行净额轧差结算的模式。如客户缴纳保费、保险公司退保/赔付、保险公司支付保险代理人佣金、保险公司投资和划拨资金等，都可以实行逐笔支付、延时净额结算的方式。

二、为使用者提供新的支付渠道

保险业清算支付系统既是清算中心，又是支付渠道。从是否涉及清算账户的角度，我们可以将支付业务划分为涉及双边清算的支付业务、涉及单边清算的支付业务和不涉及清算的支付业务。

涉及双边清算的支付业务，指款项从付款方的备付金账户汇付到收款方的备付金账户中。在处理时，系统增加付款方的应付金额，增加收款方的应收金额。系统在计算应收应付额后，将支付信息转递给收款方。绝大多数的支付业务都是此类业务。

涉及单边清算的支付业务，指款项从付款方的备付金账户汇出，但收款方的入款账户不在系统所控制的备付金账户范围内。在处理时，系统增加付款方的应付金额，但不增加收款方的应收金额。系统在计算应收额后，将支付信息转递给结算银行。如果收款方的账户同样开在结算银行，那么结算银行通过行内汇划系统完成转账操作。如果收款方的账户开在另一银行，结算银行可通过大额支付系统、小额支付系统、网上支付跨行清算系统或其他支付渠道将款项汇付到收款方的开户行，由这家银行解付客户。

不涉及清算的支付业务，指收付款方的付款账户、收款账户均不在系统所控制的备付金账户范围内，在处理时系统既不增加付款方的应付金额，也不增加收款方的应收金额。系统只是作为信息通路，将付款方的指令传递给付款方的开户行。支付银行接收指令后，如果收款方的账户开在同一银行，通过行内汇划系统完成转账操作；如果不在同一银行，可通过大额支付系统、小额支付系统、网上支付跨行清算系统或其他支付渠道将款项汇付出去。境内外币支付系统的 FMT104 报文既是例子。

就系统而言，在初期由于没有得到支付业务许可证，不能为提供收付款人之间转移货币资金的服务，支付渠道的功能暂时不能开放。换言之，本系统只能采取以自己的清算账户为一方的收付款处理方式，即以贷记指令从自有账户主动付款，以借记指令主动发起收款至自有账户的操作。

三、为使用者提供多种信息服务

在国际间，谈及支付指令的处理流程，还会一并讨论相关信息：支付指令回执（Payment Status Report）、借贷记通知（Debit/Credit Notification）和对账单（Account Status Report）。支付指令回执，是系统向指令发起方反馈处理结果。借贷记通知，是开户银行将每一笔收付款信息通知开户人。对账单，是开户银行在约定周期（一日、一周等）中向开户人提供的借贷记集合账单。

保险业清算支付系统是信息传输的枢纽，与保险公司、保险代理商和银行都有通讯连接，因此保险业清算支付系统可以及时、快速地传递支付指令、借贷记通知和银行对账单。

此外，保险业清算支付系统还可以提供"信封报文"，传递更宽泛的信息，充当信鸽的角色。对于信封报文，系统在发送时不对报文内容进行格式/内容检验，也不做业务上的处理，报文只是一个容器和载体。

6.3.4　清算支付系统架构

在车险信息共享平台清算支付系统建设中，基于"交易事件驱动流程管理、状态切换完成功能流转"的系统架构设计理念，该理念贯穿系统整体架构设计方案、业务运营流程及系统设计的各个环节，从交易数据处理、清算事件生成、清算轧差、结算处理到资金簿记、资金支付等。

根据国际结算标准及国内同业的清算结算业务流程与系统设计理念的了解，"交易处理驱动流程管理"理念已经用于全球众多知名机构的清算结算处理系统中，其可以实现：

1. 全额实时结算：交易处理流程与资金转账指令的最终结算是实时连续发生的，没有轧差借记抵付贷记，可以减小甚至消除结算处理中会员间的风险，缩短信用周期及流动性风险的产生。

2. 货款对付（DVP）：在结算日实现交割与资金支付同步进行并互为约束条件，使得结算双方交割风险对等。

3. 交易、结算直通式处理（STP）：交易系统中的成交数据自动通过系统打包传输到清算支付系统中，由其生成交易双方待确认的结算指令，确认后直接交由清算支付系统根据指令办理结算，做到保险交易全流程的直通式处理，降低操作风险，提高市场运行效率。

同时，在系统架构设计中有如下原则：

- 系统的职能边界清晰、各施其责；
- 系统的功能属性相对独立、松耦合性较好；
- 系统从业务、技术两个方面进行高度抽象，可扩展性较好、有利于新业务品种的植入；
- 可移植性强。

一、整体描述

在上述系统架构设计理念的指引下，根据相关的业务理解和系统实施经验，将车险信息共享平台分为三个功能层次（交易处理、清算处理、支付结算）的需求，并分为四个功能区：原始交易数据来源区（Trade DataSource Domain，TDD）、核心清算支付业务系统区（Core Business Domain，CBD）、基础平台区（Infrastructural Platform Domain，IPD）与分析类系统区（Analytical Service Domain，ASD）。其中核心清算业务系统区（CBD）又分为两个区：清算业务处理区（Trade Clearing Domain，TCD）和支付结算业务处理区（Settlement Processing Domain，SPD）。

清算支付平台架构图如图6-4所示：

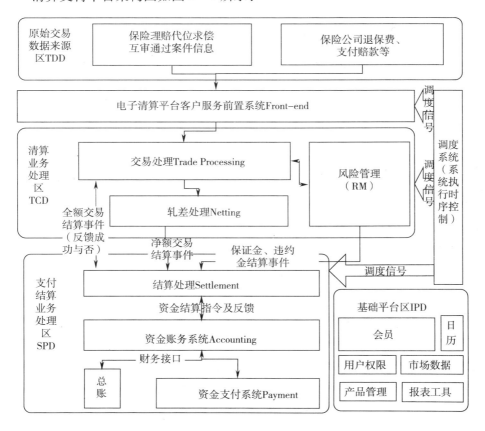

图6-4 清算支付平台架构图

其中：

（一）原始交易数据来源区（TDD）负责从车险信息共享平台等交易平台接收交易事件或数据，比如代位求偿的互审通过的逐笔案件数据。系统设计支持多个不同类型交易源数据的标准化处理，这为整个综合业务系统的运行提供了良好的前端支持，比如以后可支持共保、再保的分出和摊回等。

（二）为了方便核心清算支付业务系统的标准化流程处理，本着"共性流程统一处理"的原则，我们在原始交易数据来源区与核心业务系统区之间设计了一个隔离层——前置平台，专门完成各个交易源数据接收、附加流水号、交易要素检查、交易前置服务、交易确认等动作后，进行信息转发，将其发送至核心清算支付业务系统区进行后续动作。

（三）核心清算支付业务系统区（CBD）是整个系统的核心区域，负责交易到结算的全流程管理，包括清算处理、结算支付处理、资金账务、资金支付、计费等系统。其整体设计考虑到了以下几个方面：

- 支持交易清算类型的清分：全额交易清算与净额交易清算的路径不同；
- 支持多个业务品种的统一、标准化处理：在清算处理系统中设置交易处理模块，进行各种不同业务品种的清算轧差前置处理——将一个不同类型的完整交易变成各个交易时点上的现金流（即：清算轧差的"通用语言"），方便后续处理；
- 支持净额清算不同业务品种的统一轧差：既可以完成单一业务品种的轧差，也可以完成不同持有人账户的跨品种轧差；
- 支持不同交易模式的清算：既可以进行自营清算，也可以进行代理清算；
- 支持结算指令的多粒度拆分：结算处理系统可完成不同业务品种、不同结算方式的结算事件与指令处理，并将具有通用性的最细粒度的原子操作指令分别发送至资金账务系统，这种强化结算处理系统功能的设计理念有利于系统的后续扩展、新业务品种的加入等。

核心清算支付业务系统区的5个系统描述如下：

（一）清算处理系统

处于交易后、结算前的处理环节，是计算相关机构应收应付的过程。清算处理系统要能支持全额逐笔清算与净额清算，能支持不同业务品种的清算处理。我们将清算处理系统分为两部分："交易处理"、"轧差处理"。

1. 前者主要功能有：交易事件接收、新增交易代理清算检查、新增交易风控合规检查、交易事件拆分、合约替代拆分、存量交易读取、即期结算指令生成、交易存续期管理、即期现金流生成、全额交易的违约处理等。

• 对全额交易而言，主要是进行代理检查、交易拆分，交易存续期管理，生成即期结算事件等，完成交易双方确认后，根据全额交易的结算类型，或直接生成并发送基本结算指令，或经过本地流程生成并发送基本结算指令至结算处理系统，同时要对交易的状态随着结算处理的反馈进行实时更新；

• 对净额交易而言，主要流程如下：

①对交易信息进行交易事件接收、代理清算检查、风控合规检查等；

②将检查通过的交易信息进行交易拆分，形成即期、远期等不同子交易；

③将检查通过的交易信息进行合约替代，由以平台中央对手方的合约组替换原始净额交易合约；

④根据子交易是否需要结算的时间特征，产生交易各方的现金流，为后面的轧差做好准备；

⑤将清算过程中产生的相关费用指令发送至计费系统。

2. 后者主要实现以下功能：（单一品种／跨品种）轧差、净额清算的流程处理及其违约处理等：

①对合约拆分后的交易各方现金流进行轧差处理，计算出交易各方的应收应付；

②执行净额清算的结算处理流程，根据需要生成结算处理系统提供的基本结算指令，并处理流程中可能出现的违约事件；

③在结算发生异常之后进行自动或者人工干预处理。

（二）结算处理系统

该系统主要是将清算区（清算处理、风险管理、计费）与其他区域系统的交互进行屏蔽，起到承接的作用。

其主要实现的功能有：结算事件簿记、结算事件接收、基本结算指令的解释、拆分、执行及管理、原子操作指令的发送、异常的处理等。

• 从清算处理系统接收结算事件、从计费系统接收收费事件、从风险管理系统接收保证金事件；

• 对这些事件进行接收、簿记；

• 对基本结算指令进行解释、拆分、执行及管理，包括拆分、状态变更、指令执行时序控制、技术上失败的回滚、业务上正常失败后的回退、到期检查、到期撤销、客户端提供界面进行主动撤销（不一定成功，等待状态可以撤销，已经完成（失败、成功）不能撤销，非等待状态不能撤销）；

- 向资金账务等系统发送资金原子操作指令，并接收指令执行反馈。

（三）风险管理系统（风控系统）

主要用于实现净额清算的风险管理功能，对清算产品限额、清算业务品种集中度、清算会员信用风险限额、保证金等进行计算，控制交易各方的信用风险，并生成保证金、违约金等结算事件，发送至结算处理系统。

主要实现以下功能：合规检查（风险集中度、产品清算限额、清算会员信用风险限额）、保证金要求计算、集中度设置、产品清算限额设置、会员资信管理（评级、信用风险限额设置等）、保证金管理。

1. 合规检查
- 风险集中度检查
- 清算会员信用风险限额检查
- 清算限额（与容忍度）检查
2. 保证金要求计算
3. 会员资信管理
- 清算会员信用评级
- 财务数据导入
- 会员资信因子计算
- 信用风险限额设置
4. 保证金管理
- 保证金数据管理
- 保证金计算
- 保证金追加与释放
- 保证金资产管理（抵押品管理）
- 保证金实时监测

（四）资金账务系统

主要将清算支付平台所涉及资金的各项交易、事项进行处理，并以会计方式予以记录，完成相关交易、事项涉及的资金冻结、计结息、调拨等一系列系统内外部支付。

　　资金账务系统与外部系统的链接通过结算处理系统和资金账务系统内部的支付接口模块进行。

　　一方面，资金账务系统从结算处理系统接收其他系统涉及资金处理方面的原子操作指令，对这些资金原子操作指令处理后，同步或异步反馈回结算处理系统；同时，资金账务系统根据对资金原子操作指令的处理结果，完成会计账务处理，生成相应的总账。

　　另一方面，资金账务系统对收付信息处理后，通过资金支付系统生成报文与外部系统（例如大额支付系统、结算行系统等外部接口）进行交互，外部系统的处理信息也通过支付接口模块反馈给资产账务系统；同时，将相关的会计账务处理结果通过资金账务系统的总账接口发送给总账模块，生成相关的会计报表。

　　资金账务系统主要负责：应收应付、实收实付、资金调拨、账务处理、发送支付请求、总账接口等。主要功能有：

- 基础档案维护
- 资金业务
- 财务处理
- 日志管理等

（五）资金支付系统

　　资金支付系统主要功能是接收资金财务系统传递的支付指令，根据支付途径翻译成对应的报文格式，发送到外部接口程序，外部接口程序实时或非实时反馈支付处理结果，资金支付系统接收到外部接口程序反馈的处理结果报文，同步翻译成业务数据反馈给资金财务系统。

　　基础平台区（IPD）是为核心区提供完成交易需要的主要基础信息，是对核心业务系统区的强力支持，提供统一化的产品管理、会员管理、数据字典、用户管理、日历管理、参数管理等，集成核心清算支付业务系统中具有公共属性的计算工具模块。其主要包括以下模块：

　　1. 调度模块，负责时间触发的工作调度，负责整个核心清算支付业务系统中各系统的统一管理与调度，确保各系统的事件/指令传输；

　　2. 会员管理，负责会员、会员关系、会员与账户关系等的管理；

　　3. 日历，负责节假日设置；

　　4. 基础数据，负责接口外部市场数据导入，如汇率、利率等，以及核心业务系统区的相关参数设置，统一管理这些全局参数，供各系统自如调度；

5. 用户权限，负责统一配置各类用户的权限，分配各个用户的角色；

6. 产品管理，负责对整个系统的交易业务品种进行管理，统一配置相关的模块；

7. 报表工具，负责相关业务报表的生成，实现基本的统计和查询功能。

下面对核心的五个系统进行说明。

二、清算处理系统

我们把清算支付业务流程分解为多个交易事件进行处理。在整个业务流程中，以交易驱动的方式对各类事件进行处理，从交易事件到清算事件，再到结算事件和风控事件、计费事件、保证金事件等。清算处理系统作为整个清算业务的核心系统，主动协调各系统共同完成清算、结算等复杂业务功能。

清算处理系统由交易处理和清算轧差处理两个核心模块组成，还包括存续期管理、结算事件处理、异常与违约处理等辅助模块。其中两个核心模块主要处于交易事件驱动的业务流程中心，重点完成非标准化交易信息的标准化处理（将非标准化交易合约拆分成具有共性的现金流），辅助模块则完成簿记、信息发送等辅助功能。

图 6 - 5 为清算处理系统的主要功能图。

1. 交易处理模块主要接收和记录交易双方已确认的交易数据，进行新增交易的合规性检查，并将交易信息发送至风险管理系统检查。如果这些检查均通过，则将交易数据送到交易处理模块，经过拆分后变成若干子交易、再将子交易完成合约替换拆分，生成相应的清算事件（现金流）。同时，交易处理模块根据交易数据生成计费事件提交到到计费系统模块，完成费用计算。

2. 存续期管理模块是负责管理整个交易清算的生命周期，维护交易信息、头寸信息和现金流信息等，并且记录各交易指令的状态信息。

3. 清算轧差处理模块的主要功能是根据交易处理模块提供的净额交易现金流，完成单一品种/跨品种轧差，把轧差结果记录到交易的存续期管理模块中；同时，对净额清算的违约进行处理，并将相关结果发送至下一个模块。

4. 结算事件处理模块主要负责接收从交易处理模块产生的带流水号的全额交易现金流及从清算轧差处理模块产生的净额交易现金流轧差结果，并对这些清算结果生成结算事件和结算清单发送至参与者的客户端与结算处理系统。

5. 异常与违约处理模块的功能是记录全额交易清算和净额交易清算过程

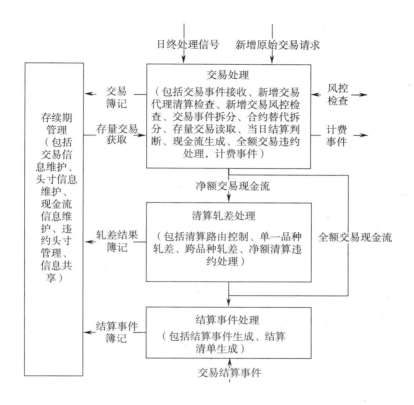

图 6 – 5 清算处理系统主要功能模块图

中的违约与异常情况，并将违约产生的相关费用事件发送计费系统。

三、结算处理系统

结算处理系统（Settlement Processing System）主要的功能是接收前台业务发送的各类结算事件，对所有结算事件进行统一管理，并将各类结算事件通过结算处理系统提供的统一的、公共的"基本结算指令"进行一系列的变换、拆分转换为资金账务系统能识别的、最细的操作单元（以下简称原子操作指令），通知资金账务系统进行相应的操作，并对其执行的结果状态进行跟踪管理。

图 6 – 6 为结算处理系统的整体功能流程。

如图 6 – 6 所示，结算处理系统主要包括如下几方面的内容：

1. 结算事件接收：结算处理系统需要接收来自不同系统的各种结算事件（来自交易处理系统的交易结算事件、来自风险管理系统的保证金结算事件和违约金结算事件、来自计费系统的收费结算事件），并对结算事件进行简单的

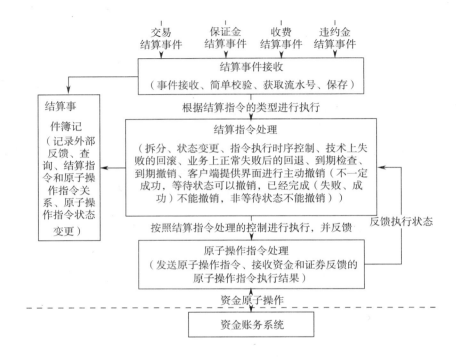

图 6 - 6　结算处理系统整体功能流程图

校验、编号并保存，进入结算事件簿记中进行统一管理，然后根据结算的交易类型、交易方式进入结算指令拆分、执行和管理环节，系统主要包括如下一些结算事件（后面对这些事件统称为业务结算事件）：

● 交易结算事件：是系统中最重要的结算事件，由清算系统发送而来，结算处理系统根据清算系统的交易类型、交易方式等内容进行后续结算处理；

● 保证金结算事件：是由风险管理系统根据会员的资信因子、交易情况计算得到的保证金要求，并根据目前会员保证金情况，生成相应的保证金结算事件；

● 收费结算事件：是由计费系统发起的各种费用结算事件，比如清算费用、其他管理费用等，由结算处理系统协调完成后续的各种费用的收取工作；

● 违约金结算事件：在中央对手方净额清算过程中，可能会存在金额不足等各种可能会影响会员违约的情况，当这种情况发生的时候，会员发生违约，系统需要进行违约的处理，在某些违约情况下可能需要客户缴纳违约金，此时结算处理系统会产生违约金结算事件，然后结算处理系统对这个事件进行后续的结算处理工作；

2. 结算指令处理：在完成结算事件的接收之后，需要根据交易的类型、交易的结算方式，以及资金账务系统能接收的原子操作进行逐层拆分，把一个复合的、比较复杂的结算指令拆分转换为一系列简单的原子操作指令（以下简称原子操作指令），并控制这些原子操作指令执行的时序，对执行的结果进行跟踪并及时更新指令状态，在最终所有指令执行成功的情况下反馈给结算事件簿记成功状态，在某一个步骤无法完成的情况下，则一直等待，等待状态下的结算指令可以撤销，如果到期还没有完成，则需要进行到期撤销工作，并且对无法完成的结算指令进行回退；

3. 原子操作指令处理：基本结算指令最终会转换为各个原子操作指令的序列，并将各个原子操作指令发送至资金账务系统，资金账务系统在接收到原子操作指令后，执行相应的操作，并把操作的结果反馈给原子操作指令处理模块，原子操作指令处理模块会把相应的结果反馈给结算指令处理模块；结算指令处理模块根据反馈结果进行相应的状态的变更，如果是全额交易的话，需要反馈给清算系统交易处理模块；如果是净额结算的话，需要反馈给结算事件簿记，进行记录；

4. 结算事件簿记：在结算处理系统完成结算事件的接收之后，结算处理系统会把结算事件在结算事件簿记模块进行统一的管理，并提供对簿记的结算事件的查询操作；结算事件簿记还提供对后面基本结算指令和原子操作指令的关系的维护；另外，簿记模块还会接收后续结算指令的各种反馈信息，并对结算事件置相应的状态，包括基本结算指令和原子操作指令；

5. 违约处理：在净额交易的时候，在最终结算指令执行完成的时候，如果结算事件状态为成功则完成；如果结算事件的状态是失败的时候，则需要对该笔净额交易进行违约处理，违约处理的手段很多，后面将详细描述。

结算事件簿记是结算事件的数据区，而结算事件的接收、拆分、执行，以及簿记中存在的撤销、状态变更、重新执行、违约处理等都是对这些结算事件数据的操作。结算处理系统的这种设计将充分地体现面向对象的设计方法，有利于系统的未来扩展。

四、资金账务系统

资金账务系统是将车险信息共享平台清算支付系统涉及的资金的各项交易进行处理和记录，对处理结果以会计方式予以记录，完成记账、报表编制等账务处理，同时调用资金支付系统接口将支付指令传递给外部的系统进行实际支付业务，并且将账务处理信息和支付接口反馈的信息反馈给发起方。

资金账务系统包括结算接口模块、资金业务处理模块、账务处理模块、基础档案四个功能模块。具体的资金账务系统总体流程图如图 6 - 7 所示：

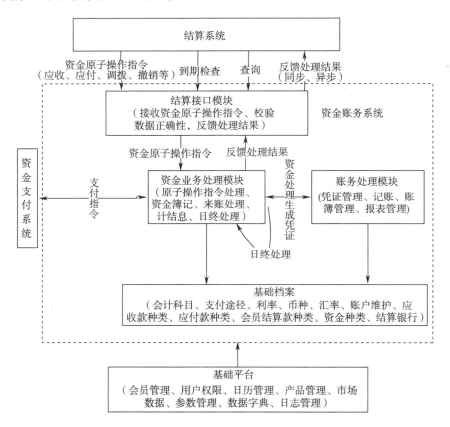

图 6 - 7　资金账务系统流程图

资金账务系统各个功能模块的处理流程如下：

（一）结算接口模块的功能接收结算系统传递的资金原子操作指令、到期检查指令、查询指令，结算接口模块对接收的业务数据进行正确性校验并且反馈处理结果。结算接口模块的数据来源有结算系统、资金业务处理模块两个来源。结算系统发送资金原子操作指令（包括应收款信息、应付款信息、调拨信息、撤销等指令）、到期检查指令、查询指令给结算接口模块，结算接口模块对接收的指令校验通过后传递给资金业务处理模块进行后续处理，同时接收资金业务处理模块的处理结果，并将处理结果反馈给结算系统，由结算系统反馈给其他系统。结算接口模块反馈给结算系统的处理结果有同步、异步两种方式。对于数据查询指令、实时支付的业务结算接口模块同步反馈，非实时支付的采用异步反馈，在支付日、扣划日、撤销日、结息日等日间或日终成功处理后再反馈给结算系统，由结算系统反馈给发起方。

（二）资金业务处理模块的功能主要包括原子操作指令处理、资金簿记、来账处理、计结息处理、日终处理和查询处理。资金业务处理模块与结算接口模块、账务处理模块、资金支付系统、基础档案四个功能模块有数据交互。主要业务流程描述如下：

1. 结算系统发出资金原子操作指令给结算接口模块，结算接口模块校验通过传递到资金业务处理模块，资金业务处理模块根据支付途径、账户信息计算出支付日和支付时段，需要实时支付的业务数据直接把支付途径、支付金额等信息传递给支付接口模块，非实时支付的业务数据在日终处理时系统自动判断处理。资金业务处理模块根据业务数据信息生成会计凭证，同时传递凭证信息给账务处理模块进行管理。每一步骤的操作结果都需要反馈给结算接口模块。业务处理中的基础信息需要从基础档案中获取。

2. 人工进行资金业务处理，手工录入业务处理数据（包括应付款、应收款、调拨、冻结等信息），复核通过后，资金业务处理模块依据账户参数信息生成会计凭证，并传递会计凭证给账务处理模块。同时资金业务处理模块传递支付信息给支付接口模块进行处理（实时支付，非实时支付的业务在支付日、支付时段时系统自动传递）。业务处理中的基础信息需要从基础档案中获取。

3. 来账处理功能指资金支付系统接收外部传递的报文，翻译成业务数据传递到资金业务处理模块，资金业务处理模块更改相应业务数据的状态，同时生成会计凭证传递给账务处理模块。业务处理中的基础信息需要从基础档案中获取。

4. 计结息处理功能指资金业务处理模块在结息日自动计算存款利息和透支利息，复核通过后，发送支付指令给支付接口模块进行利息的扣收，同时反馈信息给结算接口模块，由结算接口模块反馈给其他系统。同时生成会计凭证并传递凭证信息给账务处理模块进行凭证管理。业务处理中的基础信息需要从基础档案中获取。

5. 日间、日终处理是指系统在支付日、扣划日、解冻日、撤销日、结息日自动对未处理的业务进行处理，包括传递支付指令给支付接口进行实际支付操作，生成会计凭证，传递会计凭证信息给账务处理模块进行登记管理，更新业务数据的状态，反馈处理结果给发起方等操作。日间、日终处理失败的业务数据可以进行人工处理操作（例如人工发起撤销操作）。

6. 查询处理可以查询到各个业务的明细信息及处理状态，并且也处理其他系统发出的查询指令，包括到期检查指令、一般查询指令。例如冻结资金是否到期自动解冻、资金账户是否充足等查询信息。资金业务处理模块系统处理完成后，反馈查询结果给发起方。

（三）账务处理模块主要根据人工生成会计凭证，同时接收管理资金业务处理模块传递过来的会计凭证，根据凭证信息生成分户账、总分账、明细账的账簿信息。账务处理模块预先设置了常用报表，通过录入日期、币种等信息计算出需要的报表。账务处理模块每日日终定时把当天生成的会计凭证信息通过账务接口传递给账务系统。

（四）基础档案维护资金账务系统使用的一些基本信息，包括会计科目、核算币种、汇率、利率、账户信息（内部账户、外部账户）、资金种类、结算银行、支付途径、应付款种类、应收款种类、会员结算款种类信息维护。

五、风险管理系统

风险管理系统（风控系统）是被动接收清算处理系统发送的交易数据，进行一系列合规性检查，并完成保证金要求计算，反馈保证金足额信息，生成保证金追加事件等，并进行保证金资产管理和风险敞口实时监测等。

其主要功能包括：风控合规性检查、保证金管理、风险敞口实时监测、清算会员信用评级、风控统计和查询模块。

图 6 - 8 为风险管理系统主要功能图。

以上为风险管理系统的主要业务流程以及相应子模块之间的逻辑关系，简要说明如下：

1. 风控系统实时逐笔或批量定时接收清算处理系统发送的待风控检查交易数据，对交易数据进行风控集中度检查、清算限额检查、超限额保证金检查和清算会员信用风险额度检查后，将检查结果异步返回给清算处理系统。

• 对于合规性检查通过的交易，清算处理系统将进行后续头寸管理等操作，并进行对限额的占用操作。

• 对于风控合规性检查不通过，检查结果反馈清算处理系统，清算处理

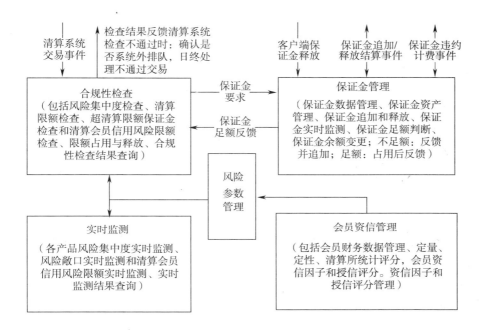

图 6-8 风险管理系统主要功能图

系统根据交易信息确认是否将交易放入等待队列。

● 对于风控集中度检查不通过的交易，当头寸减少交易事件发生后，同时通知清算处理系统等待队列，对等待合规性检查的交易信息按交易时间重新轮询检查。

● 对于清算限额检查不通过的交易，待保证金足额反馈后，将产生保证金追加的该笔交易进行清算会员的信用风险限额检查，检查通过后，反馈清算处理系统。同时对该会员所有的等待队列交易按规则重新轮询检查。

2. 日间当交易净额超过清算会员容忍度时，风控系统将自动生成保证金追加事件，发送到结算处理系统形成保证金追加指令。保证金追加完成后将信息反馈，完成对交易信息的清算限额检查。日终风控系统自动计算各会员、产品的保证金情况，系统自动生成保证金追加事件，保证金的追加和确认操作结算处理系统完成，将保证金追加确认的状态同时返回到风控系统。在保证金余额超过所需额度之后，可触发保证金释放事件，客户端可查询出可释放的保证金信息，会员在客户端执行保证金释放操作后，系统将在结算处理系统完成保证金释放处理操作并反馈更新风控系统的保证金信息。

3. 风控实时监测的对象与合规性检查对象一致。风控实时监测功能为对各会员、各产品的风险敞口实时监测、头寸风险集中度实时监测、外汇询价风险集中度实时监测、外汇掉期风险集中度实时监测和清算会员信用风险限额实时监测。监测方式为实时计算各被监测因子，与系统配置的各因子限额关系进行比较。采用不同的预警指标进行分级别预警。

4. 风控系统提供会员资信管理功能，包括会员财务数据的录入，并通过定量指标的计算、定性指标的判断、统计评分标准相结合的方式，最终形成会员授信评分值和资信因子。该值为后台计算维护，后台可维护，会员无法查询。通过资信因子可以得到风险参数管理的清算限额值和会员信用风险限额值。

5. 风险参数管理模块管理清算限额和信用风险限额值，同时提供对风险集中度参数的管理。交易通过合规性检查和交易状态变更后将实时做限额的占用和释放操作，同时实时变更清算限额和信用风险限额余额值。同时，提供根据操作员对风险参数的管理功能。

6. 风控系统同时还提供查询统计及报表生成等功能。

六、资金支付系统

资金支付系统主要功能是接收资金财务系统传递的支付指令，根据支付途径翻译成对应的报文格式，发送到外部接口程序，外部接口程序实时或非实时反馈支付处理结果，资金支付系统接收到外部接口程序反馈的处理结果报文，同步翻译成业务数据反馈给资金财务系统。

下面为资金支付系统的主要逻辑结构：

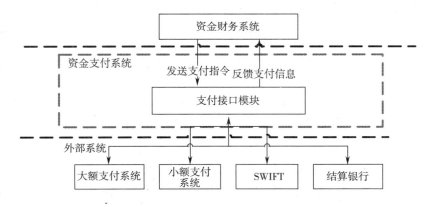

　　资金支付系统接收资金财务系统发送的支付指令信息，支付接口模块转换业务数据为外部支付系统（大额支付系统、小额支付系统、SWIFT、结算银行）可以识别的支付要素、报文和指令，支付接口模块处理完成后将处理结果反馈给资金财务系统。

　　外部支付接口渠道包括大额支付系统接口、小额支付系统接口、商业银行直连接口（结算银行接口）、SWIFT 接口等。

6.3.5　与第三方支付系统比较

　　相比社会上的第三方支付组织，保险业清算支付系统能够更好地服务保险业。保险业清算支付系统专注于保险业的支付业务，有众多业内专家出谋划策，可以设计出更好的解决方案，为保险业提高业务水平和管理水平服务。

　　保险业清算支付系统与保险业务具有天然的密切关系。支付本身即是保险业务处理流程中的一个节点，系统的支付结算处理就是各个保险业务支付环节的集中处理点。比如，赔付款清算支付，系统完成代位求偿补偿款净负债的支付结算，是代位求偿业务链上的最后一点。

　　保险业清算支付系统可以定制特殊的业务品种，如代位求偿多边轧差清算和支付结算。今后还可以为像"见费出单"、"分保业务"之类的业务设计相应的支付结算方案。

　　保险业清算支付系统专注于保险业务的支付结算，系统的参与者都是与保险业务有直接联系的关系人。系统的参与者数量有限，并且有严格的系统准入标准和退出机制，因此系统比社会上的第三方支付组织更安全。

　　保险业清算支付系统可以更好地配合行业管理。保监会依法对各家保险公司进行监管，维护保险市场秩序，保护投保人、被保险人和受益人的合法权益。系统记录和保存保险业务中的支付信息，可以为检查、审计和管理工作提供真实可靠的信息。

　　保险业清算支付系统具有服务性和行政性双重属性。服务性是清算系统的天然属性，只有服务好参与者，系统才能生存和发展。保险业清算支付系统需要不断扩大服务对象，加深服务层次。这点与其他第三方支付组织相同。

　　同时，保险业清算支付系统又是保监会下属机构经营的系统。在支付业务品种和支付解决方案设计时要满足行政管理的要求。同时，一些支付业务可能也会被要求强制使用，保险业清算支付系统成为其唯一指定支付结算通路。

6.3.6　车险清算支付系统

目前，各地先后建立了车险信息共享平台。通过这一平台，各省市的车险费率得到较好管控，车险市场进一步规范，消费者利益得到进一步保障。

车险清算支付系统作为保险业清算支付体系建设的第一个工程，可以依托全国车险信息集中平台，将车险代位求偿案件的业务处理、账务清算和资金支付进行规划和整合。

在借鉴国内外现有清算支付体系的基础上，以车险固有的属性和特征为出发点，构建适合保险业发展的清算模型。

车险清算模型分为主辅两大系统，主系统包括代位求偿案件处理系统、清算支付系统的清算模块和支付模块，辅系统是影像系统（如图6－9所示）。

图6－9　车险清算模型总括图

代位求偿案件的处理和清算都将通过上述4个系统运行。现将整套流程（如图6－10所示）说明如下：

1. 案件处理

案件处理系统按照各保险公司的省级分公司受理代位求偿案件。当车辆相撞造成损失时，若投保车损险，次/无责一方有选择进行代位求偿的权利。当次/无责方选择行使此权利向投保的保险公司报案后，在收集、审核相关单证的基础上，次/无责方承保公司在案件处理系统进行相应的申报登记，将相关代位求偿基本信息、财务支付信息、主体信息等汇总报送于业务系统。无责方保险公司进行信息报送后，该案件正式在案件业务系统登记备案，有责一方的保险公司随即收到集中平台代位求偿案件系统报送的信息。之后，报送信息及相关单证在双方保险公司之间进行流转、案件互审和单证互查，双方确认信息后，该案件的各项准备工作完成，交付清算系统。这一过程中单证的流转过程借助影像系统来实现。对于那些审核没有通过的案件，保险公司要重新审核代位求偿信息，确认未通过原因后继续报送。

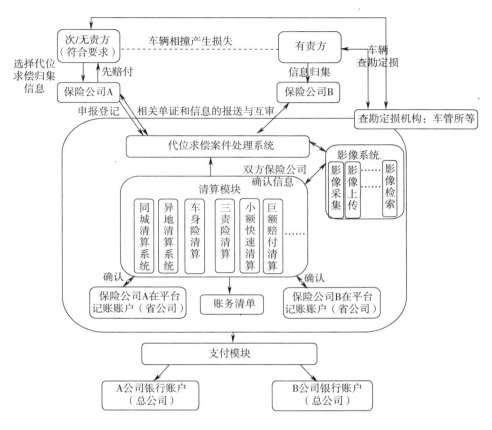

图 6 – 10 车险清算模型流程图

2. 账务清算

当该案件进入清算系统后，工作人员再次对相关单证、代位求偿信息记录进行确认。确认无误后，系统生成最终的理赔账务清单。此时，清算系统向双方保险公司报送账单，双方保险公司需要确认偿付金额。资金确认后即排队进入支付系统，按一定的时间间隔进行保险机构之间的清算。保险公司通过访问清算系统，对代位求偿案件的账务进行确认、汇总和轧差，对确认的代位求偿案件及偿付金额在支付环节进行支付。

3. 资金支付

双方在确认账单后即完成清算，所有相关确认信息由清算系统进入支付系统。保险清算体系的支付功能同样可以借助完善的银行体系以及先进的计算机技术，按照一定的时间规定（如 T + 0，T + 1 等）由平台将资金在各保险公司的银行账户间划拨。

保险支付系统本身依附于大型的代位求偿平台，且以与其合作的银行作为信用依托，因此保险支付系统能够较好地突破网上交易中的信用问题，有利于推动保险业电子商务的发展。

6.4　第三方支付系统

随着网络通信技术的快速发展及计算机应用的迅速普及，第三方支付系统作为一种新型支付模式，正在迅猛发展起来。车险信息共享平台及清算系统的建设，为第三方支付系统的实现奠定了基础。建立保险业专门的支付系统，可以在整个行业内实现业务处理、财务清算和资金支付的无缝对接，构建一体化服务流程，减少跨行业协调和消耗，实现行业内部全面数据积累。而且，由于保险交易量的日趋上升，建立保险行业统一的支付平台非常重要，可以为保险企业和消费者提供很大的便利。

6.4.1　我国清算支付现状

在中国，提供公共服务的支付服务组织有中国人民银行、银行业金融机构和非金融支付服务组织。

人民银行负责管理现代化支付系统（包含大额支付系统、小额支付系统和网上支付跨行清算系统）、支票影像交换系统和境内外币支付系统。

商业银行建立的支付清算系统处理本行内部支付业务的清算结算，以及与其他银行之间跨行支付业务的清算结算。

近年来，电子化、网络化的发展降低了支付清算服务的技术门槛和实施成本，一批互联网支付服务组织加入提供支付清算服务的行列，如支付宝、易宝、快钱等。

还有一些处于银行与非金融支付组织之间的、专门服务于特定领域的非银行支付组织，如中国银联、城市商业银行资金清算中心、农信银资金清算中心、中央债券登记结算公司、中国证券登记结算公司、集中代收付中心等。

中国银联，运营全国的银行卡跨行信息交换网络系统，提供银行卡跨行信息交换专业化服务。

城市商业银行资金清算中心，经营城市商业银行等中小金融机构的银行汇票资金清算等业务。

农信银资金清算中心，面向全国农村信用社、农村商业银行、农村合作银行及其他地方性金融机构，办理实时电子汇兑业务、银行汇票业务的异地资金清算和个人存款账户通存通兑业务的资金清算等业务。

中央债券登记结算公司为全国银行间债券市场提供国债、金融债券、企业债券和其他固定收益证券的登记、托管、交易结算等服务。

中国证券登记结算公司下设上海、深圳两个分公司，为我国证券市场提供证券登记结算服务，包括证券账户管理、证券存管和登记、证券交易的清算和结算等服务。

集中代收付中心是指经中国人民银行批准，依托小额支付系统开办集中代收付业务的组织。

6.4.2　第三方支付的发展

第三方支付组织，指独立于商户和银行、为商户和消费者的交易提供支付服务的机构。第三方支付组织，也称电子支付组织、互联网支付服务组织或新型支付组织。在人民银行《非金融机构支付服务管理办法》中，称为非金融支付机构。

《非金融机构支付服务管理办法》中对"非金融机构支付服务"的定义是："指非金融机构在收付款人之间作为中介机构提供下列部分或全部货币资金转移服务：网络支付；预付卡的发行与受理；银行卡收单；中国人民银行确定的其他支付服务。"

网络和信息技术的发展，推动传统金融产业的创新和变革。电子支付正是在这样的背景下应运而生的。从 1986 年中国银行发行国内第一张银行卡，到 1997 年招商银行运营国内第一家网上银行，历时十余年。1993 年国内成立了第一家第三方支付组织——首信易支付。首信易支付实现了跨银行、跨地域提供多种银行卡在线支付服务，支持全国 23 家银行 60 余种银行卡和国际 4 种银行卡在线支付。之后陆续出现了非独立第三方支付平台和独立第三方支付平台。前者依托电子商务网站，如支付宝和财付通；后者不直接参与商品、服务的买卖，只承担支付功能，如银联电子支付、易宝支付。近年来，支付宝推出"信用中介"服务模式，突破了以往单一支付网关的服务模式，使各方人士看到了支付服务蕴藏的市场空间，促使第三方支付服务向个性化服务和增值服务发展，第三方支付服务进入一个快速发展阶段。

第三方支付服务可分为以下四种类型：支付网关、虚拟账户、多用途储值卡和收单服务。

（一）支付网关

关于实现在线支付，若商户独自开发与银行的通讯接口，连线多，成本高，能力差，中小网上商户难以做到。支付网关起到枢纽作用，一边连接众多银行，另一边连接众多商户，简化了在线收款。支付网关记录交易明细和收款记录，商户与支付组织定期核对账目，收取货款。提供支付网关服务，是第三方支付组织最初的立脚点。

（二）虚拟账户

在第三方支付组织为买卖双方提供信用中介服务的情况下，第三方支付组织承担了为顾客暂时保管资金的责任。顾客将应付货款从自己的银行账户中转移到第三方支付组织的账户中，第三方支付组织记录下对这个顾客的债权，即所谓虚拟账户。

随着时间的推移，虚拟账户逐渐脱离最初的宗旨——信用中介，变为实际上的银行户头。

（三）多用途储值卡

多用途储值卡是顾客向发卡机构购买了一张指定消费范围的储值卡，这张卡可以在指定商户支付货款或服务费用。相对于多用途储值卡的是单用途储值卡，一般用于企业内部的消费——如饭卡。

（四）收单服务

收单服务，是指收单机构通过受理终端为特约商户提供的受理银行卡并完成相关资金结算的服务。

清算支付中心建设的最终目标，就是成为面向保险业的第三方支付组织。

目前，车险清算支付系统的服务内容是代位求偿下的清算支付业务，车险清算支付系统是车险信息共享平台的组成部分。而将来的清算支付中心具有更多的第三方支付组织特征，比如为客户提供更多的保险业务清算支付解决方案；提供更全面的清算支付服务；清算支付系统与车险平台"解耦"，成为独立的系统；完善清算支付体系建设，满足金融监管部门的资质要求，获得经营许可证，成为真正意义上的第三方支付组织，为更广泛的客户群提供支付服务；确立盈利模式、成为自负盈亏的经营性企业。

6.4.3 保险业第三方支付组织体系架构

清算支付体系，是指围绕支付服务的组织机构、各项制度和技术要素的组合，涉及组织机构、应用服务、业务系统、基础设施、标准规范、风险管理、信息安全、管理办法等项内容。

一、清算支付中心

清算支付中心，是代表出资人经营和管理支付系统的日常管理机构。

二、应用服务

应用服务，是指清算支付中心为使用者提供的服务，包括支付业务品种、使用者接入方案、业务解决方案等。支付业务品种，指系统提供的借记业务、贷记业务和转账业务等支付服务种类。贷记业务，体现付款方主动付款的能力。借记支付和转账支付，则体现非付款方主动转移资金的能力。一般讲，贷记业务是所有清算系统基本的支付业务，而借记支付和转账支付就不是每个清算系统都能够提供的服务。借记支付和转账支付为使用者开展支付服务预留了更大的空间。

使用者接入方案，是考虑到使用者的 IT 建设成本，为其提供不同的接入方式，如直连/间连前置机、前置业务系统＋Web 访问页面、卡支付、电话支付、移动支付（手机、移动 POS 机等）。清算系统还需制定具体的接入技术规范，方便使用者连入系统。保险业，一般需要的是固定式的支付终端，但对于走访客户的保险代理来讲，移动支付可能对业务开展会带来帮助。

业务解决方案，指注重从客户需求出发，从行业支付需求特性出发，提供具有整合性的更人性化、更便捷、更便宜的支付解决方案。比如，支付宝为了消除顾客与商家之间的不信任，提出了全新的购销支付模式，即客户预付货款到支付宝账户，商家发货，顾客确认收货，支付宝将货款汇付商家的模式。支付宝的做法，突破了以往支付组织的"支付网关"定位，提出了"信用中介"的新业务模式，为自己找到了一片"蓝海"。

作为保险业的第三方支付组织，就要深耕保险业，提供按需定制的整体支付解决方案，解决行业电子支付的迫切需求。

三、业务系统

业务系统，是指清算系统自身的模块集群体系，包括交易处理、运营支持、管理统计等部分。交易处理，主要为用户提供清算、支付等交易相关的服务；运营支持，主要完成客户服务、网络管理、门户运营、业务参数管理、业务监控和系统监控等与系统运营相关的业务；管理统计，主要包括风险管理、财务处理、客户关系管理、统计分析等功能。

保险业清算支付系统是由多个定时清算模块、一个实时支付模块和一个支付结算模块组成的主业务处理模块群。定时清算模块，是指在约定周期结束时将每类支付业务按笔拆成以业务系统为中央对手方的两笔业务，分别计算债权，并汇总某一参与者针对业务系统的债权债务净额。实时全额支付模块，对支付业务进行实时逐笔支付结算。支付结算模块，与银行配合，完成最终的资金转移记账处理。

在初期，只有一个定时清算模块（代位求偿清算模块）和一个支付结算模块。以后随着业务扩展，将适时增加更多的定时清算模块和实时全额支付模块。

四、基础设施

基础设施，指基础性技术设施，如网络系统、硬件系统和数据库系统。基础设施构成系统的运行环境，应具有良好的安全性、稳定性和可扩展性。

五、标准规范

标准规范，包括业务处理流程、报文标准，规范系统内业务处理和系统与外部环境间的信息交流。业务处理流程，说明系统支持哪些种类的业务，各类业务在使用者与系统之间、与其他使用者之间的处理步骤、信息交互特征、记账时点和记账分录，定义和规范业务属性、业务含义，统一使用者对业务的认识。报文标准，包括报文种类、报文用途、报文流转模式、报文结构、报文域赋值范围和编码含义说明等。

六、风险管理

风险管理，在支付业务中特指信用风险、流动性风险、运行风险、操作风险。

七、信息安全

信息安全，即保证清算系统的保密性、完整性、可用性、真实性和不可否认性等安全属性。保密性是指交易过程中保证信息不会泄露给非授权人员。完整性，是指交易过程中数据没有被篡改和破坏，以及防止信息的丢失和重复。可用性，是确保授权用户在系统运行期间可以获取相应的信息和服务。系统应预防和控制网络故障、操作失误、程序错误、硬件故障、计算机病毒、黑客攻击等潜在风险。不可否认性，是指交易信息发送后，双方都不能否认自己曾发出或接收过该信息。

八、管理办法

管理办法，是指系统拥有者为了规范系统使用而制定的标准、规则。包括准入标准、退出机制、运营管理办法等。

6.4.4 政府对第三方支付的监管

针对电子支付服务、第三方支付服务，人民银行陆续出台了一些法令和规章：

- 电子支付指引（第一号）
- 非金融机构支付服务管理办法
- 反洗钱法
- 支付机构互联网支付业务管理办法（征求意见稿）
- 支付机构客户备付金存管暂行办法（征求意见稿）
- 银行卡收单业务管理办法（征求意见稿）

《电子支付指引（第一号）》颁布较早，是针对银行业电子支付的管理要求，总计六章四十九条，主要包括五个方面的内容：一是界定了电子支付的概念、类型和业务原则；二是统一了电子支付业务申请的条件和程序；三是规范了电子支付指令的发起和接收；四是强调了电子支付风险的防范与控制；五是明确了电子支付业务差错处理的原则和要求。

《非金融机构支付服务管理办法》于 2010 年 9 月颁布，其指导思想是"规范发展与促进创新并重"。"规范发展"，是指建立统一的非金融机构支付服务市场准入制度和严格的监督管理机制，保证不同机构从事相同业务时遵循相同的规则，防止不正当竞争，保护当事人的合法权益，维护支付服务市场稳定运行。"促进创新"，主要是指坚持支付服务的市场化发展方向，鼓励非金融机构在保证安全的前提下，以市场为主导，不断创新，更好地满足社会经济活动对支付服务的需求。

《非金融机构支付服务管理办法》共五章五十条，主要内容是：

1. 第一章总则，主要规定《办法》的立法依据、立法宗旨、立法调整对象、支付业务申请与许可、人民银行的监管职责以及支付机构支付业务的总体经营原则等。

2. 第二章申请与许可，主要规定非金融机构支付服务市场准入条件和人民银行关于《支付业务许可证》的两级审批程序。市场准入条件主要强调申请人的机构性质、注册资本、反洗钱措施、支付业务设施、资信状况及主要出资人等应符合的资质要求等。

3. 第三章监督与管理，主要规定支付机构在规范经营、资金安全、系统运行等方面应承担的责任与义务。规范经营主要强调支付机构应按核准范围从事支付业务、报备与披露业务收费情况、制定并披露服务协议、核对客户身份信息、保守客户商业秘密、保管业务及会计档案等资料、规范开具发票等。资金安全主要强调支付机构应在同一商业银行专户存放接受的客户备付金，且只能按照客户的要求使用。系统运行主要强调支付机构应具备必要的技术手段及灾难恢复处理能力和应急处理能力等。

4. 第四章罚则，主要明确人民银行工作人员、商业银行、支付机构等各责任主体相应承担的法律责任等。

5. 第五章附则，主要明确《办法》的过渡期要求、施行日期等。

《反洗钱法》于 2006 年 10 月颁布，共分为总则、反洗钱监督管理、金融机构反洗钱义务、反洗钱调查、反洗钱国际合作、法律责任、附则七章三十七条。反洗钱法的适用范围不只限于银行、证券、保险等金融机构，还包括非金融支付组织。主要内容包括：报告大额和可疑交易信息、了解和确定客户的身份、保存客户的身份资料和交易记录、反洗钱信息严格保密等几方面。

《支付机构互联网支付业务管理办法（征求意见稿)》、《支付机构客户备付金存管暂行办法（征求意见稿)》和《银行卡收单业务管理办法（征求意见稿)》尚处于征求意见阶段。

6.5　相关建议

车险清算支付系统，是保险业清算支付体系建设的第一步。清算支付系统的建立将对整个保险业清算支付体系的建设打下良好的基础。清算支付系统的建设对保险业来讲是一种创新，在建设初期需要对保险清算支付系统进行较多的技术和业务探索，保证保险公司间清算支付的顺利进行。鉴于此，建议如下：

1. 完善相关制度，加大协调力度，充分发挥行业协调作用。车险清算系统的建立是行业内部日渐发展成熟的标志，也是向着系统完备发展的重大里程碑，不仅需要保险公司间的配合、消费者的支持，更需要行业组织在其中发挥服务协调作用，完善相关制度，明确各方权利和义务，保证清算系统的顺利实施。

2. 依托高科技手段，结合保险业自身特点，将 IT 技术与行业信息共享发展相结合。保险业清算支付体系将纳入消费者、保险公司、行业协会以及第三方组织等各方数据信息，由此，对整套系统的数据质量、保密性等都有较高要求。这些都需要以"先进、安全、稳定"的高科技手段支持，实现 IT 与业务的完美融合。

3. 车险清算支付系统的设计应注重操作便捷，提高行业效率，同时注重防范风险。系统建立的目的是为车险行业提供一个良好的理赔清算平台，打破保险公司现有的资金清算模式，改善清算流程，提高理赔效率和资金使用效率。因此，车险清算支付系统建设要在理清业务流程的基础上，尽量简洁、清晰，最大限度地方便保险公司使用。此外，系统与保险公司的资金紧密联系，为保证资金的安全，防范和化解风险，应当尽量减少人为干预，将风险降到最低。

4. 应当合理设置系统准入门槛，建立系统退出机制。车险清算支付系统除应具有客观的参与和退出标准外，还应考虑对支付系统风险和效率产生影响的因素。建立相应的规章制度和应急措施，通过监管手段，规范保险公司行为，建立恰当的准入和退出机制，有助于加强管理，保障清算支付业务的顺利进行。

5. 在初步建造时，考虑清算体系长远发展。现阶段，清算体系的建立主要是为满足车险代位求偿的清算需求。从长远来看，对于其他财产险的清算支付、对寿险的清算支付等，清算系统都能发挥巨大作用。因此，清算体系要充分考虑其可扩展性，在对其他业务流程梳理的基础上通过对清算支付系统的升级、改造，逐步补充、完善保险业的各个清算流程，提高资金的使用效率，为保险业健康发展奠定坚实基础。

本章小结：本章研究了国内外经典的清算支付案例，对保险业车险平台的清算支付功能进行重点分析。车险清算支付系统的建设为实现车险代位求偿保险公司之间代垫赔偿金额的清付提供统一平台，提高资金清算支付效率，提升行业服务质量。另外，通过对第三方支付体系的分析，提出建设保险业统一支付平台的建议，并对建设过程中面临的问题提出解决方案。

7　车险平台电子商务功能

近年来，随着计算机技术和互联网宽带技术的迅速发展，特别是智能手机的广泛应用，电子商务呈现出快速增长的势头，利用互联网进行网上交易的人越来越多。网络的便利性降低了人们外出交易、购物的必要性，电子商务也让我们的生活变得更加快捷高效。我国政府在国民经济和社会发展"十二五"规划纲要中明确提出要求，要积极发展电子商务，完善面向中小企业的电子商务服务。"十二五"期间，电子商务被列入战略性新兴产业的重要组成部分，作为新一代信息技术的分支，成为下一个阶段信息化建设的重心。

7.1　电子商务发展趋势

电子商务通常是指在全球各地广泛的商业贸易活动中，在互联网开放的网络环境下，基于浏览器/服务器应用方式，买卖双方不谋面地进行各种商贸活动，实现消费者的网上购物、商户之间的网上交易和在线电子支付以及各种商务活动、交易活动、金融活动和相关的综合服务活动的一种新型的商业运营模式。

联合国国际贸易程序简化工作组对电子商务的定义是：采用电子形式开展商务活动，它包括在供应商、客户、政府及其他参与方之间通过任何电子工具，如 EDI、Web 技术、电子邮件等共享非结构化商务信息，并管理和完成在商务活动、管理活动和消费活动中的各种交易。由此可见，电子商务是以商务活动为主体，以计算机网络为基础，以电子化方式为手段，在法律许可范围内所进行的商务活动过程。

电子商务涵盖的范围很广，常用的有以下三种模式：

1. 企业对企业（Business – to – Business，即 B2B）：指以企业为主体，在企业与企业间进行的电子商务交易活动。通过 B2B 商业模式，可以简化企业之间咨询流通成本，使企业间的交易更快、成本更低。最典型的代表就是阿里巴巴的电子商务模式。

2. 企业对消费者（Business – to – Consumer，即 B2C）：企业通过互联网销售产品或服务给消费者，这是目前最常见的电子商务模式。企业供应商直接将产品或服务发布到网络上，并提供充足资讯与便利的接口吸引消费者选购。亚马逊、京东商城就是代表。

3. 消费者对消费者（Consumer – to – Consumer，即 C2C）：指消费者与消费者之间的互动交易行为。C2C 电子商务模式通过为买卖双方提供一个在线交易平台，卖方将产品或服务发布到网络上，买方自行选择商品进行竞价或购买。其代表包括 eBay 和淘宝。

其他的电子商务模式还有消费者对企业（Consumer – to – Business）、企业对政府（Business – to – Government，即 B2G）、混合电子商务模式等。电子商务最常见的安全机制有 SSL（安全套接层协议）及 SET（安全电子交易协议）两种。保险业用到的主要是 B2C 电子商务模式，即保险公司、代理机构等对消费者的电子商务平台。

我国电子商务正处于快速发展期，市场交易额规模也在快速地增长。据中国电子商务研究中心监测数据显示，2011 年中国电子商务市场交易额达到 6 万亿元，同比增长 33%（如图 7 – 1 所示）。电子商务发展的内生动力和创新能力日益增强，正在经历密集创新和快速扩张的时期，而且还在不断加速膨胀。随着电子商务在各领域的应用不断深入和普及，电子商务正在与实体经济

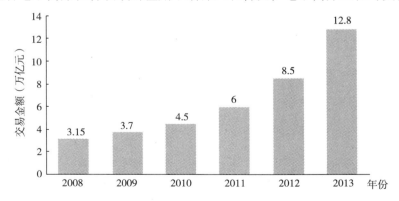

数据来源：中国电子商务研究中心监测数据。

图 7 – 1　2008 ~ 2013 年中国电子商务市场交易规模

深入融合，成为推动中国经济增长的新动力，引导中国经济未来发展的方向和模式。目前，电子商务已经迅速进入工业、农业、贸易和金融服务等各种行业，由于很好地将信息技术与各类行业进行融合，无论是从转变经济发展方式还是扩大内需的角度来讲，电子商务的前景都非常看好，势必成为未来经济的新增长点。

电子商务服务业的发展，对个人、产业、经济乃至整个社会产生深远影响，形成一股不可估量的力量，推动信息社会发展进程。我国电子商务的发展呈现出以下趋势：

1. 电子商务发展环境不断完善。我国网络基础设施不断改善，用户规模保持快速增长。2011 年互联网普及率达 38.3%，网民规模达到 5.13 亿，移动电话用户数达到 9.86 亿，其中 3G 移动电话用户 1.28 亿，手机网民规模达到 3.56 亿。国家高度重视电子商务，相关部门出台了一系列扶持电子商务发展的政策，为我国电子商务发展营造了良好的制度环境，促进了电子商务健康发展。社会公众对电子商务应用意识不断增强，应用技能不断提高。电子商务国际交流与合作日益广泛，国际化发展进程进一步加快。

2. 电子商务与实体经济深度整合。电子商务与各行各业融合将进一步加深，将不断提升我国传统产业国际竞争力，转变经济发展方式，创新经营模式，提高生产经营效益。电子商务将逐步贯彻"以客户为中心"的理念，融合互联网相关应用，满足不同用户的个性化和多元化需求。电子商务服务业的作用将更加突出，逐步成为新的"商务基础设施"。电子商务平台的建立，使得生产商与消费者之间的信息不对称壁垒正在消除，面向供应链的全程电子商务服务将是大势所趋。

3. 计算机技术与商业模式创新将继续推动电子商务快速发展。云计算、物联网、移动通信等技术创新，将大大促进电子商务服务模式创新。大规模、个性化的消费需求和持续升级的消费结构将推动电子商务商业模式创新。移动电子商务应用前景广阔，发展势头迅猛，将加速渗透到生活、工作的各个领域，向普及化方向发展。另外，电子商务与商业智能的有效结合，将引发数据服务业的兴起，以及个性化、准确化营销的发展。

温家宝总理在考察阿里巴巴时曾指出："电子商务有着无限的发展潜力。"随着我国工业化、信息化、城镇化、市场化和国际化的深化发展，电子商务将迎来加速发展的战略机遇期。

7.2　电子商务在保险业中的应用

作为现代金融四大支柱之一的保险业和信息是紧密相连的，保险中的每个环节都离不开信息技术的支撑。保险电子商务作为一种新型的营销渠道和服务方式，由于成本低、信息量大、方便快捷、服务连续等特点，正在被越来越多的保险公司和消费者所接受和认同。

保险电子商务是保险与电子商务相结合的产物，指保险企业通过网络开展电子商务，通过互联网为客户提供个性化的保险服务和综合理财服务；从更广义的角度上来讲，保险电子商务还包括：保险企业的内部活动、保险企业之间、保险企业与非保险企业之间以及与保监会、税务部门等政府相关机构之间的商务活动、消费活动、沟通活动等[①]。保险电子商务具有以下特点：

1. 虚拟化：互联网能够超越时间约束和空间限制进行信息交换，因此保险消费者可以不到保险公司或代理网点，直接输入网站地址，敲击鼠标和键盘，便可完成保险产品的购买。保险电子商务平台不需要现实的货币，所有账务往来都是以数字化在网络上进行交互。

2. 透明化：网络使得客户与保险公司之间的交易更加直接透明。客户可以不受保险中介的干扰，有充足的时间熟悉了解相关产品，并在多家保险公司及多种产品中进行选择和比较，实现理性消费。而且，网上保险可以随时根据消费者的个性化要求提供定制的产品开发和服务，最大限度地满足客户的需求。

3. 电子化：保险公司与客户之间通过互联网进行交易，尽可能地在交易过程中采用电子商务合同、电子签名、电子传递、网上支付等方式，实现无纸化交易，避免了传统保险活动中书面合同的填写、递送、保管等事宜，实现了快速、准确双向式的数据信息交流。

4. 时效性：网络服务器可以存储大量信息，使得保险公司随时可以准确、迅速、简洁地为客户提供所需资料，客户也可以方便、快捷地访问电子商务平台，获得诸如公司背景、保险产品及费率的详细情况，实现实时互动。而且，保险电子商务提供了网上投保申请、在线核保、在线支付、实时出单、即时生

---

① 公安部交管局统计信息：2011 年。

效等一站式高效投保流程，极大缩短了销售周期，真正为客户提供快捷周到的服务，提升客户满意度。

5. 经济性：通过互联网进行保险交易和服务，可以节省代理费用和业务维护费用，降低销售成本。据调查得出，网络销售成本主要包括后援支持费用、网络通讯费用、设备折旧费等，总体费用率约为 10%，而个人代理渠道的费用率约为 28%，是销售渠道的 2.8 倍。由于网销减少了保险推销的中间环节，降低了管理成本和产品费率，因此通过网络购买保险一般要比传统营销方式便宜 10% 至 15%，保险机构和消费者均有 "利" 可图，实现双赢。

6. 多途径：电子商务平台中，保险公司可提供多种接入方式，如浏览器、WAP、短信、Web Service、Call Center 等。这些服务的提供可适用于不同类型的客户群，真正实现了保险服务无处不在，无时不在。

7. 宣传广：保险公司每当推出新产品时，可以用网上广告、公告牌、电子邮件等方式向全球发布电子广告，向客户发送有关保险动态、行业政策、防灾防损咨询等信息。社会公众也可以自行上网查询相关信息，了解各种保险产品的情况，有效地解决了借助报纸、宣传册等时效性差的毛病。

基于以上优势，保险电子商务已经成为全球保险公司拓宽市场，提升竞争力的必不可少的手段。2008 年以来全球保险电子商务保费收入占比逐年提高，虽然全球金融危机对市场增速存在一定的负面影响，但保险电子商务保费收入占比依然从 5.5% 增长到 6%。也正因为电子商务业务逆势而上的发展趋势，及其在全产品线上的整合与渠道创新能力，使得全球越来越多的保险机构认识到拓展电子商务营销渠道对其在业务链条整合、成本控制与企业形象塑造方面的价值与意义。

根据赛迪报告，2008 年全球电子商务保费收入达到 2460.8 亿美元，同比增长 18%，保费收入占全球总保费收入的 5% 左右，2009 年受全球金融危机影响，保险业总体保费收入出现负增长，但电子商务保费收入仍然维持了 4% 的市场增长（扣除通货膨胀影响），电子商务业务占比升至 5.8%。2010 年全球保险电子商务保费收入达到 2821.1 亿美元，同比增长 19.6%。2011 年全球保险电子商务保费收入达到 3388.1 亿美元，同比增长达到 20.1%，如图 7 - 2 所示。

欧美保险电子商务依然保持领先地位。在美国、英国、法国、韩国等保险业和 IT 业比较发达的国家，通过互联网进行保险服务已经越来越广泛。在

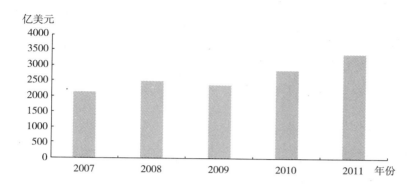

资料来源：赛迪报告。

图 7 - 2   全球电子商务保费收入

2010 年全球保险电子商务市场规模中，美国与欧洲市场占据了 65.3% 的份额。在美国，80% 以上的保险公司都已经开展电子商务服务，部分险种网上交易额已占到 30% ~50% 的市场份额。在英国，电话销售和网上车险产品销售占整体市场的 50% 以上。在韩国，通过互联网购买汽车保险服务的费用比传统方式节约 30%，2011 年网上车险销售占总体市场的 26% 以上，如图 7 -3 所示。

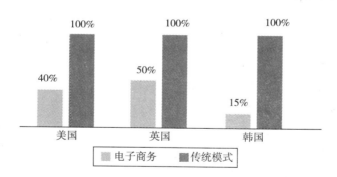

资料来源：赛迪报告。

图 7 -3   各国保费传统收入和电子商务收入比例

与欧美成熟的保险市场相比，中国的保险市场尚处在初级阶段。然而，随着电子商务技术的不断发展和互联网用户的不断增加，保险电子商务逐步发展壮大起来。除了各大保险公司开设网上直销渠道，由保险经纪公司或者其他代理公司开设的第三方电子商务平台也陆续发展起来。截至 2011 年底，中国保险行业共有 36 家保险公司开展了网上保险，占保险公司总数的 23%，相比

2008 年的 17 家，增幅达 111.8%。"十二五"期间将是中国保险电子商务迅速发展的重要时期，根据 IDC 的最新报告，保险电子商务用户数量将以 50% 以上的年增长率递增，2015 年中国保险业电子商务收入将超过 300 亿元。

从图 7-4 中可以看出，虽然中国的保险电子商务取得了快速发展，然而其市场规模仅占保险业全部保费收入的 1% 左右，明显低于全球 5% 左右的平均水平。根据中国互联网络信息中心（CNNIC）统计，2011 年底中国网民人数已经超过 5 亿，海量网民是保险电子商务发展的基础。2011 年 8 月，中国保监会发布《中国保险业发展"十二五"规划纲要》，提出到 2015 年保险业保费收入达到 3 万亿元，同时要求对电子商务和云计算等新技术予以重点关注。因此，利用网络营销开展保险业务具有很大的市场潜力。

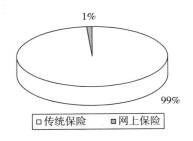

图 7-4　中国保险电子商务市场份额

未来我国保险业将呈现出以下发展趋势：

一、移动商务将进一步推动保险电子商务发展

保险移动商务业务作为 e 时代的全新业务，提供的服务包括两种：一是电子商务型，二是电子杂志型。电子商务型服务主要是涉及无线签署电子保单和支付电子货币的业务。手机用户可以通过手机的短信操作，无线浏览电子保单内容并进行签署，通过"手机保险"进行货币支付。2010 年人保财险率先推出了手机 wap 保险电子网站，中国保险移动商务时代正式来临。电子杂志型服务主要是查询、浏览等不涉及电子保单签署和电子货币支付的咨询类服务。手机保险业务的电子杂志型服务，无论从技术支持角度，还是从法律保障角度来讲，都是切实可行的。专家预测，咨询类保险电子杂志型手机业务将很快在国内发展起来。

二、"三网融合"将继续推动以客户为中心的业务体系创新

从技术手段来看，由于互联网、电话、手机与互联网集成技术等电子商务

技术手段具有开放性、个性化和跨时空的性质，将在电子商务客户服务方面具有无可替代的优越性，将有力促进保险公司客户留存率、客户满意度和忠诚度的提高，并最终反映到保险公司的经营效益上来。

未来保险电子商务将集中管理客户资源而分散开展业务，数据中心的集中处理方式成为技术发展的重点。研究发现：保险公司目前最急需的解决方案是客户资源管理和数据集中。有 40.2% 的保险公司认为 CRM 是迫切需要的或有发展前景，所占比例最高；其次是数据集中，所占比例为 31.2%；认为呼叫中心需求最为迫切或有发展前景的保险公司比例是 18.4%，而对于网上保险，这个比例只有 10.2%。

未来，企业对技术创新方面的投资将继续提高。2009～2011 年这三年是保险业硬件市场规模获得加速增长的三年，主要是由于保险企业实施数据集中和业务应用系统会告一段落，初步完成地域经营扩张，保险企业的 IT 发展侧重点则由以业务应用为重心向以硬件基础设施建设为重心转移，新一轮硬件更换周期即将到来。从地区分布来看，华北、华南、华东仍是投入的重点，西部地区的投入有望继续增加。保险业 IT 投入的产品结构会发生变化。服务器，尤其是小型机的投入将会逐渐加大以满足数据集中的要求。相应地，存储设备的投入也将加大。

三、前台销售集中化

集中运营管理模式已经成为目前保险电子商务发展的趋势之一。通过对保险及相关行业电子商务发展的研究，赛迪顾问认为集中化的管理模式更具优势，因为它更符合电子商务渠道集中化的特点，可以充分调动和协调整个集团的内部资源、实现对业务的可控管理、进一步提升企业对电子商务渠道管理的效率、调动员工发展电子商务业务的积极性。目前，无论是平安、泰康等保险公司，还是联想、海尔等制造业公司，以及阿里巴巴、携程、车盟网等专业电子商务公司都采用集中式的模式开展电子商务。

此外，电子商务本身就是一种跨地区、高效率的业务渠道，这是电子商务的最大特点，也是企业开展电子商务的最终目的，因此集中式的管理模式是企业发展电子商务的趋势和要求。

四、后台服务集中调配，分散落地

由于中国保险市场中很多保险公司在筹建时采用分布式的管理模式，即分公司或支公司独立负责保险业务的开展，导致现阶段保险公司普遍面临如下两个问题：首先，随着业务规模的扩大，总公司对分公司、支公司的业务控制力度下降，无法真实掌握业务情况，从而难以对风险进行准确严格的管控，致使公司手续费和理赔成本升高；其次，随着国民保险意识的提升，客户对保险业务的方便、快捷性有更高的要求，而分布式的管理难以统一服务标准，也难以合理分配人力资源，导致总公司对业务效率的控制能力下降。

正是为了解决以上两大问题，部分保险公司开始采用集中模式对业务进行管理，并且建立后援中心，提升总公司对业务的管控能力。从保险业务流程看，展业、录单、出单、送单以及理赔中的客户服务等工作都属于面向客户的前台业务；而承保中的核保、批改、报案、核损、核赔等工作都属于保险后台业务。后援中心的作用就是把保险的后台业务集中处理，并负责客户服务的调度。

7.3　行业门户网站建设

随着行业信息化平台的逐步建设和完善，信息资源和服务资源快速整合，信息访问主体不断增多，门户网站已经成为行业电子商务建设的必然要求。门户网站以电子商务平台为基础，整合各个系统，扩展相关功能，建立起行业内统一的访问入口。

门户（portal）。原意是指正门、入口，现多用于互联网的门户网站和企业应用系统的门户系统。

行业门户一般是指针对某一个行业而构建的大型网站，包括这个行业的产、供、销等供应链以及周边相关行业的企业、产品、商机、咨询类信息的聚合平台。

门户网站可以将所有的应用、数据、信息集成到一个平台上，并以统一的界面提供给用户，快速建立行业间的信息通道。通过统一的用户管理和认证授权，每个用户只需登录一次，便可访问权限范围内的所有系统。门户网站建立起保险消费者、保险行业内部人员与信息系统之间的桥梁，通过对后台信息的充分使用以提升信息价值；同时，为行业信息共享提供方便易用的手段和工具，形成知识管理的习惯和氛围，为将来实现行业知识管理奠定基础。

近几年，全国各类行业均在利用信息化手段，建立自己的门户网站，对外提供管理和服务的窗口。保险行业也建立了相应的门户网站——中国保险网，属于国内规模最大、内容最丰富、最具权威性和影响力的保险业综合网站。然而，随着车险信息共享平台的建立和完善，社会公众的要求也越来越高，迫切需要从保险行业权威网站上查询到自己的承保、理赔和保费缴纳等信息；对于保险公司、监管机构、行业协会等内部人士也需要通过统一的门户网站查询相关信息。因此，建设针对社会公众门户网站和保险行业内部的门户网站是未来的发展所趋。

1. 社会公众门户网站：通过该门户网站，可以了解行业政策、保险新闻，可以咨询保险相关知识、购买保险，可以查看承保理赔情况、进行投诉，可以对产品和客户服务进行满意度打分，可以链接到相关保险公司网站、保监会网站或行业协会网站，查询相关信息或办理相关事务，等等。而且，通过用户注册管理，社会公众可以维护用户名、性别、年龄、身份证号等信息，实现实名制管理。在进行保单查询时，网站可以根据用户信息唯一确认该客户，并自动关联客户的承保理赔等信息，进行展示，无需客户分别输入保单号和身份证号进行查询，使保险客户真正享受到方便快捷的服务。

2. 行业内部门户网站：目前行业已经存在交强险业务系统、商业险业务系统、车船税平台、电子联系单系统、数据维护系统、查询统计系统、手续费监管系统、电子邮件等多个系统，未来还会扩展清算系统、支付系统、反欺诈系统、决策分析系统等。目前，各个系统的用户各自独立，数据不一致，管理复杂，存在多套用户管理模块以及多套权限管理体系，由此给日常的业务统计、系统管理带来了相当大的工作量。用户每登录一个系统，均需重新输入用户名和密码，比较烦琐。因此，建立行业内部门户网站，统一行业平台内部用户管理系统，建立一套统一的用户体系，为各系统提供标准化的用户信息，减少人员管理统计上的难度。而且，用户登录行业门户网站时，只需输入一次用户名和密码，便可进入权限允许范围内的所有系统，进行相关功能处理，切换系统无需再次登录。

7.4 行业保险超市经营模式

产销分离、专业化分工将是我国保险业发展的必然趋势。家电行业产销分离后，产品成本逐步下降，服务水平同步提高，得到广大消费者的认同，苏宁、国美就是很好的例证。保险作为一种无形的产品，非常适合在网上进行交易，因此一站式、专业化的"保险超市"服务将是推进产销分离的必由之路，是未来保险消费的趋势之一。

7.4.1 保险超市营销模式

近年来，保险超市作为一种新型营销模式，已经逐渐走进了人们的生活。在国外，保险超市普及程度很高，已经成为世界潮流，欧洲保险超市普及程度高达90%，亚洲保险超市最发达的地区是中国台湾，高达66.15%。越来越多的消费者因为在保险超市购买保险更加公正、透明、便宜、一站到位而选择这种交易渠道。

保险超市，是指能够兼容优良品质和宽广适应性为一体的各类保险产品荟萃的交易场所。保险超市以用户为中心，以用户体验为目标。在保险超市内，客户不仅可以根据自己的经济能力和消费偏好，自主选择保险公司和单项保险产品，而且可以根据自己的实际情况和特殊要求，让保险超市为其量身定制高性价比组合产品。在国内保险市场上，构建"保险超市"至少应该具有以下几个方面的特征：

1. 经营主体多元化。保险超市汇集了多家保险公司的产品，并由专业人士对各家产品进行分析、对比和评价，为保险消费者提供参考。客户在购买某一类产品时可以货比三家，根据个人需求自主选择适合自己的、性价比高的商品。

2. 保险产品多样化。目前已有的保险超市经营的产品种类不够丰富，相对于社会公众多样化的保险需求，缺乏足够的吸引力。未来可以将车险、家财险、责任险、寿险等产品全部纳入经营管理范围，在为保险消费者提供最大程度便利、更周到服务的同时，扩大保险市场发展的空间，促进保险业又好又快发展。

3. 服务范围综合化。在当前保险产品同质化比较严重的前提下，保险市场竞争的关键取决于为客户提供的服务，而保险消费在很大程度上也属于一种服务消费，因此，保险超市并非是一个简单的商品交易市场，应该突出保险服务的理念。"超市"中除了销售各类保险产品、收取保费、出具保单，还应提供保单批改、理赔支付、保险咨询、客户回访等一系列全方位的服务。

4. 业务处理高效化。通过保险超市，消费者可以"一站式"选择多家保险公司的各类保险产品。保险咨询专家也会站在比较公平公正的立场，为客户提供专业的业务和财务分析，制订高性价比的保险方案，快速取得客户认同。保险消费者不需要面对保险公司营销员，避免了各家保险公司营销员为了争取客户，"王婆卖瓜自卖自夸"，对客户产生误导的尴尬局面。

7.4.2　网上保险超市优势分析

网上保险超市作为一个新生事物，作为保险营销方式的创新，已经得到业界的广泛认可，其经营理念迎合了广大消费者的消费习惯和消费偏好。更重要的是，网上保险超市的出现符合营销市场发展规律，是科技和保险融合发展的必然结果，发展前景非常可观。网上保险营销模式对传统的代理模式将会造成一定的冲击，但更多的是它会引领一个全新的保险营销时代。与传动销售模式相比，网上保险超市具备不可比拟的优势：

1. 符合世界潮流：随着社会的不断进步，产销分离是必然发展趋势。消费者在选购商品时，越来越倾向于通过多样化、一站式的电子商务服务平台，这就形成了消费者在网上自主选择和购买保险产品的世界潮流。近年来，全球网上保险超市发展速度相当迅猛，因为便捷、透明、多样性而受到越来越多消费者的喜爱。

2. 减少信息不对称：普通消费者对保险公司晦涩难懂的保险产品和条款规则很难理解透彻，选择保险无从下手，甚至会导致购买根本不适合自己的产品。保险营销人员为了提升销售业绩，获取高额回报，利用这种信息不对称，过于夸大产品利益，模糊免责事项，对消费者产生误导。保险超市将多家保险公司的产品汇集到一起，并提供产品说明和横向对比分析供消费者参考，很大程度上解决了保险双方信息不对称的问题。

3. 网上交易快捷方便：保险超市提供了网上投保、批改、理赔、支付、咨询等一条龙服务，客户只需登录网站，足不出户即可完成保险产品的购买，享受到快捷周到的服务，不仅省时省力，而且公正透明。保险超市不仅兼容了优良品质的险种，而且范围非常广泛，同时改变了单一的险种模式，能够让客户根据自己所需要的险种搭配组合，量身定做完全适合自己的险种。

4. 价格经济实惠：保险超市中的所有产品均支持在线购买，对于保险公司来说，保险交易和服务均通过网络进行，可节省代理费用和业务维护费用，降低销售成本。对于保险客户来说，保险超市中的产品价格比传统销售模式优惠10%至15%，部分产品优惠幅度甚至达到一半以上，购买更加经济实惠。

5. 立场公正：保险超市的营销员面对市场上各类保险产品，了解更加全面清晰，更加能够站在消费者的角度上，结合消费者的实际需求做出规划建议和推荐产品，而不受到任何一家保险公司的局限。消费者对于众多开放展示的保险产品，可以自行比较，有充分的自我选择权利，而不是只能考虑保险营销员的意见。保险超市平台自由开放、信息透明，更能够保障消费者权益。

6. 加倍服务：如果消费者在保险超市购买了保险，将享受到来自于保险超市和保险公司的双重服务。当您有需求的时候，不管是联系保险超市还是保险公司，都会获得竭诚服务。如果消费者在保险超市购买了多家保险公司的产品组合，更便捷的方法是直接联系保险超市的客服人员，由保险超市客服人员与各家保险公司协调沟通，将为您节省下与各家保险公司接洽所耗费的大量时间和精力。超市还可提供专业服务。在售前环节，保险顾问会从专业角度为客户详解条款内容，并客观地分析对比同类产品的优劣之处。在此基础上，为客户量身定做适合的保险计划，甚至可以组合不同保险公司的财产险和寿险产品。在售中环节，保险顾问可以为客户干"体力活"，做"跑腿"工作，代客户办理手续，提高投保效率。在售后环节，保险超市可在理赔服务上为客户提供帮助。例如，协助客户办理手续，当客户与保险公司发生分歧时，为客户提供专业的支持，最大限度地保障客户利益。

与传统保险模式相比，网络保险减少了流通环节，大大降低了成本；而且消费者不会像以往那样受代理人的"诱导"而"自己消费，他人做主"，在网络保险超市中，消费者可以自由选择，货比三家，更加自由透明，更能够保障自身的权益。

当前，网上基金超市比比皆是，但保险的电子商务化相对发展缓慢，保险公司在网上销售的往往局限于少数几款产品，从产品的丰富性角度，需要站在客户的角度上，打造出名副其实的"保险超市"。

7.4.3　行业保险超市建设原则

行业保险超市建设是配合保险公司实现业务流程优化、扩展保险销售渠道、提升行业诚信经营的重要一步。它基本囊括全国所有的产品和条款、业务信息、客户信息，以及各类电子化文档、知识库等，成为保险业经营价值链中的重要环节。因此，在建设过程中必须充分保证从人员、硬件、软件的各个层次的安全。包括网络访问控制、用户身份认证及权限认证、数据库安全、操作系统安全、业务信息安全等。

1. 标准化原则

在行业保险超市建设过程中，需要建立一套由流程、规则、方法等构成的标准化体系，如业务流程标准化、命名标准化、文档标准化、数据标准化、编码标准化等，遵循保险业已有的标准（通用标准、开发标准），遵循车险信息共享平台中的数据统一要求，同时参照一些国际标准。

2. 方便性原则

行业保险超市需要与各家保险公司核心业务系统进行无缝对接和实时交互，系统产生的业务数据直接存储到各家保险公司数据库，而且部分业务在核保、批改等环节需要保险公司相关人员进行审批。因此，行业保险超市要做到在操作上与各保险公司业务系统无缝集成，具有人性化的用户界面，易学习、易操作。在实现上各模块松耦合，扩展性强。

3. 前瞻性原则

行业保险超市的建设在国际上还没有先例，需要稳扎稳打，步步为营。因此，系统建设要制定一个长远的规划，采用国际主流、成熟的体系架构来构建，如云计算、SOA 架构等，实现系统可动态可扩展性和跨平台应用；在相关产品和工具的选型阶段，尽量选择成熟的产品和规范，如 PKI、XML、ODBC、JDBC 之类已经成为标准的、被大量实践所采用的技术，选用具有成熟性、可持续发展性的开发工具。

4. 可扩展性原则

适应行业保险超市扩展需要，包括流程可扩展、权限可扩展、性能可扩展、容量可扩展等，可以不断增加用户容量，而不影响系统本身的运行，同时可以进行快速的升级处理。因此，系统设计要充分考虑到业务未来发展的需要，尽可能设计得简明，降低各功能模块耦合度，并充分考虑兼容性。而且必须考虑高效和分离的部署结构，不仅保证能够轻松建立接口，而且能够提高各点的扩展能力。

5. 高可靠/高安全性原则

系统设计和数据架构设计中充分考虑系统的安全性和可靠性。对于高性能要求平台系统来说，必须保证系统的安全可靠，才能获得持久稳定的发展。

7.4.4　行业保险超市建设内容

随着电子商务技术在保险业应用中的普及和深化，网上保险超市作为一种新型营销模式，如雨后春笋般涌现出来。目前国内比较出名的保险超市有：保网、大童网、向日葵保险网、优保网、慧择网、慧保网、华康保险超市等，平安保险也推出了自己的保险超市。

国内的保险超市存在以下两个问题：保险公司自建的保险超市，只销售公司内部产品，可选产品比较单一化，客户无法横向对比，买不到真正适合自己的产品；第三方代理机构成立的保险超市，只出售几个保险公司的产品，不够丰富和全面。建立行业保险超市，可以有效解决这两个问题。保险超市建设的核心内容如下：

1. 作为保险业内部最大、最全面的保险超市，几乎囊括了国内所有保险公司的车险产品。未来还可以引入家财险、责任险、意外险、健康险、寿险等产品，使保险超市中的商品体系逐步丰富。保险超市充分发挥自身优势，以实现客户利益、价值最大化为目标，将不同保险公司或不同功能的产品进行组合销售，尽可能多地推出保障充分、抗风险能力强的组合型保险，满足不同客户不同层次的保险需求。只有这样，客户在网上购买保险产品时，才能真正享受到方便快捷的服务，同时体会到"货比三家"的感觉。

2. 基于现有车险信息共享平台，建立标准接口规范，通过 Webservice 服务模式，实现保险超市与保险公司核心系统的实时对接，确保在线交易记录得到保险公司的实时认证，为客户提供全天候、多维度的保险服务，实现业务流程的标准化、自动化和客户服务的体系化、人性化。无缝对接既能保证消费者的利益，又规避销售风险，很好地满足监管互联网销售的管理要求。另外，行业保险超市还可以提供批改、理赔、咨询等服务工作，真正实现了客户保险购买和服务的一站式解决。

3. 保险条款通俗化。保险条款是列明保险合同双方当事人权利义务的重要文件。但目前市场上的保险条款，专业性过强，内容晦涩难懂，普通消费者很难阅读和理解。传统的销售模式主要依赖于营销员的解释，但在网上保险销售过程中，客户直接面对条款，导致客户无法理解条款中的各种保障、约定及相关说明，从而放弃购买保险。因此，需要在行业范围内对保险条款进行通俗化处理，最大限度地消除保险双方信息不对称，既增加了保险超市销售渠道的竞争力，又方便了保险消费者，达到双赢的效果。

4. 引入产品评价和销量排名机制。客户每次完成保险产品购买或享受到保险服务后，可根据自己的实际感受对产品和服务进行打分。其他客户在购买保险产品时，可以参考网站上保险产品的销量、评分，选择适合自己的产品。该信用评价体系的引入，为消费者提供了诚信、安全的购物保障，同时可以促进保险公司不断改善和创新自己的产品。

5. 保险超市与清算支付中心实时对接，实现保险产品直接在线购买。客户在线完成支付之后，保单立即生效，电子保单和生效短信将由保险公司或行业协会直接发送给客户。

保险超市基于云平台和 SOA 架构，突破保险业业务中间件技术，搭建一个开放式、可伸缩的保险电子商务平台。保险超市采用工作流引擎和规则引擎技术，嵌入各家保险公司的产品信息及业务规则，融合各类保险产品的核保政策、费率、计算公式等信息，创新实现保险业信息咨询、产品选择、在线投保申请、保费计算、在线核保、在线支付、保单递送一条龙服务。

保险电子商务业务流程最为典型的就是网上投保业务流程，即客户通过保险公司的电子商务网站选择保险产品并填写必要的投保人、被保人、起保日期及联系方式等信息作为网上投保信息，故我们称之为投保业务流程。在这个流程中客户网上支付保费是一个比较关键的步骤，当然客户也可以选择让保险公司送单时付保费。但作为保险公司应鼓励客户使用网上支付保费，这样不仅节约了送单时间和成本，也实现了现金流的电子化，从而真正体现了保险商务的电子化。

但是，这些投保数据毕竟不是保险公司中受过专业培训的内勤人员所录入的，保险公司电子商务网站是面对全球网民的，因此投保的数据中也有不少是网民填写的垃圾数据。为了过滤、审核、管理这些网上客户填写的投保数据，这就需要电子商务业务管理系统的介入，具体流程如图 7-6 所示。

客户选择投保地区并提交投保信息后，相应地区的电子商务岗位的初审人员将会在电子商务业务管理系统的初审列表中看到此投保单，此时初审人员可查看投保数据的详细内容，如判断数据是无效数据则可选择撤单操作，否则需要根据投保信息中的电话号码联系投保人确认信息正确与否，此时也可根据客户的意见修改"单到付款"方式投保的保险信息。确认保险信息无误后提交核保人员核保，此时此条保险信息流转到核保人员处理列表中，核保人员可选择

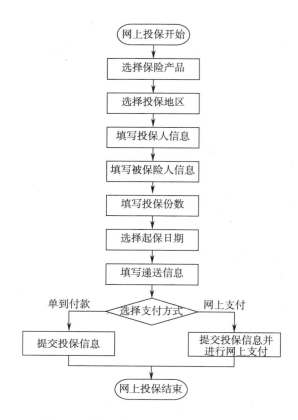

图7-5　保险电子商务网上投保业务流程

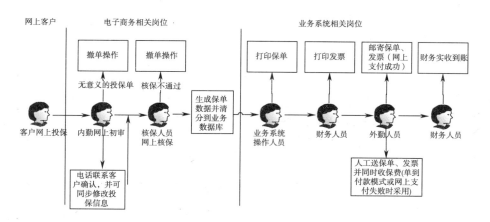

图7-6　引入电子商务业务管理系统业务流程

撤单或生成正式保单并清分到业务数据库。系统将保单数据通过 JMS 异步传输方式发送到业务系统后，此保单数据作为补录信息可通过业务系统查询出来，并可按补录保单继续进行相关处理操作。

7.4.5　行业保险超市功能

建立行业保险超市，为各保险公司和广大消费者提供承保、理赔等方面的服务，充分发挥行业门户的桥梁与纽带作用。行业保险超市是一个专业的功能齐全的网站，可以提供诸如随心保险、咨询服务、综合查询、投资理财等多项服务功能，如图 7－7 所示。

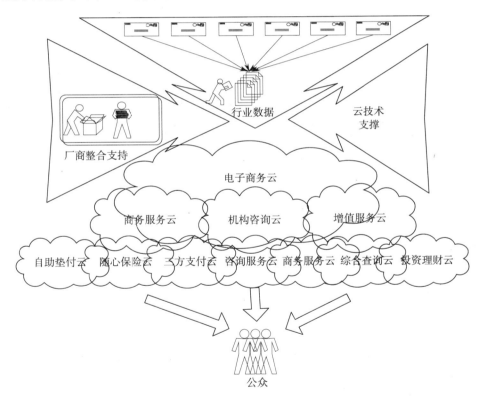

图 7－7　行业电子服务云构架图

1. 随心保险服务功能

为更好实现对客户的营销和服务，随心保险云支持电子商务营销服务手段，包括电话、电子邮件、短消息、电子传真、Web 等方式，为客户提供良好的客户服务。"随心保险"在五个方面进一步满足客户个性化需求，帮助客户真正实现保险计划的量身定制，包括"随心保"、"随时保"、"随意保"、"随地保"和"无限保"。这一系列创新特色使得产品可以灵活地适应各种个性化的保险需求，将客户自身意愿与特殊需求的可实现程度做到最大。

2. 咨询服务功能

咨询服务云可以分为面向机构和面向客户两个层次。面向机构的咨询服务涉及业绩状况分析以及财务交易支持等。面向客户的咨询服务包括险种的比较、保险超市等附加服务。

3. 综合查询功能

行业平台以车辆信息为主链，可以综合汇总保险业的车险、公安交警部门、地税部门、交通运输部门、卫生部门，以及政府信息办等相关系统中与车辆相关的数据信息，通过整合信息资源，集中信息数据，提供面向保险公司、公众提供综合查询等信息服务。

通过平台向社会开放有关车辆承保、理赔及交通事故自主查询信息，为投保人提供方便快捷的查询服务，起到加强外部监督的作用。综合查询功能可按车辆信息、投保人信息、投保内容信息、投保时间、车主等进行信息查询浏览和确认。行业平台合理规划访问权限，确保保险信息在不同角色不同层面上有效、合理共享。

4. 信息提示功能

通过电话、短信、热线方式，提供信息的提示。例如续保提示、赔案处理提示、新产品提示、产品比较热线、法规解释等。

5. 投资理财功能

针对客户的多样化需求，在提供保险产品的同时，保险公司也会越来越多地通过电子商务平台提供保险理财结合产品或者单纯的投资理财产品，使客户享受到全方位一站式服务。

6. 客户服务功能

通过电子商务平台对于客户信息的掌握，体现客户关怀。一方面，可以运用营销策略进行客户互动活动，以影响客户的品牌忠诚度，这些活动包括可以进行抽奖、保险产品赠送等。另一方面，各保险公司可以通过电子商务平台对客户的消费习惯以及购买产品情况进行追踪并加以分析，从而能够根据历史分析情况细分市场，对不同的客户设计符合其实际情况及消费习惯的保险方案，针对重点客户展开 VIP 式的个性化服务。

7. 流量统计分析功能

对保险超市网站和页面的流量进行统计，并分析网站浏览者的地区分布、各个页面被访问的次数、流量来源路径，甚至根据其来源路径得知用户在各个搜索引擎中搜到此网站所用的关键词，等等，然后再对其做出相应的网络营销策略。

8. 会员管理功能

建立会员中心，会员可以通过用户名、身份证号、手机号或邮箱注册并登录系统，进入保险箱进行操作。针对保险超市会员，提供了诸如订单管理、承保理赔信息查询、积分管理、账户管理、理财规划等功能，给客户提供更多人性化的服务。

9. 其他功能

保险超市网站还为消费者提供学习中心，为消费者提供关于保险的文章、常见问题回答等功能。

7.5　电子保单登记系统建设

保护地球环境，发展绿色经济，应对气候变化，建设生态文明已逐渐成为全人类的共识，政府正在积极推动节能减排和生态环境保护，加强重点节能环保工程建设，创建资源节约型和环境友好型社会，实现社会经济可持续发展。发展绿色经济，必须有绿色金融、绿色保险为之保驾护航，为之注入全新的动力。电子保单登记系统作为一种新型承保方式，通过引入先进的技术和理念，大幅减少纸张使用和碳排放，实现绿色环保的承保机制和信息共享。

7.5.1　纸质保单模式弊端

保险电子商务作为一种新型商业模式，在降低保险公司经营成本，拓宽保险产品销售渠道，培育客户合作伙伴关系，建设生态保险等方面取得了一定的成效，客户足不出户就可以买到合适的产品，享受到电子商务为其带来的便利和增值服务。然而，传统的电子商务采用纸质保单管理方式，存在着一定的弊端，这将制约保险电子商务的高速发展。纸质保单管理方式的弊端如下：

一、不符合当今社会绿色环保的趋势和要求

当今世界，发展绿色经济已经成为一个重要趋势，科学技术是绿色经济发展的重要支撑。然而在传统的车险出单模式下，保险公司对客户提交的投保单核保通过后，打印出纸质保单，并将保单正本邮寄或人工递送给客户。我国集中车险平台 2011 年交强险出单量为 267.4 万，商业险出单量为 578.8 万，每份保单一式四联，大约需要 3386 万张 A4 纸张，加上分省平台车险出单，造成资源极大地消耗和浪费。而且，纸质保单所消耗的并非只有纸张成本，打印保单所采用的打印机，不仅耗材耗电，增加企业运营成本，而且产生的废弃硒鼓墨盒也会造成环境污染。邮寄或人工递送保单造成的物流成本（包括人工费、包装费、燃料费等），以及因此造成的浪费和污染也不容小觑。纸质保单的改革顺应了当今社会节能减排的要求。

二、客户无法完全享受到方便快捷周到的服务

传统的电子商务应用模式下，客户虽然在网上购买了保险产品，但不能及时拿到保单，保险公司必须通过邮寄或递送的方式，将保单交到客户手中。由于这种方式销售、服务周期较长，导致客户体验不佳，没有完全享受到方便、快捷、周到的保险服务。对于保险需求有较高时效性要求的客户来说，因不能及时获取保单而影响其保险消费。传统的纸质保单方式也因此缺乏足够的客户吸引力，难以满足日益加剧的市场竞争需要和客户个性化的保险消费需求。

三、纸质保单模式增加操作流程复杂性，易于发生单证管理风险

传统的纸质模式对单证管理提出了较高的要求。各保险公司需要建立单证管理系统，总公司相关部门统一征订、统一印制，并根据地市分公司业务需求逐级发放。地市分公司领取保险单后，需要统计清单数量，核对单证号码，确认无误后进行签收和保管，根据实际单证使用情况进行入库、发放、使用、作废、遗失、停用、核销等管理。对于停止使用的空白单证，需要上收总公司统一销毁。分支公司单证管理员需要定期对实物单证进行盘点、核对，保证账账相符、账实相符。由此可见，纸质单证增加了业务操作和系统管理的复杂性。另外，代理机构、业务员和远程网店存有一定量的印有保险公司机构用章的有价单证，较容易发生单证遗失及非法使用的情况，由此为保险公司经营带来一定的风险。

7.5.2 电子保单登记制度

近年来，国家和政府越来越重视信息资源共享。2002 年，文化部和财政部共同组织建设全国文化信息资源共享工程，将中华优秀文化资源进行数字化资源加工整合，在全国范围内实现共建共享。同年，劳动和社会保障部启动建设"十二金工程"中的金保工程，建立全国统一的社会保险数据中心和劳动信息服务网络，为劳动者和社保对象提供一站式高效服务。金融业方面，全国统一的征信体系基本建立，有效提升商业银行经营管理水平，提升金融机构防范信用风险能力，维护经济金融稳定健康发展。中国人民银行建设的联网核查公民身份信息系统、人民币银行结算账户管理系统，对全国的银行账户进行统一管理，实现真正意义上的实名制管理，降低经营风险，有效防止金融诈骗，保护社会公众的资金安全和银行机构的合法权益。实践证明，在金融市场上，对重要的金融单证从源头开始控制，用机器管理市场，对于金融业的稳健发展不可或缺。

引入电子保单登记制度，就是要通过建立统一的信息共享平台，集中登记管理保险公司与保单持有人之间的债权债务关系和权益事实，使保单作为一种信用和承诺，更加透明，更加公正，更加庄严。

所谓电子保单，是指保险公司借助遵循 PKI 体系的数字签名软件和企业数字证书为客户签发的具有保险公司电子签名的电子化保单。电子保单将传统纸质保险合同以电子文书的形式替代，客户通过保单号即可从网站上查询、下载或打印保单，并进行保单的有效性验证，而且在办理电子保单的批改及理赔业务时无需提供纸质保单。由于电子保单是投保人和保险人合同关系的重要凭证，因此其安全性和合法性就显得非常重要。2005 年《中华人民共和国电子签名法》正式颁布，规定电子签名与传统的手写签名和盖章具有同等的法律效力。《电子签名法》的实施，有效解决了保险网上交易的身份认证问题，为网络销售中电子单证的合法性和有效性提供了有力的法律支撑，为电子商务的发展提供了关键的制度保障。

电子保单的最终产物形成格式化文档，国外电子保单普遍采用标准的 PDF 文档，通过 Adobe Reader 阅读工具浏览。在电子保单应用中，涉及保险人和投保人双方的身份识别。对于保险人的身份识别，投保人可以根据电子保单登记系统颁发的合法有效的数字证书和数字签名，来确认电子保单的不可篡改性和不可否认性，使其真实性和安全性得到了保障。对投保人身份进行认证，目前要求投保人使用电子签名或电子印章签订保险合同尚不太可行。对于车险而言，由于我国车险实施了"见费出单"制度，保险公司收到全额保费之后才会出具保险单，有效防止个别投保人出单后不及时缴纳保费或部分保险中介挪用保费的风险，大大降低了保险公司的经营风险。对于其他产品而言，保险公司可以建立可信的用户实名注册机制，将用户名和客户姓名、性别、年龄、身份证等信息进行绑定，客户每次登录可以确认其唯一身份，以其为对象展示和发送电子保单。这也可视为电子签名的一种形式。

电子保单业务模式合法、安全、高效、便捷、渠道易拓展，必然将成为保险业的未来发展趋势。从安全性和合法性的角度来分析，有效的电子保单至少具备以下四个部分内容：

1. 合法有效的企业身份：保险公司的企业身份由电子保单登记系统统一颁发，作为电子保单合法有效的企业数字证书。

2. 可信的数字签名：数字签名是电子保单的安全保证，采用数字签名技术可有效保障电子保单信息完整性和不可抵赖性，并符合我国电子签名法的要求。

3. 可信的时间戳：电子保单的生效时间应由可信时间戳进行确定，一旦加盖时间戳就无法进行修改，保证保险双方的责任。

4. 电子保单凭证系统：电子保单产生后，统一存放在电子保单凭证系统，便于保险公司人员和客户在线查询、浏览、下载、打印电子保单，并进行有效性验证。

电子保单登记系统建设是一项战略性的系统工程，意义重大，影响深远：

1. 降低成本，低碳环保

建设电子保单登记系统，用电子保单取代纸质保单，减少保单打印对纸张的大量消耗，减少对森林资源的使用和开采，减少递送保单产生的交通费用，减少碳排放量和汽车尾气排放，降低保险公司运营成本，实现绿色保险、低碳经营。

2. 保障快捷，服务周到

引入电子保单登记制度，客户可以瞬间拥有保障，即时获取电子保单，不受时间和空间的限制。所有的电子保单在凭证系统统一管理，客户可以随时从电子保单登记系统查询和下载保单，省去了保单保管的烦恼，减少了保单遗失、破损等担忧。而且，采用电子保单后，客户后续的批改、理赔等服务环节采取无纸化办公成为必然趋势，保险公司只需验证客户身份，通过系统查询到客户名下的保单，即可完成理赔和批改。甚至某些服务环节可以由客户在网络上自主完成，比如批改联系方式、网上报案、网上查询理赔情况等。总之，引入电子保单可以优化保险公司业务处理流程，提升运营效率和服务水平。

3. 降低风险，管理高效

电子保单取代纸质保单后，保险公司无需安排专门的单证管理人员，对纸质单证进行统一管理；无需分配存储空间，对纸质保单进行存放和保管；无需使用单证管理系统，对单证流水号进行记录和管理。采用电子保单管理，简化了保险业务处理流程，提升了管理效率。而且，电子保单由行业电子保单登记系统自动生成，并直接传送给消费者，中间无人为干预，可以有效地防止单证遗失或被非法使用的风险。

4. 安全保密，信息透明

行业电子保单登记系统建设完成后，客户可以方便地上网查询确认保单的真实性，有效打击假保单。保单电子化可以促进保险业信息的共享，为保险公司与行业协会、银行、公估公司等的深入合作奠定了基础。由于电子保单经过行业协会统一认证，保证了其真实性和权威性，切实维护保险消费者的利益，提升保险业诚信水平。

7.5.3 电子保单登记关键技术

随着电子商务技术的快速发展，电子保单登记制度是保险业未来发展的必然趋势。然而由于互联网的开发性和通用性，网上的所有信息对社会公众都是公开的，安全问题成为首当其冲要解决的问题。电子保单登记制度面临的安全问题如下：

1. 身份合法性：以明文方式存储、传送的用户名和口令存在着被截获、破译等诸多安全隐患，而且维护不方便。因此，需要建立一套安全、可靠并且易于维护的用户身份管理和合法性验证机制，便于交易双方进行认证，以确保双方身份的真实性和正确性。

2. 数据保密性和完整性：保险业务系统中的信息一般都是明文，在基于网络技术的电子商务平台中，这种明文信息很容易泄密或被中途篡改，必须采取有效措施保证数据的保密性和完整性。

3. 传输安全性：以明文方式在网上传输的数据，很容易被截获以至泄密，必须对通信通道进行加密保护。利用通信专线的传统方式已经远远不能满足现代网络应用发展的需求，必须寻求一种新的方法来保证基于互联网技术的传输安全需求。

4. 不可抵赖性：传统的出单模式，为了防止交易双方事后抵赖，需要当事人手工签字确认。在电子商务应用中，需要一种具有同样功能的机制来保证交易的真实性、安全性和不可抵赖性，那就是数字签名技术。

这些问题在很大程度上限制保险电子商务的进一步发展，因此如何保证电子保单信息安全传输，已成为发展电子商务的重要环节。为了解决这些安全问题，电子保单采用了 PKI/CA 技术，将传统的纸质保单进行电子化处理，通过把传输的保单信息进行加密，保证信息传输的保密性和完整性，通过加入符合电子签名法的数字签名技术，保证身份的真实性和抗抵赖性。

一、PKI 简介

PKI 是 Public Key Infrastructure 的缩写，即"公钥基础设施"，是指用公钥概念和技术来实施的，支持公开密钥管理并提供真实性、保密性、完整性和可追究性安全服务的具有普适性的安全基础设施。PKI 基于非对称公钥体制，采用数字证书管理机制，可以透明地为网上保险提供各种安全服务，极大地保证了网上保险的安全性。PKI 的基础技术包括加密、数字签名、数据完整性机制、数字信封、双重数字签名等。

PKI 所依赖的核心思想是公钥密码。公钥算法是基于数学函数而不是基于替换和置换的，此外，与只使用一个密钥的对称传统密码不同，公钥密码学是非对称的。非对称加密的密钥被分解为公开密钥（Public Key）和私有密钥（Private Key）。公钥和私钥是通过一种算法得到的密钥对，在世界范围内唯一。公钥以非保密方式对外公开，私钥保留在密钥发布者手里。信息发送者使用公钥加密信息，生成密文发送给密钥发布者，发布者使用与公钥配对的私钥进行解密，如图 7-8 所示。目前常用的非对称加密算法是 RSA 算法和椭圆曲

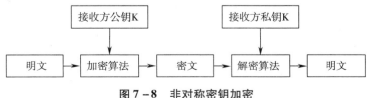

图 7-8　非对称密钥加密

线加密技术（ECC）。

二、PKI 的基本组成

完整的 PKI 系统必须具有权威认证机构（CA）、数字证书库、密钥备份及恢复系统、证书作废系统、应用接口（API）等基本构成部分。

（1）认证机构（CA）：即数字证书的申请及签发机关，CA 必须具备权威性的特征。

（2）数字证书库：用于存储已签发的数字证书及公钥，用户可由此获得所需的其他用户的证书及公钥。

（3）密钥备份及恢复系统：如果用户丢失了用于解密数据的密钥，则数据将无法被解密，这将造成合法数据丢失。为避免这种情况，PKI 提供备份与恢复密钥的机制。但须注意，密钥的备份与恢复必须由可信的机构来完成。并且，密钥备份与恢复只能针对解密密钥，签名私钥为确保其唯一性而不能够作备份。

（4）证书作废系统：证书作废处理系统是 PKI 的一个必备的组件。与日常生活中的各种身份证件一样，证书有效期以内也可能需要作废，原因可能是密钥介质丢失或用户身份变更等。为实现这一点，PKI 必须提供作废证书的一系列机制。

（5）应用接口（API）：PKI 的价值在于使用户能够方便地使用加密、数字签名等安全服务，因此一个完整的 PKI 必须提供良好的应用接口系统，使得各种各样的应用能够以安全、一致、可信的方式与 PKI 交互，确保安全网络环境的完整性和易用性。

通常来说，CA 是证书的签发机构。公钥体制中，私钥由用户独自掌握，无需在网上传输，公钥需要在网上传送，故密钥管理是针对公钥的管理问题，目前较好的解决方案是数字证书机制，因此 CA 是 PKI 的核心。

三、证书认证机构 CA

CA 即 Certificate Authority 的缩写，是颁发数字证书的机构。该机构负责发放、管理和废除数字证书，它作为电子商务交易中受信任的第三方，承担公钥体系中公钥的合法性检验的责任。CA 为每个使用公开密钥的用户发放一个数字证书，以实现公钥的分发并证明其合法性。数字证书是一种数字标识，是 Internet 上的安全护照或身份证明。

数字证书是一个经证书授权机构数字签名的包含公开密钥拥有者信息和公

开密钥的文件。CA 机构的数字签名使得攻击者不能伪造和篡改证书。在网上保险交易中，CA 不仅对保险消费者发放证书，还要对保险公司、网关发放证书。它负责产生、分配并管理所有参与网上交易的个体所需的数字证书，因此是安全电子交易的核心环节。

作为保险业电子保单的认证系统，由于涉及的保险主题多、范围广，可以采用多层次的分级结构，上级认证系统负责签发和管理下级认证系统的证书，最下一级的认证系统直接面向最终用户。认证系统主要包括以下五种功能：

（一）证书颁发

认证系统接收、验证用户的数字证书申请，并将申请进行备案，确定是否受理申请。如果接受该申请，则将新证书用认证系统的私钥签名以后，发送到目录服务器供用户下载和查询。为了保证消息的完整性，返回给用户的所有信息都要使用认证系统的签名。

（二）证书更新

认证系统定期更新所有用户的证书，也可以根据用户的请求更新证书。

（三）证书查询

证书的查询可以分为两类，其一是证书申请的查询，用户可以随时查看证书申请的处理过程；其二是用户证书的查询，用户可以查询和下载自己的证书。

（四）证书作废

证书已经过了有效期，认证系统自动将该证书作废。如果用户的私钥发生泄密等情况，用户向认证系统提出证书作废申请，认证系统根据用户的请求确定是否将该证书作废。

（五）证书归档

对于已经作废的证书，可能还需要验证以前的某个交易过程中产生的数字签名，因此不能简单丢弃，需要进行归档管理。

总的说来，基于认证系统的安全方案很好地解决网上用户身份认证和信息安全传输问题。

四、数字签名技术

数字签名在 ISO7498 - 2 标准中的定义为："附加在数据单元上的一些数据，或是对数据单元所作的密码变换，这种数据和变换允许数据单元的接收者用以确认数据单元来源和数据单元的完整性，并保护数据，防止被人（例如接收者）进行伪造。"

数字签名要实现书面签名的功能。书面签名的作用主要有两点：一是当事人对本人的签名难以否认，从而保证文件的不可抵赖性；二是签名不易被模仿，从而保证文件的真实性。数字签名也需要完成这些功能：

- 确认信息是由签名者发送，任何人不能伪造；
- 确认信息中途未被篡改；
- 签名者事后不能抵赖自己的签名。

数字签名技术是不对称加密算法的典型应用。数字签名过程可分为以下五个步骤：

1. 发送方使用 HASH 函数对信息进行编码，生成数字摘要 X（128 位的散列值）；

2. 发送方用自己的私钥对摘要进行加密，形成发送方的数字签名；

3. 发送方将数字签名作为报文的附件，和原始报文一块发送给接收方；

4. 接收方用发送方的公钥解密摘要 X，同时对原始报文用 HASH 函数进行编码，生成摘要 Y；

5. 判断 X 和 Y 是否相同。如果相同，则说明该数字签名是发送方的，且原始报文在传送过程中没有被破坏和篡改，从而保证信息的真实性和完整性。

PKI 技术是信息安全技术的核心，能够为电子商务提供强大的系统安全保障。由于通过网络进行的电子商务活动缺少物理接触，因此使用电子方式验证信任关系变得至关重要。KPI 恰好是一种适用于电子商务的密码技术，能有效解决电子商务应用中的机密性、真实性、完整性、不可否认性和存取控制等安全问题，促进保险业电子商务的快速健康发展。

7.5.4 电子保单登记系统建设

目前，全国统一的车险信息共享平台已经建立，实现行业内车险信息的集中和共享，为电子保单登记系统建设奠定良好基础。电子保单登记系统建设的内容主要包括以下几个方面：

1. 建设电子签名系统

建设电子签名系统，实现对电子保单的数字签名。电子签名系统主要包括以下功能：签名申请、签名审批、签名发放、查询、授权、挂失、日志管理、统计报表、短信服务等功能，签名结构符合 PKCS#7 标准，支持验证符合

PKCS#7 标准的签名结果，符合国家密码管理局的技术标准和要求。

2. 保单信息对称式加密

客户投保完毕，经过保险公司核保通过，并缴纳保费后，生成保单信息，并将保单信息上传到电子保单登记系统。电子保单登记系统通过电子签名系统，采用对称加密算法，对保单信息进行加密，即将保单信息明文数据转换成难以识别的密文数据，保证数据传输过程中的安全性。

3. 电子保单数字签名

通过电子签名系统，完成对电子保单的数字签名。电子保单是经过数字签名的一组数据块，该数据块中包括原始保单信息（即用户通过 Adobe Reader 可以看到的内容）、签发方的电子签名和签发时所使用的数字证书，这些内容通过符合 PKI 体系的数学算法计算后组合在一起。因此对该数据块进行任何修改都可以在验证时被发现，被篡改的电子保单无法通过数字验证。同时，系统还会在电子保单上打一个可信的时间戳，确认交易行为发生的时间，避免交易双方事后抵赖，保证电子保单的客观性和不可抵赖性。

4. 生成电子保单

客户投保完毕，经过保险公司核保通过，并缴纳保费后，生成保单信息，并将保单信息上传到电子保单登记系统。电子保单登记系统根据上传的保单信息，生成 PDF 格式的电子保单。

电子保单支持模板合成，模板元素可以根据实际业务情况灵活配置。系统根据险种类型、保单信息快速生成 PDF 格式保单，支持并发生成。PDF 格式保单占用的存储空间较小。

5. 获取电子保单

系统将加密后的电子保单发送到客户电子邮箱，同时短信告知客户，并将电子保单存入资料库。客户和各家保险公司也可以登录网站，在线查询、浏览和下载电子保单，并验证电子保单的真实性。

6. 电子保单验证

客户通过邮件收到电子保单，或者从网站上下载电子保单后，打开时自动验证电子保单的有效性，确认保单是否遭到篡改、签名的证书是否有效。同时系统记录电子签章的使用过程，便于后续查证和追溯。

电子保单采用 PKI 体系中的数字签名技术作为验证基础，完全符合我国的电子签名法。在 PDF 格式的电子保单上附加电子印章、二维码等含有数据签名的安全控制项，客户可以即时校验。

建设行业电子保单登记系统后，以行业保险超市为例说明电子保单登记流程，如图7-9所示。

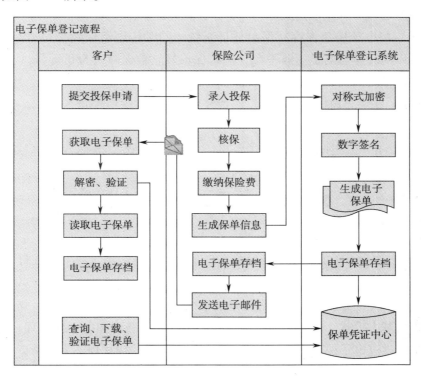

图7-9 电子保单登记流程

1. 保险公司流程

（1）客户登录行业保险超市网站，选择所在城市和需要购买的保险产品，填写投保单，提交投保申请。

（2）保险公司自动核保或人工核保，生成保单信息，提示投保人对保单内容进行确认。

（3）投保人确认完毕后，通过电子支付平台缴纳保险费。

（4）保险公司将保单信息上传到电子保单登记系统。

2. 电子保单登记系统流程

（5）电子保单登记中心对保单信息进行对称式加密。

（6）系统提交数字签名请求，由签名服务器通过私钥对电子保单进行数字签名。

（7）经过签名后的保单通过电子签名系统进行格式处理，生成 PDF 格式的电子保单。

（8）将电子保单发送到客户邮箱，并短信告知客户。

（9）将电子保单保存在保单凭证系统，同时传送给保险公司进行存档。用户可以随时登陆电子商务平台，输入保单号、被保险人身份证号（或其他有效证件号码）查看、下载或验证电子保单。

（10）保险公司将电子保单发送到客户邮箱，并短信告知客户。

3. 客户处理流程

（11）客户通过邮件收取电子保单，或者登录网站，输入投保单号和被保险人身份证号，查询并获取电子保单。

（12）客户登录电子保单登记系统，在线验证电子保单是否有效。

（13）系统验证通过，客户查看并确认电子保单。

（14）将电子保单进行存档。

（15）客户可随时登录电子保单登记系统，查询、浏览、下载或打印电子保单。

综上所述，建立电子保单登记系统，可以初步实现车险保单统一登记和平台管理的基本模式，最终实现其他保险产品的统一登记和电子化管理。同时，需要加快推进电子保单登记的立法工作，出台相关法律法规，为保单登记制度的运行提供法律支持和保障。

7.6 车险信息自主查询平台建设

随着经济的发展和人民生活水平的提高，社会对于保险的接受和需求普遍增加，购买私家车的家庭越来越多，我国绝大部分车辆已经有相应的保障，在这种情况下基于统一平台的全面信息归集，同时保户对于掌控自身保险情况也是非常必要的。车险信息自主查询平台（以下简称"自主查询平台"）有助于保护保险消费者利益、加强行业自身建设；有助于保险消费者及时了解承保、理赔情况，加强服务质量监督；有助于提高保险公司服务质量，树立行业形象。

7.6.1 自主查询平台建设背景

基于目前车险信息共享平台的基础之上，建设车险信息自主查询平台，为用户提供全方位信息服务，以信息化、透明化为基础，最大限度消除信息不对称的同时，提供了深度分析用户需求的机会，利于保险机构推进个性化的用户服务，创新保险产品，逐步实现从以保单为中心的业务模式转变为以客户为中心，增加保险服务的附加值，使保险服务更加便捷规范，进而提高社会公众对于保险服务的认可度和满意度。

车险信息自主查询平台是基于车险共享信息平台而建设，保险消费者通过平台可以随时查询个人承保及理赔情况，并对保险服务的满意度进行评价。基于车险信息共享平台的有车用户还可以通过平台获取 4S 店的服务信息，查询车辆的违章、年检信息等。车险信息自主查询平台将对提高保险公司的服务质量，规范保险市场秩序，有效遏制保险领域的虚假欺诈行为起到积极的作用，更好地保护保险消费者利益。

车险信息自主查询平台设计实现保单综合查询、理赔综合查询，同时结合 4S 店服务信息提供车辆信息查询。建立服务评价机制、公开机制和监督机制使保险业服务体系进一步健全完善，优化保险生态环境、提升行业信誉度，服务创新取得新成效。

7.6.2 自主查询平台架构

车险信息自主查询平台的主要功能包括保单管理、理赔管理、产品查询和分析推荐及公共信息查询四大部分，如图 7 - 10 所示。

保单管理主要是对已投保产品的管理和保障分析，通过车险信息自主查询平台与保险公司车险核心系统的对接查询当前客户的保单信息。在对已投保产品进行保障分析的基础上，确认保单价值，对于购买的各产品进行必要性和充分性的论证和分析，加深客户对自身投保状况及所拥有保险产品的认识。而且，车险信息自主查询平台将 4S 店及交管局信息纳入信息体系，使得车险服务更加到位。

理赔管理通过平台信息化建设，保险消费者可以实时跟踪和查看个人的理赔进展情况，并对理赔服务进行满意度评价，也可以通过理赔管理查询以往的赔案信息。以往在进入理赔通道之后，很多环节都是保险公司内部的操作，许

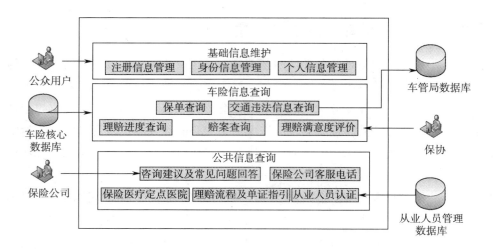

图 7 - 10 车险信息自主查询平台

多投保人不知道到底什么时候才能拿到赔款。保险公司根据客户的反馈意见，突出解决报案电话接通率低，理赔查勘不及时，立案结案不及时，赔款支付较慢，索赔单证不统一、不规范，理赔处理随意性大等问题，完善理赔各环节标准化建设，优化理赔流程，简化理赔手续，提升服务效率。保险监管机构通过平台加强了理赔流程监管力度，实现理赔风险提示、理赔服务效率评价等功能，有效解决"理赔难"的问题，全面提升服务能力和客户满意度。

公共信息查询主要提供给用户一些常用的公共信息，包括各保险公司的客服电话、保险公司医疗定点医院查询、基本的理赔流程介绍、办理各种理赔业务时所需的单证指引，保险常见问题等信息的查询，并提供给客户一个咨询建议的互动平台。

7.6.3 自主查询平台功能

车险信息自主查询平台是基于车险信息共享平台而建设，保险消费者通过平台可以随时查询个人承保及理赔情况，并对保险服务的满意度进行评价。有车用户还可以通过平台获取 4S 店的服务信息，查询车辆的违章、年检信息等。

一、基础信息管理

基础信息管理包括注册登录及信息维护，包括保险消费者在系统上的注册信息、登录管理、身份信息、个人信息管理等一系列的基础配置功能。基础信息管理是整个系统运行的基础。

二、保单管理

（1）添加保单：用户通过车险信息自主查询平台添加保单页面，手工录入该用户名下保单的保单号，车险信息自主查询平台通过与车险核心业务系统的对接，校验用户的身份信息与保单信息是否匹配，如校验通过，则确认该用户身份，保单添加成功。用户可通过添加保单页面多次添加保单。

（2）查询保单：查询保单主要通过查询系统与车险核心业务系统的对接，可以查询用户添加的所有保单的详细信息，用户可通过查询确认保单的承保公司、责任信息、起止日期，保单状态等基础信息进行保障分析，使用户对自己购买保险产品的必要性和充分性进行论证。系统还会列明即将到期的保单列表，加深客户对自身投保状况的认识，及时提醒用户是否继续购买该类保险产品。

三、理赔管理

（1）赔案查询：用户可通过赔案查询到该用户保单中的所有已决赔案信息，包括出险时间、报案时间、立案时间、结案时间及赔偿金额等。

（2）理赔进度查询：用户通过选择保险种类就可查询该类保单项下的详细理赔进度信息，包括该保单项下未决赔案所处的处理节点、处理人员、定损情况等。

四、满意度调查

用户可以通过满意度调查对保险公司的理赔服务进行满意度评价，及时反馈在理赔环节出现的问题，保险公司同监管部门可根据用户的评价进一步完善理赔环节，提高保险服务效率及客户满意度。

五、车险信息查询

车险信息查询是专门针对拥有机动车的用户设计的，用户可通过系统查询自己的常用车辆信息，查询系统将4S店及交管局信息纳入信息体系，使用户可以清楚地查询到车辆的保险信息、理赔信息及交通违法信息。

六、公共信息查询

主要提供给用户一些常用的公共信息，包括各保险公司的客服电话、保险公司医疗定点医院查询、基本的理赔流程介绍、办理各种理赔业务时所需的单证指引，保险常见问题等信息的查询，并提供给客户一个咨询建议的互动平台。使保险公司及保险监管部门能及时解决保险消费者的反馈问题。系统还提供了保险从业人员的资格认证查询，使用户可以更加放心地向保险代理人购买保险产品。

7.7　车险一卡通建设

7.7.1　车险一卡通建设意义

随着信息技术的进步和人们越来越多地对提升汽车性能、强化公共道路交通和车辆安全、提高交通运输效率、降低能耗和污染、提升车险理赔效率以及使汽车的驾驶更加舒适更加智能的需求，必须寻找到一个可行的模式，能够快速地使90%以上的车辆实现联网，从而尽快表现出车辆联网的"网络"效应，为政府、金融、信息、工业等行业融合打下坚实的基础。

金融保险业一开始就和汽车和交通运输有着千丝万缕的联系，而且在我国交强险属于国家法律规定实行的强制保险制度，所以由保险业基于车险信息集中平台来推出车辆保险一卡通（以下简称车保卡），是快速推行车辆联网的可行、可靠模式。实施车辆保险一卡通可以带来很大的社会、经济效益：

一、有助于提高公共交通运输效率、缓解交通拥堵

目前全国主要城市都面临日益严重的交通拥堵问题。借助3G技术、车辆保险一卡通和集中平台，现场交警采集的案件情况及定责数据可及时上传，转发到各个保险公司业务系统。据此，保险定损不必再到现场，可以直接在维修点完成，有效优化了事故现场处理过程，及时疏导事故车辆，从而大大缓解了交通事故对交通通畅的影响。

二、优化理赔流程，提高理赔服务质量

随着车辆保险一卡通的使用，现场对事故责任车辆的身份确认、投保情况确认有了可靠的技术手段。尤其对于处理异地事故、双方互有责任的事故，可方便地使每个投保车辆都可直接从自己的承保公司获得全部理赔，从而有效地提升了对出险车辆的理赔保障，对承保公司也可通过车辆保险一卡通快速确认信息并获得第三方的投保情况，对承保公司也是一种必要的利益保障机制。

三、给车主带来便利

借助车辆保险一卡通的金融支付功能，可以更全面地服务车辆日常使用、保养、维修等车辆整个生命周期，通过它的便民增值服务功能，车主将在用车过程中享受多种的便利和优惠。

四、提升行业信息化建设，有力规范车辆管理，提高行业监管效率

车辆保险一卡通依托于车险信息集中平台，将对全国机动车辆相关身份识别数据、投保数据、理赔数据等做统一的清理、标准化，对业务流程规范化，从而提升基础数据和业务数据的质量，便于做统一的数据分析，并提供给行业监管更准确、及时的决策依据。

五、保险公司可有效提升业务办理效率，降低总体运营成本

车辆保险一卡通全面准确、安全可信的卡内和数据中心信息，可大大提升各个保险公司从承保到定损、理赔、结算的整个过程，尤其不再需要现场定损的业务流程优化，更能大大降低运营成本。

六、提升交警事故处理效率

对于交警处理事故现场，也可借助车辆保险一卡通、手持信息终端及无线网络，提高信息采集的效率，利用车辆保险一卡通的安全机制还可提升交警现场定责的可靠性、不可抵赖性，从而缩短现场处理时间，提高案件质量，减少人力投入。

7.7.2　车险一卡通关键技术

随着我国保险业和信息技术的快速发展，车辆保险一卡通是保险业未来发展的重要技术保障。然而一套成熟的车辆保险一卡通体系需要有大量可靠的技术来支撑，主要包含如下几个方面：

一、感知技术

传感器技术和信息处理技术是车辆保险一卡通的基础。通过传感器、RFID、多媒体信息采集、二维码等多种传感和编码技术，车辆保险一卡通能够实现对物理世界数据或事件的信息采集，实现对物理世界的认知。

其中传感器技术涉及数据信息的收集，利用传感器和传感器网络，协作感知、采集网络覆盖区域中被感知对象的信息。信息处理技术是实现对物理变量、状态、模板、事件及其变化的全面、透彻感知，以及智能反馈、决策的过程。信息处理技术涵盖数据处理、数据融合、数据挖掘、数据整合等多个技术领域，实际运用中可以采用并行或串行的方式、基于集中或分散式的机制来实现。

二、网络技术

网络技术是车辆保险一卡通与各界交互的重要载体。它由通信技术、组网

技术、中间件技术和网关技术等几个方面组成。感知网络的无线通信部分集成于传统的通信网络，会遇到无线通信信道所存在的多经、无线通信的信道带宽和发射功率限制等传统问题，同时也会遇到传感器传输能力与通信范围有限、网络的拓扑结构变化频繁、功耗节能、无线干扰等多个问题。因此在通信技术选择上，信息传输特性和实现的复杂度是要着重考虑的两个因素。

三、应用服务技术

应用服务技术是推动车辆保险一卡通不断发展的驱动力，它强调如何更好加工、处理和利用信息，如何更高效地提供应用服务，需要海量信息多粒度分布式储存、海量数据挖掘与知识发现、海量数据并行处理、云计算等多种技术的支撑。

海量信息多粒度分布式存储是指通过传统或新兴信息存储技术、分布式数据库技术对车辆保险一卡通的数据进行存储，以便为以后的服务提供更好的原始数据。海量数据挖掘与知识发现是指在应用系统利用应用现场部署的各种终端传感设备获取的大量、不完全、有噪声、模糊的、随机的数据中提取潜在的而又有用的信息和知识，并通过数据处理引擎对这些数据进行挖掘、建模，从而得到物联网应用系统所需要的逻辑操作和知识。海量数据并行处理是指同时利用多种计算资源解决计算问题的过程，在目前云计算技术成熟的条件下，并行计算能够给车辆保险一卡通的海量信息提供更高效的数据处理能力。同时，云计算虚拟化技术的应用，能更加有效地利用各种计算能力，为各类应用提供支撑。

四、安全管理技术

车辆保险一卡通应用系统应对的大多是应用场景的实时数据，包括生产、生活等多个领域，以及国家重要行业的敏感数据，因此安全管理是保证车辆保险一卡通健康发展的重要前提。如何保证信息的机密性、完整性和可用性是车辆保险一卡通应用的最大挑战。在实际运用中，我们应从保密性、数据鉴别、设备健全、完整性、可用性和新鲜性等几个方面着手落实。

目前从智能卡的广泛应用、我国三大运营商都已经建成覆盖全国、性能优、可靠性高的基础通信网，从公安部对全国信息安全等级保护建设情况的要求来看，我国保险业已经完全具备了建设车辆保险一卡通的技术能力。

7.7.3　车险一卡通总体架构

车辆保险一卡通的核心业务软件系统技术架构采用了基于 J2EE 的 SOA（Service – Oriented Architecture，面向服务的架构）架构，由用户交互服务平台、业务流程集成服务平台、车辆保险一卡通应用服务总线、核心业务应用服务平台、应用及数据访问服务、数据交换平台、基础架构服务组成（见图 7 – 11）。

其中核心应用服务平台是车辆保险一卡通核心业务的承载平台，主要实现车辆保险一卡通制卡、发放、服务、账务等核心业务。

业务流程集成服务平台、车辆保险一卡通应用服务总线，统一集成核心应用服务的接入，并为各保险公司、服务网站、呼叫中心、自助终端等提供统一接口服务。最终实现为被保险车辆提供统一的制卡、发卡、账务等服务。

数据交换平台主要实现交警、运管等部门的车辆信息、车辆违章信息的交换接入。

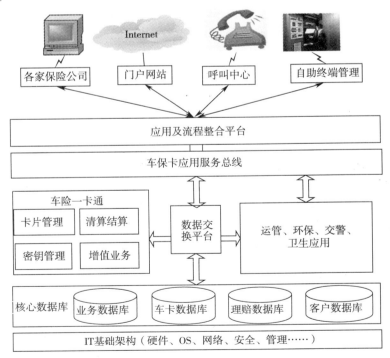

图 7 – 11　车险一卡通总体架构

7.7.4 车险一卡通功能

随着车辆保险一卡通的深入使用，将改变保险业传统服务模式，提升保险行业的整体竞争力，推动保险业实现从价格竞争模式向技术服务新模式进行转变，推动保险服务从标准化向精准化方向转移，进而创新风险管控模式、改善续保管理、提升客户体验。

车辆保险一卡通的功能主要分为两大类：身份识别类功能和结算支付类功能。

一、身份识别类功能

（一）投保环节的应用。使用车辆保险一卡通在投保环节，可以查看车辆历史投保、理赔、违章信息，更快更准确地识别车辆，为车主提供优质、快速投保服务。

（二）理赔环节的应用。在车辆保险理赔环节，可以大大提高理赔的工作效率。

（三）电子保单的功能。车辆保险一卡通本身就可以承载大量的数据，同时还能借助互联网的优势与集中平台进行实时交互，它本身就是一个具有安全性保障的电子保单。保险电子商务系统为作为在线交易平台，为保险客户提供了在线购买保险的能力。电子保单是在线交易结果的凭据。保险电子商务提供了身份认证、信息保密、日志审计等安全管理机制。电子保单的不可篡改性和不可否认性是作为电子合同必须满足的条件。从国际上看，能够提供电子保单的保险企业在保险电子商务发展过程中已经处于领先的地位。

（四）电子行驶证功能，车辆保险一卡通作为车辆的身份识别，即电子行驶证。

二、结算支付类功能

（一）代位求偿清结算功能。根据《保险法》及《机动车辆保险代位求偿操作实务》，依托行业车险信息共享平台，建立保险行业代位求偿信息系统和清算系统，以进一步提高保险行业车险理赔整体服务水平，方便被保险人索赔，切实维护消费者利益。

在保险行业代位求偿信息系统和清算系统中，需要对结算单位和个人建立结算账户，因此通过车辆保险一卡通的形式，每一张卡对应一个结算账户，实现保险行业内部资金的结算，同样也代表了具体的一辆车，也可以对应某家保险公司的某个结算部门。

（二）电子商务功能。为了方便投保人参保和续保，投保人可以通过网上电话等方式从"保险超市"购买保险产品，在购买这些保险产品的时候，需要使用电子支付工具，而车辆保险一卡通的结算账户正好可以实现支付功能。

当然，今后一段时间，为了更好地留住卡内资金，方便车辆保险一卡通用户的日常支付，可以发展除"保险超市"之外的产品。如持有车辆保险一卡通，可以在加盟的修理厂支付修理费用，甚至可以用来加油。

本章小结：本章研究了车险信息共享平台的行业电子商务功能，为各保险公司和广大消费者提供承保、理赔等方面服务，逐步建立行业保险超市，建设电子保单登记系统，充分发挥保险行业门户的桥梁与纽带作用。搭建车险信息自主查询平台，客户可以很方便地登录网站查询承保、理赔及保费缴纳情况。尝试推行车辆保险一卡通机制，推进"车险联网"建设，方便广大客户投保、理赔、车辆保养和维修，为承保车主提供便民增值服务。利用互联网进行保险营销，提供全方位的保险服务，进一步加强与国内外保险公司的业务往来和经验交流。全方面发展保险电子商务，有利于推动我国保险业的长足发展，使之以全新的姿态积极参与国际保险市场的竞争。

8   车险平台云安全体系

车险平台在转向云时所面临的最大挑战是安全的数据存储、高速的网络访问和标准化建设。在车险业最大的数据中心存储的大量数据，要保护全国所有客户和用户的隐私、商业机密、数据安全、身份和对车险平台提供特定服务的要求，这些使得保险业对数据保护特别担心。这些担忧将进一步推动车险平台的建设，并对车险平台的法律框架和安全服务模式提出相应要求。本章分析研究了目前车险平台云安全问题，并描述了确保应用程序和数据安全所要遵循的法规，研究重点是车险平台为何以及如何在软件即服务、平台即服务、基础设施即服务环境中保护这些资源，并且为车险平台提供信息安全保护的"指导性框架"。

8.1   车险平台云安全综合分析

为促进全国车险业服务水平的提升和业务的持续发展，正在持续开展车险信息共享平台的业务生产服务中心建设，后续将规划建设车险业集中的风险管理中心、清算支付中心和电子商务中心等四大功能中心。

目前已经建设成国内车险业最大的车险信息数据库和车险信息查询数据库，将建设统一的车险业务欺诈事件管理数据库、集中清算支付数据库和统一交易数据库，通过对数据集中管理、统计分析、精算挖掘和决策支持，规范车险市场经营，提升车险市场服务品质，防止恶意竞争，推动国内车险业的持续、稳定、健康发展，最终提升车险业在国民经济中的地位。

本章通过分析未来车险云平台的类型、架构、服务对象和运营模式，把车险平台的云安全构建及时提到当前车险建设日程上来，推导出最适合车险平台的云基础设施的安全监控模式、软件开发安全管控模式和应用服务云安全服务模式，以便更好地解决或缓解信息安全阻碍云平台发展的问题，设计能够融入车险平台整个建设过程、创造高附加值的云安全保障。车险平台云安全体系是创造可以运用在设计阶段的安全原则和架构模式。在规划建设云安全模式的整个过程中，将遵循适当风险控制原则、适当业务推动原则和适当成本效益原则。最终云安全架构应该支持车险平台持续建设的四个应用功能开发、建设和服务需要，以保障车险云平台与全国用户、公司和机构的数据的保密性、完整性和可用性。

8.1.1 车险平台安全的重要性

由于车险信息共享平台承载的车险业务数据和客户信息越来越多、越来越全面，提供的车险业服务越来越多样化、越来越精细化，持续服务的对象越来越多、越来越广泛。需要建设符合车险平台云发展战略的信息安全管理框架和云安全管理框架，迫切地需要建设一套行之有效的安全技术措施、安全管理机制和安全治理策略，更加迫切地需要及时进行数据安全保护、客户信息安全保护以及对法律法规的遵从。

未来车险平台的云基础设施建设和云服务建设会把用户、信息资源高度集中，带来的安全事件后果与风险也较传统应用高出很多。根据 IDC 在 2009 年底发布的一项调查报告显示，云计算服务面临的前三大市场挑战分别为服务安全性、稳定性和性能表现。有 51% 的中小型企业认为安全性和隐私问题是它们尚未使用云服务的最主要原因。

由此可见，车险平台的安全性已经成为平台长远发展的首要考虑因素。那么如何保障车险平台信息在当前平台环境下的存储、传输、使用过程中的安全？如何保证车险平台信息的安全建设能够符合中长期的云平台建设目标？如何保障车险平台信息的安全风险能够被有效的防范和控制？因此，为车险平台、平台所有用户和机构提供安全数据服务，已经成为迫切需要解决的问题。

8.1.2 车险平台的安全要求

本章在分析车险信息共享平台的未来发展战略目标、创新性业务服务模式、车险业风险管控合规要求、云平台安全建设趋势以及国内外最佳安全标准和通用安全模型基础上，研究车险平台短期、中期和长期的信息安全保障体系和风险管理机制的建设框架和预期成果。要求车险平台的所有信息安全建设遵循以下十个要求：

1. 需符合车险平台的业务应用功能建设、服务和合规的需要；

2. 需依据资产管理和风险评估，分优先级建设信息安全的控制措施；

3. 需基于数据保护等级，分数据优先级进行数据生命周期安全建设；

4. 短期以流程制度建设为主，以单一培训和产品部署为辅，建设安全基础设施，规划建设基础设施即服务（IaaS）的云基础平台的安全保障；

5. 中期以集中管控系统建设为主，以综合培训和流程整合为辅，建设安全管理机制，在完善基础设施云平台的安全建设基础上，规划建设软件即服务（SaaS）的云软件平台的安全保障；

6. 长期以动态和量化管理为主，以持续培训和考核为辅，建设安全保障机制，在完善规划软件即服务云平台的安全建设基础上，规划建设平台即服务（PaaS）的云服务平台的安全保障；

7. 需以建设风险管理平台、统一账号和授权管理平台、安全事件监控和响应平台和业务连续性管理平台为贯穿短、中、长期不变的建设目标；

8. 需以人为本，贯穿短、中、长期各个阶段、各个任务、各个目标，进行有效的安全建设；

9. 需以评估、审计和考核为工具，贯穿短、中、长期各个阶段、各个任务、各个目标，进行有效的安全建设；

10. 要求车险平台各个阶段的安全建设活动，必须权衡效率和安全平衡。

8.1.3　车险平台的安全现状

目前车险信息共享平台的信息安全体系架构是以国际信息安全管理标准"ISO27001"为基础进行定制裁决，主要包括信息安全组织框架、信息安全策略框架、安全技术框架、安全开发与运维框架、信息安全管理框架、安全意识培训框架和安全体系成熟度评估框架。为了保证车险平台安全体系持续有效，特别设计了安全意识培训框架和安全体系成熟度评估框架。目前车险信息共享平台的信息安全保障体系框架如图 8-1 所示。

1. 安全组织框架。主要由治理层的信息安全管理委员会、管理层的信息安全工作组和各职能小组安全协调人员组成，涉及安全责任的沟通、执行与管理，是落实安全策略、制度和基线的保证。

2. 安全策略框架。主要由信息安全建设方针、策略、制度、规范和技术配置检查基线组成。其中信息安全建设方针由治理层面的信息安全管理委员会进行审批和决策；相关规范制度由管理层的信息安全工作组负责维护和优化。

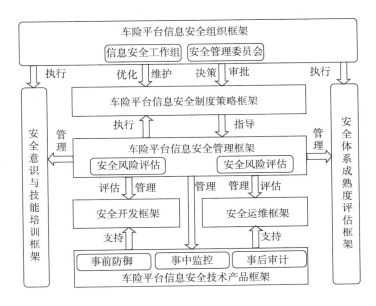

图 8 - 1　车险平台信息安全组织框架

3. 安全管理框架。主要由安全管理机制、安全风险评估、风险控制、内部安全规划、安全工程实施和持续改进机制等方面组成，基于信息安全组织框架有效地把其余安全框架整合，形成持续改进的信息安全管理框架。

4. 安全技术框架。主要由事前防御技术、事中监控技术和事后审计技术组成，以安全基础设施建设为基础，构建不同保护级别的等级保护技术框架。涉及防护、检测和响应等方面技术、产品和解决方案，是安全管理和风险管理的技术基础保障。

5. 安全运维框架。主要由安全事件集中监控和防御、安全日志分析、安全合规分析等组成，基于安全技术框架、安全管理框架和安全运维策略，实现内部和外部各种安全事件实时分析，安全事故的应急响应，重大灾难恢复，形成技术、流程、制度和人员有效整合，有效提高安全监控、防御、审计设备的效用。

6. 安全开发框架。主要由安全需求分析、安全编码、安全测试和安全上线等环节组成，基于安全技术框架、安全管理框架和安全开发策略，实现基于车险信息共享平台系统开发现状，把信息安全逐步从新系统上线延伸到系统需求设计初期，最终实现从软件开发的源头规避非授权访问和信息泄露的风险，降低后期安全技术基础设施建设的成本。

7. 安全培训框架。主要由安全意识培训、安全基本技能和专业技能培训、安全管理培训和安全绩效考核等方面组织,基于安全组织框架和安全管理框架,持续提升车险平台内部人员、外部人员和合作第三方的符合车险平台的信息安全管理体系的要求和阶段性目标,实现高效的风险识别、风险应急和风险处置机制。

8. 安全体系成熟度评价框架。主要包括 ISO27001 的 11 个领域,依据 ISO27002 和等级保护三级要求,制定车险平台自己的安全管理体系建设成熟度评价指标和评价列表,实现车险平台的信息安全体系的定制规划、有效落地、持续改进的机制。

8.1.4 车险平台云安全定位

车险平台的云服务是基于车险平台的虚拟化和自动化的进一步发展。因为虚拟化在很多企业已经广泛应用,并在缩减服务器数量、减少数据中心运营成本、提高数据中心可维护性以及服务器的快速部署方面凸显巨大价值。云计算正是在这样的基础上的概念延伸和技术革新,并且从软件即服务进一步发展到基础架构即服务和平台即服务。简单地说,云计算的本质就像现在电网一样,企业不需要知道电是从哪里来的,只需要知道插上插座就能用到电。企业购买了云计算服务,就不用自己再构建 IT 系统,还可以无限地扩展需求。

车险云服务平台模式包括两部分:车险平台云服务模式和运维模式。车险云平台是服务国内所有做汽车保险业务的保险公司、个人客户和政府机构的应用服务平台,主要提供车险业内最权威的数据查询、数据统计、数据挖掘和趋势分析等服务。车险云平台是以外包运维为主的运维管理模式,主要包括外包硬件运维、应用运维和数据运维。所以车险平台未来建设模型是国内汽车保险业最大的软件即服务(SaaS)的私有云服务平台。车险云平台安全框架和方案主要依赖于这种模式。

从信息安全视角出发,车险云平台的安全架构主要是通过软件即服务映射到平台即服务和基础设施即服务,车险云平台的安全将先基于基础设施即服务进行建设,再逐步延伸到平台即服务,最后支撑软件即服务的车险平台。车险云平台建设初期,安全主要是通过采用身份认证、安全审查、数据加密、系统冗余等安全技术及管理手段来提高车险云平台的健壮性、服务连续性和用户数据的安全性。

8.1.5　云安全的发展趋势

目前主要的研究组织主要包括云安全联盟（Cloud Security Alliance，CSA）、CAM 为推动云计算应用安全的研究交流与协作发展，CSA 在 2009 年 12 月 17 日发布的《云计算安全指南》，着重总结了云计算的技术架构模型、安全控制模型以及相关合规模型之间的映射关系，从云计算用户角度阐述了可能存在的商业隐患、安全威胁以及推荐采取的安全措施。

另外，欧洲网络信息安全局（ENISA）和 CSA 联合发起了 CAM 项目。CAM 项目的研发目标是开发一个客观、可量化的测量标准，供客户评估和比较云计算服务提供商安全运行的水平。

云应用开发者已经针对 IaaS 和 PaaS 平台成功开发了数以万计的应用。这些平台提供了基本的安全机制，诸如认证、DoS 攻击防御、防火墙策略管理、日志、基本用户与账户管理等，但是安全隐患依然是企业级云实施的首要障碍。对云的安全顾虑，从安全配置部署于 IaaS 平台之上的虚拟机到在 PaaS 云上管理用户权限，不可谓不广泛。

目前国内外许多云服务提供商纷纷提出并部署了相应的云计算安全解决方案，主要通过身份认证、安全审查、数据加密、系统冗余等技术及管理手段来提高云计算业务平台的健壮性、服务连续性和用户数据的安全性。

8.1.6　云安全面临的挑战

随着国内云计算产业的快速发展，云计算基础平台的构建是车险信息共享平台持续发展的基础，而"云安全"成为车险云平台发展的重要环节。

相对而言，单个车险公司的 IT 基础设施出现安全问题只会对个别车险公司造成影响，而车险业云基础设施平台出现安全问题则会对基础平台的所有服务所有对象造成影响，会给国内车险公司、保险客户和政府机构带来无法估量的损失。因此，在构建云计算基础平台时，如何保障车险平台的云服务的安全可靠已成为焦点。如果要实现"超市"模式云服务，需要解决在安全方面的挑战，主要包括以下几点：

- 网络通信的安全性
- 虚拟设施的安全性

- 访问权限的控制
- 数据的拥有权
- 数据的私密性
- 数据的隔离

在服务质量方面，主要有下面两点：

1. 服务品质协议（SLA）是服务提供者和客户之间签订的协议，也是服务正常运行所需要满足的条件。最常见的包括响应时间和吞吐量。

2. 高可用性。不仅需要尽可能短的停机时间，而且还需要尽快从故障中恢复的能力。这个问题牵涉面广，包括云端、客户端和它们两者之间的通信设施。在信任方面，因为云中所存储的数据和支持的服务对用户而言都是极为关键的，所以需要用户对云供应商给予充分信任，即使其安全措施已经非常完善了。

在法律和政治的限制方面，主要有两点：

1. 在法律方面，各个国家已经出台了很多涉及企业 IT 方面运营的相关方案和流程规范，比如美国的 SOX 和 HIPPA、欧盟的数据保护法等。云中的服务和数据也应该遵守这些方案。

2. 由于政治和国家安全等因素，云供应商在其非本土的地域上运营存在难度。在运营效率方面，云供应商需要利用其规模上的优势来降低运营成本，从而降低使用云计算的门槛，同时也能提高其利润。

车险平台是国内车险业的用户信息、业务资源的高度集中平台，带来的安全事件后果与风险也较车险平台的传统应用服务模式高出很多。总体来说，未来的车险云平台主要面临的信息安全风险如下：

一、虚拟化安全风险

利用虚拟化加强基础设施的可扩展能力，提高了基础设施快速部署能力，也节约了基础设施运营成本，然而虚拟化技术也会带来以下安全问题：

1. 面临管理主机客户端服务器被入侵的风险；

2. 面临虚拟网络受到破坏直接影响或损坏客户端的风险；

3. 面临客户端和主机共享的安全防护措施不力，被恶意人员利用风险；

4. 面临主机风险直接转播到主机上所有的虚拟机的风险。

二、数据集中后的安全风险

车险平台上的用户信息的业务数据在存储、传输、备份和使用等各环节发生信息丢失、窃取和篡改等事件，都会对用户、公司和机构带来严重甚至是致命的安全风险。数据集中后面临安全问题：

1. 如何保证云平台内部安全管理和访问控制机制符合客户安全需求；

2. 如何实施有效的安全审计，对数据操作进行安全监控；

3. 如何避免云平台中多用户共存带来潜在风险，直接成为云平台的安全挑战。

三、云平台可用性风险

车险平台的用户、数据和业务功能完全处于云环境中，其业务流程将依赖于云平台服务连续性、SLA，也对云平台的 IT 流程、安全策略、事件处理和分析等提出了挑战。另外，当发生安全事件时，如何保证用户数据的快速恢复也成为一个重要问题。

四、云平台遭受攻击的风险

车险云平台由于其用户和数据等信息资源的高度集中，容易成为黑客攻击的目标，由于拒绝服务攻击，造成的后果和破坏性将会明显超过传统的系统运行环境。

五、法律法规的风险

车险云平台的应用地域性弱、信息流动性大，信息服务或用户数据可能分布在不同地区和不同公司，在国内行业与国家之间的信息安全监管等方面可能存在法律差异与纠纷；同时由于虚拟化等技术引起的用户间物理界限模糊而可能导致的司法取证问题也不容忽视。

8.2 车险平台云安全框架与技术

车险平台向云平台转型过程中，首先是向私有云演进，然后才逐步向公有云过渡。车险平台建立初期就进行行业内所有车险业务数据集中整合，随着平台业务功能的丰富，服务范围的扩展，在云时代的发展趋势下，将建成国内车险业最大的车险信息共享私有云平台。

8.2.1 云安全的架构原则

车险云平台有不同层次的风险容忍，这可以从产品开发文化、新技术采纳、IT 服务交付模型、技术战略以及在安全工具与能力方面的投入上看出来。

当车险云平台的业务部门决定利用 SaaS 产生商业收益，车险云平台技术架构应该能够支撑这个模型。此外，车险云平台安全架构应该与技术架构和原则一致。下面是车险云平台安全架构应该考虑和制定的云安全原则示例：

1. 运行在云上的服务应该遵循最小权限原则。

2. 多个安全区之间的隔离应该通过使用分层防火墙得以保证——云防火墙、虚拟层管理程序（hypervisor）防火墙、客户系统防火墙以及应用程序容器。云上的防火墙策略应该遵守基于数据敏感性的可信任区隔离标准。

3. 应用程序应该使用端到端的传输层的加密（SSL、TLS、IPSEC），以确保数据在部署于云上的应用程序之间以及到部署于企业内部的应用程序之间的传输是安全的。

4. 应用程序应该将认证与授权扩展到可信任的安全服务，基于 SAML 2.0，应该支持单点登陆。

5. 数据遮掩和加密应该基于数据的敏感性而采用，并且与企业数据净化标准相一致。

6. 位于可信任区的应用程序应该被部署于经过授权的企业标准虚拟机镜像上。

7. 在部署虚拟私有云时，应该使用行业标准的 VPN 协议，诸如 SSH、SSL 和 IPSEC。

8. 车险云平台的安全监控应该与既有的车险平台的安全监控工具通过 API 集成在一起。

8.2.2　云安全的架构模式

车险云平台在架构时加入适当的保护云上信息 CIA 的安全控制，可以防御云安全威胁。车险云平台安全控制可以被作为与提供商或者第三方提供商提供的服务交付—安全即服务。

车险云平台的云安全架构模式设计了不同的服务与部署于云服务之上的组件的可信任边界。这些模式也应该指出标准接口、安全协议（SSL、TLS、IP-SEC、LDAPS、SFTP、SSH、SCP、SAML、OAuth、Tacacs、OCSP 等）以及认证、令牌管理、授权、加密方法（哈希、对称式、非对称式）、加密算法（三重 DES、128 位 AES、448 位加密（Blowfish）、RSA 等）、安全事件日志、对于策略与用户属性的真相来源及耦合模型等机制。最终，车险云平台的模式可以被用以创建车险云平台的安全检查列表，需要用配置管理工具自动化起来。

通常，对于车险云平台的每项安全服务，其模式都应该强调下面的属性（但是不局限于此）：

1. 逻辑位置：本地到云服务、内部云、第三方云。位置可能会受到性能、可用性、防火墙策略以及服务监理的限制。

2. 协议：调用服务的协议是什么？例如基于 X. 509 证书的 REST 风格的服务请求。

3. 服务功能：服务的功能是什么？例如加密制物、日志、认证以及机器指纹。

4. 输入/输出：输入（包含控制的方法）、从安全服务得到的输出是什么？例如，输入 = XML 文件，输出 = 包括加密属性的 XML 文件。

5. 控制描述：安全服务提供了什么安全控制？例如，防卫信息保密性、用户认证和应用认证。

6. 执行者：谁是服务的用户？例如，终端、终端用户、企业管理员、IT 审计员和架构师。

8. 2. 3 云安全的简化框架

车险私有云平台之前建设侧信息安全技术措施不需要将单一安全产品过渡到和云有关的一系列的安全产品，也不需要在安全产品方面进行重新架构设计，在目标的虚拟化环境建设过程中，所使用的安全技术和以前一样，可以在一开始应用设计和基础设施设计的时候，把安全内嵌在里面，实现在整合的数据中心平台上，实现"保证正确的人，通过可信的基础架构，访问正确的信息"。其中的身份保护、基础架构保护、信息保护、安全信息与事件管理（SI-EM），如图 8 - 2 所示。

8. 2. 4 云安全的关键技术

云平台安全架构的一个关键特点是云服务提供商所在的等级越低，云服务用户自己所要承担的安全能力和管理职责就越多。下面对云计算安全领域中的数据安全、应用安全和虚拟化安全等问题的应对策略和技术进行重点阐述。

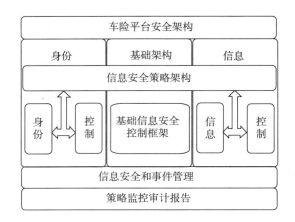

图 8 - 2　车险平台安全架构

一、云平台的数据安全

车险云平台的云用户和云服务应避免数据丢失和被窃，无论使用哪种云计算的服务模式（SaaS/PaaS/IaaS），数据安全都变得越来越重要。以下针对车险云平台的数据传输安全、数据隔离安全和数据残留安全等方面进行分析。

（一）数据传输安全

在使用车险云平台时，传输中数据的最大漏洞是没有采用加密算法。即使是通过 Internet 传输数据，采用安全传输协议要能保证数据的完整性。若采用加密数据和使用非安全传输协议的方法也可以达到保密目的，但无法保证数据完整性。

（二）数据隔离安全

车险云平台的磁盘介质上的数据或生产数据库中的数据很重要，但是静止数据加密比较复杂，如果仅使用简单存储服务进行长期的存储，用户加密他们自己的数据后发送密文到车险云平台上是可行的。但是对于车险云平台的 SaaS 应用来说，数据是不能被加密，因为加密过的数据会妨碍车险平台的数据索引和查询。到目前为止还没有可商用的算法实现数据全加密。

车险云平台的 SaaS 为了实现可扩展、可用性、管理以及运行效率等方面的"经济性"，基本都采用多用户模式，因此被车险云平台所用的数据会和其他用户的数据混合存储。虽然云平台会采用诸如"数据标记"等技术以防非法访问混合数据，但是通过应用程序的漏洞，非法访问还是会发生，最著名的案例就是 2009 年 3 月发生的谷歌文件非法共享。针对车险云平台的私有云服务方式，可以实现不同应用功能的专用数据平台和不同公司机构的专用数据平台。

（三）数据残留安全

数据残留是数据在被以某种形式擦除后所残留的物理表现，存储介质被擦除后可能留有一些物理特性使数据能够被重建。在车险云平台环境中，数据残留更有可能会无意泄露敏感信息，因此车险云平台应能鉴别信息所在的存储空间被释放或再分配给其他云用户前得到完全清除，无论这些信息是存放在硬盘上还是在内存中。云服务提供商应保证系统内的文件、目录和数据库记录等资源所在的存储空间被释放或重新分配给其他云用户前得到完全清除。

二、云平台的应用安全

由于云环境的灵活性、开放性以及可用性等特性，给应用安全带来了很多挑战。车险云平台在云主机上部署的 Web 应用程序应当充分考虑来自互联网的威胁。

（一）终端用户安全

对于使用车险云平台服务的用户或保险机构，应该保证各个终端的安全。在用户的终端上部署安全软件，包括反恶意软件、防病毒、个人防火墙以及 IPS 类型的软件。目前浏览器已经普遍成为云服务应用的客户端，但是所有互联网浏览器毫无例外地存在软件漏洞，这些软件漏洞加大了终端用户被攻击的风险，从而影响云计算应用的安全。因此云用户应该采取必要措施保护浏览器免受攻击，在云环境中实现端到端的安全。云用户应使用自动更新功能，定期完成浏览器打补丁和更新工作。

随着虚拟化技术的广泛应用，许多用户现在喜欢在桌面或笔记本电脑上使用虚拟机来区分工作。有人使用 VMware Player 来运行多重系统（如使用 Linux 作为基本系统），通常这些虚拟机甚至都没有达到补丁级别。这些系统被暴露在网络上更容易被黑客利用成为流氓虚拟机。对于车险业的用户，应该从制度上规定连接车险云平台应用的终端机禁止安装虚拟机，并且对终端机进行定期检查。

（二）SaaS 应用安全

SaaS 应用给用户提供在车险云基础设施之上的应用，用户使用各种客户端设备通过浏览器来访问车险平台的应用。用户并不管理或控制底层的云基础设施，如网络、服务器、操作系统、存储甚至其中单个的应用能力，除非是某些有限用户的特殊应用配置项。SaaS 模式决定了车险云平台管理和维护整套应用，因此车险云平台 SaaS 应最大限度地确保提供给客户的应用程序和组件的安全，客户通常只需负责操作层的安全功能，包括用户和访问管理，目前对于车险云平台评估通常的做法是根据保密协议，要求车险平台能提供有关安全实践的信息。该信息应包括设计、架构、开发、黑盒与白盒应用程序安全测试和发布管理。有些客户甚至请第三方安全厂商进行渗透测试，以获得更为翔实的安全信息，不过渗透测试通常费用很高而且也不是所有提供商都同意这种测试。

还有一点需要特别注意的是，车险云平台 SaaS 提供的身份验证和访问控制功能，通常情况下这是客户管理信息风险唯一的安全控制措施。大多数服务包括谷歌都会提供基于 Web 的管理用户界面。最终用户可以分派读取和写入权限给其他用户。然而这个特权管理功能可能不先进，细粒度访问可能会有弱点，也可能不符合组织的访问控制标准。

用户应该尽量了解云特定访问控制机制，并采取必要步骤，保护在云中的数据；应实施最小化特权访问管理，以消除威胁云应用安全的内部因素。

所有有安全需求的云应用都需要用户登录，有许多安全机制可提高访问安全性，比如说通行证或智能卡，而最为常用的方法是可重用的用户名和密码。如果使用强度最小的密码（如需要的长度和字符集过短）和不做密码管理（过期，历史）很容导致密码失效，从而容易被猜到密码，而这恰恰是攻击者获得信息的首选方法。因此车险平台云服务应能够提供高强度密码；定期修改密码，时间长度必须基于数据的敏感程度；不能使用旧密码等可选功能。

在未来的 SaaS 应用中，车险云平台将客户数据（结构化和非结构化数据）混合存储是普遍的做法，通过唯一的客户标识符，在应用中的逻辑执行层可以实现客户数据逻辑上的隔离，但是当车险云平台的云服务的应用升级时，可能会造成这种隔离在应用层执行过程中变得脆弱。因此，客户应了解车险云平台的 SaaS 使用的虚拟数据存储架构和预防机制，以保证多用户和机构在一个虚拟环境所需要的隔离。车险云平台 SaaS 应在整个软件生命开发周期加强在软件安全性上的措施。

（三）PaaS 应用安全

PaaS 云提供给用户的能力是在云基础设施之上部署用户创建或采购的应用，这些应用使用服务商支持的编程语言或工具开发，用户并不管理或控制底层的云基础设施，包括网络、服务器、操作系统或存储等，但是可以控制部署的应用以及应用主机的某个环境配置。PaaS 应用安全包含两个层次：PaaS 平台自身的安全；客户部署在 PaaS 平台上应用的安全。

SSL 是大多数云安全应用的基础，目前众多黑客社区都在研究 SSL，相信 SSL 在不久的将来将成为一个主要的病毒传播媒介。PaaS 提供商必须明白当前的形势，并采取可能的办法来缓解 SSL 攻击，避免应用被暴露在默认攻击之下。用户必须要确保自己有一个变更管理项目，在应用提供商指导下进行正确应用配置或打配置补丁，及时确保 SSL 补丁和变更程序能够迅速发挥作用。

PaaS 提供商通常都会负责平台软件包括运行引擎的安全，如果 PaaS 应用使用了第三方应用、组件或 Web 服务，那么第三方应用提供商则需要负责这些服务的安全。因此用户需要了解自己的应用到底依赖于哪个服务，在采用第三方应用、组件或 Web 服务的情况下用户应对第三方应用提供商做风险评估。目前，云服务提供商借口平台的安全使用信息会被黑客利用而拒绝共享，尽管如此，客户应尽可能地要求云服务提供商增加信息透明度以利于风险评估和安全管理。

云用户部署的应用安全需要 PaaS 应用开发商配合，开发人员需要熟悉平台的 API、部署和管理执行的安全控制软件模块。开发人员必须熟悉平台特定的安全特性，这些特性被封装成安全对象和 Web 服务。开发人员通过调用这些安全对象和 Web 服务实现在应用内配置认证和授权管理。对于 PaaS 的 API 设计，目前没有标准可用，这对云计算的安全管理和云计算应用可移植性带来了难以估量的后果。

PaaS 应用还面临着配置不当的威胁，在云基础架构中运行应用时，应用在默认配置下安全运行的概率几乎为零。因此，用户最需要做的事就是改变应用的默认安装配置，需要熟悉应用的安全配置流程。

三、云平台的虚拟化安全

基于虚拟化技术的云计算引入的风险主要有两个方面：一个是虚拟化软件的安全；另一个使用虚拟化技术的虚拟服务器的安全。

（一）虚拟化软件安全

该软件层直接部署于裸机之上，提供能够创建、运行和销毁虚拟服务器的能力。实现虚拟化的方法不止一种，实际上，有几种方法都可以通过不同层次的抽象来实现相同的结果，如操作系统级虚拟化、全虚拟化或半虚拟化。在

IaaS 云平台中，云主机的客户不必访问此软件层，它完全应该由云服务提供商来管理。

由于虚拟化软件层是保证客户的虚拟机在多租户环境下相互隔离的重要层次，可以使客户在一台计算机上安全地同时运行多个操作系统，所以必须严格限制任何未经授权的用户访问虚拟化软件层。云服务提供商应建立必要的安全控制措施，限制对于 Hypervisor 和其他形式的虚拟化层次的物理和逻辑访问控制。

虚拟化层的完整性和可用性对于保证基于虚拟化技术构建的公有云的完整性和可用性是最重要，也是最关键的。一个有漏洞的虚拟化软件会暴露所有的业务域给恶意的入侵者。

（二）虚拟服务器安全

虚拟服务器位于虚拟化软件之上，对于物理服务器的安全原理与实践也可以被运用到虚拟服务器上，当然也需要兼顾虚拟服务器的特点。下面将从物理机选择、虚拟服务器安全和日常管理三方面对虚拟服务器安全进行阐述。

应选择具有 TPM 安全模块的物理服务器，TPM 安全模块可以在虚拟服务器启动时检测用户密码，如果发现密码及用户名的 Hash 序列不对，就不允许启动此虚拟服务器。因此，对于新建的用户来说，选择这些功能的物理服务器来作为虚拟机应用是很有必要的。如果有可能，应使用新的带有多核的处理器，并支持虚拟技术的 CPU，这就能保证 CPU 之间的物理隔离，会减少许多安全问题。

安装虚拟服务器时，应为每台虚拟服务器分配一个独立的硬盘分区，以便将各虚拟服务器之间从逻辑上隔离开来。虚拟服务器系统还应安装基于主机的防火墙、杀毒软件、IPS、IDS 以及日志记录和恢复软件，以便将它们相互隔离，并与其他安全防范措施一起构成多层次防范体系。

对于每台虚拟服务器应通过 VLAN 和不同的 IP 网段的方式进行逻辑隔离。对需要相互通信的虚拟服务器之间的网络连接应当通过 VPN 的方式来进行，以保护它们之间网络传输的安全。实施相应的备份策略，包括它们的配置文件、虚拟机文件及其中的重要数据都要进行备份，备份也必须按一个具体的备份计划来进行，应当包括完整、增量或差量备份方式。

在防火墙中，尽量对每台虚拟服务器做相应的安全设置，进一步对它们进行保护和隔离。将服务器的安全策略加入到系统的安全策略当中，并按物理服务器安全策略的方式来对等。

从运维的角度来看，对于虚拟服务器系统，应当像对一台物理服务器一样地对它进行系统安全加固，包括系统补丁、应用程序补丁、所允许运行的服务、开放的端口等。同时严格控制物理主机上运行虚拟服务的数量，禁止在物理主机上运行其他网络服务。如果虚拟服务器需要与主机进行连接或共享文件，应当使用 VPN 方式进行，以防止由于某台虚拟服务器被攻破后影响物理主机。文件共享也应当使用加密的网络文件系统方式进行。需要特别注意主机的安全防范工作，消除影响主机稳定和安全性的因素，防止间谍软件、木马、病毒和黑客的攻击，因为一旦物理主机受到侵害，所有在其中运行的虚拟服务器都将面临安全威胁，或者直接停止运行。

对虚拟服务器的运行状态进行严密的监控，实时监控各虚拟机当中的系统日志和防火墙日志，以此来发现存在的安全隐患。对不需要运行的虚拟机应当立即关闭。

8.2.5 云服务的安全架构

车险平台的云服务模式会是结合 SaaS 的使用，公共计算和 Web 协作技术，利用互联网来满足全国车险客户和用户的需求。车险云平台的新商业模式作为转移到云平台的结果正在开发，不仅创造新的业务操作流程和服务模式，而且面临着新的安全要求和挑战。依据 Gartner 公司的统计分析出云服务的 6 个基础的安全问题：

1. 特权用户访问：明确谁拥有特别的数据访问权限，以及有关这些人员的管理和风险情况。

2. 法规遵循：确保云服务提供商定期进行外部审计或安全认证。

3. 数据位置：云服务提供商是否允许对数据位置的任何控制。

4. 数据隔离：确保各个阶段都可以加密，而且这些加密方案由经验丰富的专业人员设计和测试。

5. 数据恢复：确保在发生灾难时，云服务模式能否正常进行服务，是否有完整快速的恢复模式。

6. 调查取证：云服务提供商是否有能力进行调查任何不适当或非法活动。

为了解决本章列出的安全问题，SaaS 供应商需要纳入并加强云管理服务的安全实践，并为车险云平台的云计算环境的演变发展新的安全实践。图8－3

是车险平台云安全服务架构。

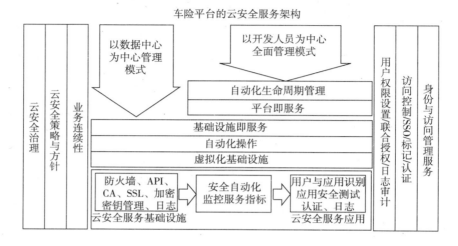

图 8 – 3 车险平台云安全服务架构

云服务提供商的安全服务与能力不断演化，且互相不同。因此经常会发现安全机制，如钥（key）管理和数据加密，将不可用。譬如对于加密安全制物的 AES 128 位加密服务的需要，又譬如存管于钥管理服务的钥。对于这些关键服务，车险云平台需要继续依赖内部的安全服务。对于如此依赖于内部服务的应用，"混合云"部署架构模式或许是唯一可行的选择。另一常见的使用场景是单点登陆（SSO）。企业内部实现的 SSO 也许无法扩展到云应用，除非它基于云服务提供商支持的 SAML 1.1 或者 SAML 2.0 使用了联邦式架构。

下面是车险云平台防御云服务风险的云安全最佳实践：

1. 针对车险云平台的安全即服务设计架构：云上的应用部署包括了多种服务的编排，其中包括 DNS、负载均衡、网络 QoS 等服务的自动化。与安全自动化属于同一范畴的还包括云安全区之间的防火墙策略、（SSL）证书供应、虚拟机系统配置、账户权限以及日志配置的自动化。依赖于防火墙策略创建、证书供应、钥分发和应用入侵测试等的部署流程应该被迁移到自服务模型。

2. 实现车险云平台的身份识别、访问管理架构与实践：可扩展的基于云的集中式与弹性的架构对基于网络的访问控制将会更少依赖，并确保很强的用户访问管理架构。云访问控制架构应该给最终用户以及授权用户解决用户与访问管理生命周期的所有方面：用户权限设置与取消、认证、联盟、授权和审计。身份架构将使身份与访问服务在公有云、私有云和混合云中的所有场景下的可重用性成为可能。同时采用安全令牌服务以及合适的用户与权限设置、审计跟踪是好的实践。联邦式架构是将企业内 SSO 扩展到云服务的第一步。

3. 车险云平台利用 API 自动化防护：任何新的安全服务都应该拥有 API（REST/SOAP）以支持自动化。API 可以帮助自动化防火墙策略、配置强化以及应用部署时的访问控制。这可以通过使用开源工具，例如结合云服务提供商提供的 API 来实现。

4. 总是加密或者遮掩敏感数据：今天的车险云平台的私有云应用明天都可能会部署在公有云。因此无关乎未来的运维模型，应用架构应该加密所有的敏感数据。

5. 不要依赖于车险云平台的 IP 地址做认证服务：云上的 IP 地址本就是朝三暮四，所以为了管理网络的访问控制，车险云平台不能仅仅依赖于它们。采用证书（自签名或者来自于可信的 CA）以使部署在云上的服务之间通过 SSL 连接成为可能。

6. 车险云平台的日志：应用应该集中式记录所有安全事件的日志，它会帮助创建端到端的事务视图，而且天生无可置否。对于安全事故事件，日志和审计跟踪是唯一可靠的数据，由取证工程师用于调研和弄清楚应用是如何被滥用的。云是弹性的，日志则是瞬息万变，因此周期性将日志文件迁移到不同的云或者企业的数据中心是非常关键的。

7. 车险云平台持续监视云服务：鉴于防卫控制可能无法满足所有的企业标准，监视是非常重要的功能。安全性监视应该利用云服务产生的日志、API 和托管的云应用以执行安全事件关联。

8.2.6 云安全的服务模式

一、基础设施安全服务

车险云平台的云服务提供商应该提供对 DoS 防护以及针对由手机与 PC 发起的会话的保密性与完整性防护的安全控制。通常，这些会话由浏览器或者客户端应用程序发起，并使用 SSL/TLS 进行传输，到由车险云平台的云服务提供商管理的负载均衡为止。车险云平台的云服务提供商通常并不共用 DoS 防护机制，因为黑客们可以很容易地滥用它。

二、应用程序安全服务

车险云平台的应用程序安全服务，诸如用户身份识别、认证、访问管理、设备识别、加密服务以及钥管理，可以把云服务提供商和车险云平台的数据中心结合起来。

常见的云访问控制，如用户注册、认证、账户权限设置、策略管理、日志、审计与计量。它强调了执行者（终端用户、企业业务用户、第三方人员、云服务所有者）与托管在云、车险云平台的内部或者第三方的服务的交付。车险平台的身份访问模式如下：

（一）车险平台云服务提供商的身份安全服务

车险云平台的云上面运行着下述的服务：

● 车险云平台的认证服务支持由平台门户发起的、常常使用 SAML 协议传输的用户认证。经认证的会话在云上的会话存储之中维护。

● 车险云平台的账户与用户资料设置服务支持创建新账户和用户资料——常常是通过调用 SPML（Service Provisioning Markup Language）或者车险云平台的云服务提供商的特定 API。

● 车险云平台的云策略管理服务被用于管理策略，比如指示云上的哪个资源可以被终端用户访问。使用这项服务，云服务所有者（企业）就可以执行管理功能，而终端用户可以请求对云资源的访问。云策略都存储于云策略存储。

● 车险云平台具有认证服务日志与审计服务支持双重功能，首先是云上事件（包括安全事件）的日志，其次是审计之用。访问这项服务时可以采用云审计协议和 API。

● 车险云平台的计量服务跟踪车险云平台的云资源的使用。财务部门可以将这项服务用于收费，也可以用于费用对账。

（二）车险平台的身份安全服务

在本模式中，平台应用程序的子集被托管于车险云平台的内部：

● 云注册界面提供了用户注册、管理和设置新的云资源的界面服务。认证和授权是通过云服务管理的。

● 云使用报表界面可以由终端用户用来声称使用报表。

● 云配置服务被用来配置云资源（计算、存储、网络、应用程序服务）。访问控制和会话管理在云服务端进行管理。

（三）车险平台第三方的身份安全服务

在本模式下，车险云平台云应用程序依赖于第三方提供并托管于第三方的身份识别服务。这些服务支持第三方用户访问云资源，代表车险云平台执行行业业务功能。例如备份和应用监控服务。在该模型中，用户设置、认证和访问管理功能被委托给了第三方服务。

由于车险平台主要是为国内汽车保险公司和政府机构提供中间统计、分析和共享服务，只对投保的客户提供基本信息查询，不直接提供保险相关业务服务。由定义看，车险云平台属于私有云，即中国保险业协会负责各车险云平台各个方面的管理。车险云平台的云服务提供商负责建设车险云平台的基础设施，建设完成后由车险云平台内部管理，其中包括路由器、交换机、负载均衡、防火墙、虚拟层管理程序、存储网络、管理平台、DNS、目录服务以及云 API。

车险云平台的云服务中各个层次的安全职责由提供商与车险平台项目管理部共同承担，如图 8 - 4 所示。

图 8 - 4 车险平台云安全服务架构

车险平台的项目管理部需与云服务提供商一起，完成云平台的建设成熟度、透明度以及与企业信息安全标准（如 ISO 27001）和通用标准（如 PCI DSS、HIPAA 与 SOX 等）的遵从度的指标定制。云安全成熟度模型可以帮助加快车险平台的应用功能向私有云环境移植的战略。下面是评测车险云平台的云服务提供商的安全成熟度时的遵守的原则：

1. 公开安全策略、遵从性与实践：云服务提供商应该展示其与行业标准框架（诸如 ISO 27001、SSAE16 以及 CSA 云控件矩阵等）的遵从度。由提供商授权的控件应满足车险信息共享平台的数据保护标准所要求的控件标准。当云服务满足 ISO 27001 或者 SSAE 16 的要求时，控件的范围应该被公示。托管受管数据的云必须遵守诸如 PCI DSS、Sarbanes – Oxley 和 HIPAA 的国际通用的规定。

2. 在被要求时公开：车险信息共享平台的云服务提供商在由于法律或管理需要必须公开之时应该公开相关的数据。

3. 安全架构：车险信息共享平台的云服务提供商应该公开安全架构细节——它们可能帮助或者会阻碍车险信息共享平台标准要求的安全管理。例如，保证使用者之间互相隔离的虚拟化架构应该被公开。

4. 安全自动化：车险信息共享平台的云服务提供商应该通过发布支持下述操作的 API（HTTP/SOAP）支持安全自动化。以 XML 或者企业日志标准格式导出和导入安全事件日志、修改管理日志、用户授权、用户账户、防火墙策略、访问日志。持续安全监控，包括对云审计（Cloud Audit）等演化中标准的支持。

5. 监理与安全职责：车险信息共享平台的云使用者与提供商的监理与安全管理职责应该被表述清晰。

本章小结：随着信息技术从传统的现场模式向新的云模式演变和迁移，车险平台提供的服务范围和内容也在不断演变和扩展。本章主要是基于车险信息共享平台的未来发展和战略规划，分析我国车险信息共享平台对信息安全的要求和方向，重点研究建设车险私有云服务平台面临的信息安全保障的问题，云平台建设的安全定位、安全要求、建设原则和云安全框架，以及云安全服务模式等，为未来车险云平台的安全建设提供指导和方向。

参 考 文 献

［1］Athearn Jams L. , Traris Pritchetts and Schmit Joan T. . Risk Management and Insurance ［M］. West Publishing Company, 1996.

［2］Frwin Straub. No – life Insurance Mathematics ［M］. Association of Swiss Actuaries. Spring Verlag, 1988.

［3］Factors Affecting Auto Insurance ［EB］. Rates, http：//allinsuranceinfo. org/auto/ rates. html.

［4］Xiaohui Wu, Runtong Zhang, Xin Liu, Lei Liu and Dong Niu. The Effects of Regional Fators on Automobile Insurance Rate In China ［M］. 第六届科技信息资源共享促进国际会议, 2011（11）.

［5］Xiaohui Wu, Zheng Zhang, Lei Liu, Lanlan Zhang. Analysis of China Motor Vehicle Insurance Business Trends ［M］. Advanced Institute of Convergence IT, 2011：413 – 420.

［6］Trieschamann Gustarson. Risk Management and Insurance ［M］. South – Western College Publishing, 1998.

［7］McCullagh S. , Nelder J. A. . Generalized Linear Models（2nd）［M］. London：Chapman and Hull, 1989.

［8］David R. Clark, Charles A. Thayer. A Primer on The Exponential Family of Distributions ［M］. Discussion Paper on Applying and Evaluating Generalized Linear Models, 2004, 119 – 167.

［9］Duncan Anderson, Sholom Feldblum etc. . A Practitioner's Guide to Generalized Linear Models ［M］. Discussion Paper on Applying and Evaluating Generalized Linear Models, 2004, 39 – 60.

［10］Krzysztof J. Cios, Witold Pedrycz, Roman W. Swiniarski, Lukasz A. Kurgan, Data Mining A Knowledge Discovery Approach ［M］. Springer Science + Business Media, LLC, 2007.

［11］R. 卡尔斯, M. 胡法兹, J. 达呐, M. 狄尼特著. 唐启鹤, 胡太忠, 成世学译. 现代精算风险理论 ［M］. 北京：科学出版社, 2005.

［12］毛泽春, 刘锦萼. 广义线性模型与保费点数计价系统 ［J］. 数理统计与管理, 2002, Vol. 6：23 – 27.

［13］孟生旺，刘乐平．非寿险精算学［M］．北京：中国人民大学出版社，2007：46－72．

［14］卢志义，刘乐平．广义线性模型在非寿险精算中的应用及其研究进展［J］．统计与信息论坛，2007（4）：26－29．

［15］孟生旺．非寿险分类费率模型及其参数估计［J］．数理统计与管理，2006（4）：584－588．

［16］卢志义，刘乐平．广义线性模型在非寿险精算中的应用及其研究进展［J］．统计与信息论坛，2007，Vol. 7：22（4）：26－31．

［17］孟生旺．非寿险分类费率模型及其参数估计［J］．数理统计与管理，2007，Vol. 1. 26（4）：584．

［18］孟生旺．广义线性模型在汽车保险定价的应用［J］．数理统计与管理，2007，Vol. 1. 26（1）：24－29．

［19］罗妍，孟生旺．非寿险分类费率模型的比较研究和实证分析［J］．数理统计与管理，2011，Vol. 1. 30（1）：162－168．

［20］陈卓恒．负二项分布的广义线性模型及其应用［J］．华侨大学学报（自然科学版），2011，Vol. 3. 32（2）：226－230．

［21］徐晰，袁卫，孟生旺．负二项回归模型的推广及其在分类费率厘定中的应用［J］．数理统计与管理，2010，Vol. 7. 29（4）：656－661．

［22］曹曙明．财税库数据资源共享势在必行［J］．预算管理会计，2000（12）．

［23］曹红辉．中国金融支付清算系统的特点、缺陷及改革构想［J］．经济研究参考，2004（5）．

［24］陈向阳，杨亦民．论银行贷款信息不对称与信息披露［N］．湖南农业大学学报（社会科学版），2002（3）．

［25］邓聚龙．灰色预测与决策［M］．武汉：华中理工大学出版社，1988．

［26］段锎，晋颖．保费收入灰色预测方法研究［J］．现代商贸工业，2008（3）．

［27］方明珠．论保险代位求偿制度［D］．南京：南京师范大学，2010．

［28］郭志刚主编．社会统计分析方法——SPSS软件应用［M］．北京：中国人民大学出版社，2005．

［29］顾昕．中国商业健康保险的现状与发展战略［J］．保险研究，2009（11）．

［30］顾翔华．我国机动车辆行业运行现状及未来发展趋势［J］．中国橡胶，2010（26）．

［31］何国华，肖兰．构建车辆保险信息共享平台的现实意义［J］．保险研究，2007（7）．

［32］何绍慰．保险人的追偿权与代位权之比较研究［J］．科学·经济·社会，

2009（4）.

[33] 扈红雷. 关于保费问题的数学模型及预测 [D]. 济南：山东大学，2003.

[34] 黄佐钎，吴凤平. 中国保险业发展现状及保费规模预测 [J]. 预测，2003（2）.

[35] 金三林.2011 年中国经济发展趋势及宏观政策取向 [N]. 北京大学经济学院，开放导报，China Opening Herald，2010（6）.

[36] 金娟，黎和贵. 当前支付清算系统的问题与对策 [J]. 金融理论与实践，2003（7）.

[37] 梁鑫. 运用神经网络对上海市财险保费收入预测研究 [N]. 上海工程技术大学学报，2003（4）.

[38] 林平. 中央银行信息系统建设 [J]. 广东金融，1994（4）.

[39] 李霏. 商业银行间信息共享机制研究 [D]. 济南：山东大学，2005.

[40] 李慧双. 交通观测数据信息共享平台的设计研究 [D]. 西安：长安大学，2009.

[41] 李俊峰. 灰色系统建模理论与应用研究 [D]. 杭州：浙江理工大学，2005.

[42] 李翠凤. 灰色系统建模理论及应用 [D]. 杭州：浙江工商大学，2006.

[43] 李彦林. 保险业在理赔中存在的问题 [J]. 黑龙江科技信息，2007（9）.

[44] 励跃. 推进支付清算事业稳健发展 [J]. 中国金融电脑，2010（3）.

[45] 刘保平，孙慧兰. 支付清算体统防范风险与对策 [J]. 西部金融，2009（4）.

[46] 罗卫. 电子政务信息共享平台的规划与设计 [D]. 湘潭：湘潭大学，2007.

[47] 梅清银. MICAPS 数据资源共享一法 [J]. 四川气象，2001（3）.

[48] 潘永，刘灿霞. 中美支付清算系统比较研究 [J]. 金融与经济，2010（7）.

[49] 沈骊天. 哲学信息范畴与信息进化论 [J]. 自然辩证法研究，1993（6）.

[50] 施玉民，陈雯，赵长利，胡桂花. 运用灰色 Verhulst 模型对我国车险保费收入的预测 [J]. 统计与决策，2008（12）.

[51] 孙飞. 关于中国信托业发展的战略思维 [J]. 中国经济信息，2002（12）.

[52] 唐魁玉. "信息共享" 与网络社会公正 [J]. 哈尔滨工业大学学报，2002（12）.

[53] 田琳. 供应链中信息共享问题的对策研究——以宜家公司为例 [D]. 上海：上海大学，2008.

[54] 唐中林. 供应链管理中的信息共享研究 [D]. 昆明：昆明理工大学，2005.

[55] 汪代全. 信息不对称与商业银行信贷风险 [J]. 财经科学，1999（2）.

[56] 魏勤，陈飞燕. 基于双对数模型的我国车险需求弹性分析 [N]. 华北电力大学学报（社会科学版），2010（5）.

[57] 王和. 对当前我国车险若干问题的探讨 [N]. 中国保险报，2011 - 04 - 20.

[58] 王强. 浅析保险代位求偿制度的完善 [J]. 法制与社会, 2010 (3).

[59] 王靓. 论建立保险费率与赔付率挂钩联动机制的可行性 [J]. 现代商贸工业, 2008, 20 (6): 164 – 165.

[60] 王喜堂, 王咏梅. 书目数据资源共享问题研究 [N]. 黑龙江冶金, 2001 (3).

[61] 王晓楠. 高速公路网信息共享机制与互连研究 [D]. 西安: 长安大学, 2007.

[62] 王浩然. 二套房 "认房不认贷" 正制定认定标准 [N]. 东方早报 (上海), 2010 (4).

[63] 吴定富. 中华人民共和国保险法释义 [M]. 北京: 中国财政经济出版社, 2009.

[64] 吴晓辉, 中国非寿险公司偿付能力管理研究 [M]. 成都: 西南财经大学出版社, 2010.

[65] 吴晓辉, 刘欣, 卫森生, 张正. 基于云计算的中国机动车辆保险信息共享平台 [J]. 计算机系统应用, 2012 (3).

[66] 吴晓辉, 王致富, 张正. 面向行业应用的软件开发检查工具 [J]. 计算机工程与设计, 2012 (4).

[67] 吴晓辉, 吴蒙, 唐巍. 我国车险代位追偿清算模型研究 [J]. 保险研究, 2011 (6).

[68] 吴晓辉, 王新文. 现代保险企业数据管理本质论探析 [D]. 中国保险学会学术年会入选论文集, 2010. 5.

[69] 吴晓辉等. 中国机动车辆保险信息共享机制研究 [Z]. 2010 ~ 2011 年保监会部级课题研究成果 (ZC201011), 2012.

[70] 邬煜. 信息在哲学中的地位和作用 [J]. 潜科学, 1981 (3).

[71] 谢菁莲. 我国车险费率改进研究 [D]. 武汉: 武汉科技大学, 2007.

[72] 谢乃明, 刘思峰. 离散 GM (1, 1) 模型与灰色预测模型建模机理 [J]. 系统工程理论与实践, 2005 (1).

[73] 肖希明. 我国信息资源共享的发展趋势 [J]. 图书馆, 2004 (5).

[74] 徐亮亮, 梁改革, 王加加. GM (1, 1) 模型在保费收入预测上的应用 [J]. 现代商贸工业, 2010 (11).

[75] 游桂云, 陈龙军. 交强险费率厘定影响因素研究 [J]. 中小企业管理与科技, 2009 (9).

[76] 姚天祥, 刘思峰, 党耀国. 初始值优化的离散灰色预测模型 [J]. 系统工程与电子技术, 2009 (10).

[77] 杨从科, 梅方权, 孟宪学. 中国农业科学数据资源建设研究 [D]. 中国科学院上海冶金研究所, 2000.

[78] 于娟. 跨行清算业务发展分析 [J]. 金融会计, 2010 (3).

［79］张积林．基于灰色理论的中国保险业保费规模预测［J］．技术经济与管理研究，2010（1）．

［80］张炜．教育信息共享系统中个性化推荐服务研究［D］．西安：西安电子科技大学，2008.

［81］张建军，李昕，丁珂．论建立机车险信息共享中心［J］．保险研究，2000（10）.

［82］张园园，夏斌，赵宝林．政务资源库和信息交换与共享平台建设研究［J］．情报杂志，2006（11）.

［83］张越．电子政务信息共享平台的规划与设计［D］．上海：复旦大学，2008.

［84］赵长利，陈海泳，陈德阳．中国保险业保费收入灰色预测模型的研究［J］．统计与决策，2007（7）.

［85］赵国辉．证券法人清算系统的应用［D］．南京：南京理工大学，2008.

［86］郑耀．SOA 在铁路信息共享平台中的应用研究［D］．北京：北京交通大学，2006.

［87］钟国文，陈艳红．论我国电子政务标准化体系模型的构建［J］．中国管理信息化，2005（9）.

［88］朱近之．智慧的云计算［M］．北京：电子工业出版社，2010.

［89］朱俊生．个性化与多样化——解析各家新车险条款［J］．中国保险，2003（1）.

［90］褚伟．国际金融中心支付清算体系比较及对上海的启示［J］．上海金融，2007（1）.

［91］李志远，王栋．浅议保险电子商务平台的构建方案［J］．新学术论坛，2009（1）.

［92］曹宇宏．电子保单在保险电子商务的应用［J］．金融经济，2009（4）.

［93］陈俊宗．保险业营销新模式——保险电子商务［J］．内江科技，2009，30（9）.

［94］王一飞．保险电子商务中条款通俗化问题的研究［J］．中国管理信息化，2006（1）.

［95］李志远．论保险电子商务平台的构建和支撑环境的培育［J］．社科纵横，2006，21（6）.

［96］薛红红．我国保险超市的营销模式分析［J］．海南金融，2011（11）.

［97］商志武．PKI 体系在电子政务中的应用［J］．科技广场，2011（1）.

［98］苏宁等．亚太十国支付结算体系［M］．北京：中国金融出版社，2006.

［99］冯菊平等．支付体系和国际金融中心［M］．上海：上海人民出版社，2009.

［100］梁英武等．中国人民银行大额支付系统业务知识问答［M］．北京：中国金融出版社，2003．

［101］人行支付结算司编．中国人民银行支付系统制度汇编［M］．北京：中国金融出版社，2006．

［102］欧阳为民，王关荣．中国网上支付跨行清算［M］．北京：中国金融出版社，2010．

［103］汪蕾．网上支付与结算［M］．杭州：浙江大学出版社，2007．

［104］中国电子商务协会．第三方电子支付探索与实践［M］．北京：中国标准出版社，2008．

［105］牛刚．商业银行清算业务［M］．北京：中国金融出版社，2008．

后　　记

随着机动车辆进入普通百姓家，我国车险业务越来越关系到广大人民群众的切身利益，车险信息共享问题日益重要。我在对外经济贸易大学金融学院做博士后期间，研究了基于云计算技术实现我国保险行业车险信息共享，并对其共享平台的应用功能进行创新性研究。本书是 2010～2011 年度中国保监会部级研究课题基金项目（ZC201011），也是中国博士后科学基金第四十九批面上资助项目（20110490338）。在此，我向中国保监会、中国博士后科学基金会表示衷心的感谢！

在我的博士后合作导师吴军教授指导下，经过 2009 年 9 月至 2011 年 7 月近两年研究，我圆满完成了对外经济贸易大学应用经济学博士后流动站的研究任务。首先，我非常感谢吴军教授对我博士后研究课题的精心指导，吴老师严谨的治学态度、一流的学术水平和教书育人的奉献精神，永远激励着我不断迎接新的挑战、攀登新的高峰！感谢我的博士生导师邱兆祥教授对我多年来的关心和指导，也正是在邱老师的鼓励下，我才开始博士后研究工作。感谢对外经济贸易大学金融学院丁志杰教授、郭敏教授、王春蕾老师和保险学院王稳教授对我的指导和帮助。同时，感谢对外经济贸易大学博士后流动站的领导和各位老师！

我非常感谢中国保险行业协会金坚强会长对我研究工作的指导与肯定！感谢中国人民财产保险股份有限公司王银成总裁、贾海茂副总裁、王和副总裁、韩钢总经理对我研究工作的关心与指导！感谢中国保监会江先学副主任、樊新鸿处长和余贵芳老师的悉心指导！感谢西南财经大学中国金融研究中心的曾康霖教授、刘锡良教授对我多年来的培养！感谢卫森生、鹿成僖、唐巍、吴蒙、李辉、王醒、王辉、刘欣、张正、王小霞、汪琴、李杰、蔡玉宝、郝修平、李莹、卢朝阳、牛冬、陈莉江、赵倚璇收集和整理相关材料，还感谢研究报告中所涉及资料的各位作者。

我感谢本书的合著者中国保监会财产保险监管部张宗韬处长、中科软科技股份有限公司邢立高级副总裁！在二位专家的通力合作下，我们共同完成了本书的研究和撰写工作！感谢中国金融出版社刘钊、赵婧对本书出版的大力支持！

最后，我衷心感谢我的妻子和女儿对我坚强的支持和无私的奉献！感谢我的老父亲和老母亲对我终身的鼓舞和永恒的期待！

由于著者水平有限，书中难免有疏漏之处，恳请各位专家、学者和广大读者斧正。

二〇一二年九月于北京